河合隼雄著作集

流動する家族関係

14

岩波書店

序説　家族と個人

1　家族とは何か

家族とは何か、を社会学の立場で定義するのは、簡単そうでなかなかそうでもないらしい。世界中には実にいろいろな形態の家族がある上に、この頃は単身赴任とか別居結婚などというのも出てきたので、あんがい難しいのである。私としては、そちらの方にはあまり立ち入らず、あくまで「こころ」の問題として家族ということを考えたいのであるが、それにしても、やはり難しいことに変りはない。家族というのは、一筋縄では捉えられない存在である。

家族はある方がいいのかない方がいいのか、などと単純な問いを立ててみても、肯定、否定両方の答がすぐに返ってくるのではなかろうか。自分が今日あるのも家族のお蔭と思っている人でも、時に家族さえ居なかったら自分はもっと凄いことができていたのにと感じたことがない人は少ないのではなかろうか。あるいは、家族など無い方がいいと考えて、そのとおりに生きている人でも、ふと、家族があればいいのにと思うことがあるのではなかろうか。家族は個人を支える強力なベースであると共に、個人の自由に縛りをかけてくる存在としても意識されるものである。

家族のかかえる多くの矛盾の第一は、夫婦の関係と親子の関係が、まったく異なる原理によって結ばれていることにある。夫婦の関係には「血」のつながりがない。しかし、親子は血によってつながっている。夫婦は宗教的戒律によって縛られていない限り、別れてまったくの他人となることができるが、親子の場合はそうはゆかない。たとい勘当などをしたとしても、血のつながりそのものを否定できないのである。家族は極めて安定した関係のように見えていても、いつでも別れられるという爆発物をかかえている、と言うことができる。

家族というものを子どもの立場から見ると、自分の意志とまったく関係なく決定されている、という点が非常に大切である。親子喧嘩の果てに、子どもが「生んでくれと頼んだわけじゃないのに」とか、「自分が好きなことをして勝手に生みやがって」とか言うことがある。考えてみると確かにそのとおりであって、子どもの方はまったく何らの選択権をもっていない。しかし、親の方にしても、どのような子どもが欲しいと願って、そのとおりの子が生まれてきたわけでもない。要するに、関係の根本は運命的に決定されたものである。ここのところが家族を考える場合の重要な事実である。

親子関係の緊密さをよしとする人は「親子の絆」が大切である、と主張する。しかし、このような人は、「絆」という字が昔の日本ではどのような意味で用いられていたかを知っているのだろうか。平安時代の物語を読むと「絆」という字が出てきて、確かにそれは親子や夫婦など家族関係を示すものとして用いられているが、その意味はつぎのとおりである。絆は「ほだし」と呼ばれ、牛や馬の脚にからめて歩けなくするもの。そこから転意して、「ほだされる」という動詞ができてきて、自由を束縛される意味となる。そして、物語のなかでもっともよく用いられる例は、誰かが出家しようとしても、家族との情に「ほだされて」決心がつかない、というときである。つまり、出家しようという人間にとって家族は「絆《ほだし》」となるわけである。これは、家族のみではなく、恋人に対しても用いられる。従って、これは家族だけではなく人情一般についてのことではあるのだが、ともかく「親子の絆《ほだし》」という言葉が、このような意味で用いられていたのを知ることは、参考にはなるだろう。

現代人でも家族関係を「絆《ほだし》」と感じている人は多くいるのではなかろうか。たとえば、青年で親から自立して自分の道を歩みたいと思っているのに、親の「絆《ほだし》」が強すぎてままにならぬと思っている人もあるだろう。平安時代と比較してみて、どちらも自分のやりたいことがやれぬ束縛として家族を見ているのは同じだが、平安時代はむしろこの世を棄てることの妨げと感じるのに対して、現代はこの世に生きることの妨げと感じるところに差がある、と言えるだろう。

しがらみとしての家族の方を先に言及したが、家族こそ大切と考える人の方が、一般的に言えば相当に多い。一時は、仕事か家族かなどという問いがなされたりしたが、現在の傾向としては、家族が大事という方が相当に多いようである。このように大切と思うからこそ、と言っていいかも知れないが、家族関係の悩みで、われわれ心理療法家のところに来談する人は多い。最初は他の悩みで相談に来ても、話し合いを続けていると、家族関係の問題に帰着してくることもよくある。

そんなわけで、『家族関係を考える』の出版は一九八〇年であるが、予想以上に多くの人に読まれることになった。当時、随分とエライ先生や有名な方が「面白かった」などと感想を言われ、驚いたものだったが、考えてみると「家族」のことになれば、その人が「エライ」とか「有名」とかは関係なくなってしまうわけで、ここのところが「家族」ということの面白いところだろうと思われる。

2　大人になること

一九八三年に『大人になることのむずかしさ』を上梓した。相談に来る人たちを見て、このようなテーマが現代の日本で重要になってきている、と思ったので、依頼を受けたときは二つ返事で引受けた。ところが、書きはじめてみるとあんがいに難しい。「大人になることのむずかしさという本を書く難しさ」と本の題名を変更したいほどであった。このことは、現代社会において「大人」とは何かを定義するのが意外に困難なことを示している。

非近代の社会においては、子どもが大人になるためのイニシエーションの儀式が重要な役割を占める。近代はこのようなイニシエーションの儀礼がなくなった点にその特徴があるが、公的には失われても個人の内的体験としてはそれが必要であり、心理療法の過程によく生じることを、ユング研究所に留学中に学んだ。帰国後、その点について話をするとよく納得してもらったが、時には、短絡的に「イニシエーションの復活」が必要だと考える上に、「昔は徴兵検査があったのでよかった」と言う人まで出てくるので、そんな誤解をとくためにも、この問題を詳しく論じる必要があると強く感じていた。

人間が「進歩」ということを重視するようになったのは、実に大変なことだ。生きている間に人間が進歩し、社会が進歩する。この考えに頼る限り、イニシエーションの儀式は消滅せざるを得ない。大人の世界が「できあがっている」ものとして認められていてこそ、そこに「入れてもらう」ことが、極めて重要なこととなる。しかし、それが進歩し流動するものだったら、そう簡単にはゆかない。別に「大人の世界」に入れてもらわなくとも、青年の方が大人を超えて進歩してしまうかも知れないのだ。

こんなことを考えると、別に大人にならなくてもいいと思えるし、実際に大人になりたくない、とはっきりと思っている子どもたちもいる。そうなると、「大人になること」について、くよくよ考えることもなさそうだが、実際問題としてやはり「大人になること」を人生の課題として考えねばならぬところに、人生の面白さがある。それに制度としてのイニシエーションは消滅したのに、個人としてのイニシエーションはあくまで重要であることを、日々の臨床活動のなかで、われわれ心理療法家は常に経験させられているのだ。

近代になって、「進歩」と「個人」というのが急激に前面に出てきたが、それと対極をなしている「不変」、「場」などということも共に認めることによってこそ、人生が深さや豊かさを持つと思われる。もっともここに「不変」という言葉で表現したのは適切でなく「流転」とでもするべきかも知れない。変化し動いているが「進歩」はしない。しかし、うんと大局的に見れば「不変」ということになるのかも知れない。

現代において大人になるということは、大人と子どもを明確に区分して、大人になり切ることを意味しない。必要なときは大人の役割を果たせるが、必要に応じて、子どもにも老人にも時には異性にさえもなれる、ということになる。このような複雑な在り様が望ましいとなると、その点に心を奪われるあまり、まず大人になることの方がおろそかになる傾向が生じてくる。これが現在の状況ではなかろうか。

昔のイニシエーションの儀式においては、ある部族や社会の力によって画一的に大人がつくられたのだが、ヨーロッパの近代において個人主義が強くなると共に、そのような画一性を排除し、個々人がそれぞれの大人になる道を歩むことになった。その際に、そのような「個」としての大人をつくりあげてゆくベースとして、家族が重要な役割をもつことになった。家族は外からの力に対抗すると共に、内にあっては、子どもを大人とするための教育・訓練の場としての意味をもつ。日本の昔の家は、むしろ「世間から笑われないように」、世間の意向を体現するものとして存在してきた。この点は両者の大いに異なるところである。

日本人が西洋近代の考えに影響され、「自立した」個人になろうとするとき、日本の「家」がその障碍と考えられ、それを壊すか、そこから飛び出すかが、自立への道と思われた。このことは、西洋の家族の意味をまったく知らないままになされたので、そのようにして自立を求めようとした日本人が、大人になるための教育・訓練不足のままで放置され、中途半端な大人を多くつくることになったと思われる。

3　家族観の変遷

日本における家族観の混乱が、大人になることの難しさを助長した例をあげたが、実際に、日本においては急激に家族観が変化してきており、その意味についてよく知っていることが必要と思われる。

日本が欧米の文化に接するまでは、日本人にとって「家」というものは一番大切と言ってもいいほどであった。これがあくまで「家」であって「家族」ではないところが、日本の特徴である。「〜家」の存続を第一と考え、その際は血がつながっている家族のことを二の次と考える。家のためとあらば、血のつながっている子どもよりも、能力のある子どもを養子に迎えるなどという考えも出てくる。

人間というものは、自らを何らかの永続性をもったものとの関連において定位づけることでその存在感を強化する傾向をもっている。これによって「安心」できるのだ。しかし、日本人の得たこのような安心感は「個」の犠牲の上に立っている。日本人は欧米の文化に接すると共にだんだんとこの点を意識しはじめた。そこで、個の確立を願う人は日本の「家」をしがらみと感じたことは既に述べたとおりである。

日本の「家」では家長としての父が強い権力をもっていた。しかし、これまで他にしばしば論じてきたように、それを支配している原理は「母性原理」であった。このことが日本の家や家族ひいては、日本人の集団構造を考える上で多くの混乱をもたらしている。その点については今回は言及しないが、家族のことを考える上で、日本人の心における母性原理優位性を認識しておくことは必要である。

アメリカは日本に戦争で勝った際に、日本に民主主義を植えつけるためには、父親を弱体化することが必要であると単純に考え、新しい憲法によってそれを行なった。そのために、見かけはともかくとしてもともと弱かった父親の権威が一挙に下落し、というよりは、その実体をさらけ出して、日本の家族関係における大きい問題のひとつとなった。

このようななかで、日本の母性原理優位性を変革する意味合いをもって、不登校や家庭内暴力、それに高齢者の離婚問題などが生じている、と見ることができる。個人の病いは何らかの意味で文化の病いとしての様相を帯びている。そんな意味で、病んでいる人、悩んでいる人は、その文化や社会を変革するための尖兵と見なすこともできる。そのような認識をもっているから、心理療法家も個々の家族問題に多量のエネルギーを使ってコミットしてゆけるのである。

ひところ社会の改革ということに若者が情熱を燃やしたときがあった。一九六〇—七〇年の頃、社会を改革することこそ重要で、一人の人を相手に長年月を要する仕事などナンセンスだと主張する人も多くあった。私も「変改」することは嫌いではないので、若者たちの気持には同感するところがあったが、その現状認識の弱さ、その方法の幼稚さなどには、むしろ歯がゆい思いさえした。社会を変えることと個人を変えることとは、相当な平行関係をもつものである。個々人が自分を変える努力を放棄して社会を変えようとしても成功するはずがない。

家庭内で、「家庭内暴力」という形で変革を試みようとしている人たちを援助して、その道を歩むとき、その家族全体が以前よりは強い父性原理を身につけることになり、嬉しく思うことがあった。しかし、これは一般には長い道程で、数年、もしくはそれ以上を要することである。

父性原理を身につけることは、「対話」を可能にする。日本の家族は、特に夫婦の場合「以心伝心」が理想像とされてきた。母性原理に従う限りそれは正しい。しかし、そのような一面的な方法はだんだん通じなくなってきた。言葉によるコミュニケーションが必要となり、大切となってきた。こうは言うものの私自身も日本の男性として、家族間、特に夫婦の対話がいかに難しいかをよく自覚している。来談された高齢の男性が、夫婦の対話が必要なのはわかるが、「勇気がいりますなあ」と言われたのが印象的であった。それは確かに「勇気」を必要とするときもある。

「対話」と言っても、それは家族でいっしょにコーヒーを飲んで肩をたたき合うことではない。それはむしろ「対決」に近い。しかし、対決によって相手を打ち負かそうとするのではなく、それによって共に新しい道を見出そうとするものである。そのためには「対決」が自分自身の内部でも生じていなければならない。

日本の家族もこのようにして、徐々に父性原理を入れこみつつあるのは嬉しいことである。さりとて、それは日本人が欧米化されるのを目標にすべきだということにはならないところに家族の難しさがあると思われる。

4　現代における家族の意義

母性優位の日本の家族の問題を論じてきたが、アメリカの現状を見ると、それは父性優位の問題点を多く露呈していると思われる。たとえば、これは少し極端な意見かも知れないが、現在のアメリカに多い子どもに対する性的虐待は、アメリカの「文化の病い」のように私には思われた。つまり、アメリカにおいては、父性原理による「切断」の機能がはたらきすぎて、家族の間においても、個人と個人としての距離をとった関係をもつようになる。しかし、これが強くなりすぎると、母性原理による一体感への希求が急に生じてきて、肉体的に「結ばれる」行為へと衝動的に駆りたてられるのではなかろうか。

あるいは、アメリカに多い薬物依存も同様の考えで説明できるように思う。薬物による意識の変容は、ものごとを明確に区別する日常の意識を、すべてのものが融合してゆく意識へと誘いこんでゆく。日常の父性原理の厳しさに耐えられず、さりとて家族による一体感的な支えもないとすれば、薬物に頼るより外に仕方がないのではなかろうか。

父性原理を駆使して、西洋の近代は科学・技術の急激な発展に成功した。その結果、しばらくの間、人間は自分の環境を「支配し、操作する」ことが可能であると錯覚したのではなかろうか。「正しいマニュアル」に従っておれば、すべてのことが自分の思いのままに操作できると思った(これに乗って「正しい育児法」などを宣伝する人もある)。しかし、最近ではそのような思いあがりに気づき、操作し支配するよりも「共存」を考えることに重点を移動しつつある。ここで、「操作不可能」と言えば、家族こそその代表ではなかろうか。社長になれば社員を相当に操作したり支配したりできるだろう。しかし、彼は自分の妻や子どもに対して、なかなかそうはゆかないことを認識せざるを得ないのではなかろうか。自分とは「異なる意志」が存在することを認めざるを得ない。

自分の意志を超える意志の存在、という主題は人間にとって長らく宗教の領域に属することであった。従って、人間は家族をまとめるためには、それを支える宗教を必要とした。キリスト教国、回教国、などを見るとよくわかるし、日本でも、家に神棚を祀り、仏壇を備えるなど、宗教的な支えは十分にあった。そして、いずれの文化においても存在する、宗教的年中行事が人間の家族関係を支えていた。ところが、科学・技術の発達と共に、宗教の力は急激に弱体化した。そして、既に述べたように、人間は自分の力によって何でも支配できると考え、知らず知らずのうちに自分が神になったような気持でいた。そのときに、物事はそれほど簡単でないことを家族が知らせてくれるようになった。お金の力ですべてを動かせると思っていた父親は、子どもが学校へ行かないのに対して、どうしようもないことを自覚させられる。他人など顎で使えると豪語する男性も、結局は自分の妻の顔色をうかがって生きていることを認めざるを得ない。自分の意志を超える力の存在を実感させられるのだ。

ここでひとつの解決策は、家族など不要と宣言すること、あるいは、家族は自分と関係ないのだからそれぞれが勝手なことをすればよいと決定することである。このような方法である程度成功している人もあるし、これからの人間の文化はそちらの方に向かうと考え、家族不要論を唱える人もある。ただ、この方法をとっている人をよく見ると、「疑似家」や「疑似家族」を自分の周囲につくり、家族の真似ごとをして結構他人に迷惑をかけていることがわかる。あるいは、疑似家族関係が濃くなりはじめると、「人間関係のいやらしさ」を嘆いてそこを出て、また新しい疑似家族つくりに励むようなことをしている人もある。

人にはいろいろな生き方があるので、あまり善し悪しは言えないが、私個人は、以上述べてきたような点から考えて、家族というのは実に面白く意義の深いものだと思っている。極言すると、現代において人間が宗教性を養う大切な場ではないかと思っている。つまり、特定の宗派によらなくとも、人間存在の深みに直面し、体験と共にそれを考えざるを得ない宗教的な場面が、家族間には満ちていると思うのである。

今回はあまり論じられなかったが(本著作集第十巻で触れることになろうが)、男性と女性の関係、それに親子の関係のなかでは、人間の意志や能力によって律することのできない不可解で偉大な力のはたらいていることを痛感させられる。ともかく「思いどおりにはならない」のだ。この自覚は宗教体験のはじまりではなかろうか。私個人のこととして言えば、自分が心理療法家として成長し、個性化の過程を歩む上で、自分の家族の果たしてくれた役割は、測り知れないほど大きいものであったと感じている。家族なしに今日の私を考えることはできない。

河合隼雄著作集第14巻　流動する家族関係　目次

序説　家族と個人

I

I

家族関係を考える

第一章　いま家族とは何か

いま家族とは？

家族とはいったい何であろうか。これは自明のことのようで案外に難しい問いである。筆者は心理学者として、もっぱらその心理的な意味を問題にしてゆくのであるが、心理学の隣接領域である社会学においても、家族をどのように定義するかは難しいことであるらしい。それに、最近の文化人類学の目ざましい発展によって、世界の中には、いろいろと異なった家族制度や家族形態の存在することが明らかにされてきている。

それらを踏まえた上で、家族社会学では、家族の成員間の近親性、家を中心とする生活の共同性、その日常性、などを家族を規定する重要な要素として考えるという。あるいは、有名な学者であるパーソンズは、家族以外においては十分に遂行されえない機能として、育児(社会化)と大人の情緒安定機能をあげている。このような考えは一応納得のゆくものであるし、心理的に家族を考えてゆく上においても有用なものと思われる。

ところで、現在のわが国における家族関係の実態を考えてみると、既に述べた家族にとっての当然の要因が欠けている場合のあることに気づかされる。家族というものは、家族のそれぞれにとって「情緒安定機能」を果たすものになっているだろうか。一般に、家庭というと「憩いの場」であると考えるだろう。ところが、憩いの場どころか、家族の人間関係で地獄の苦しみと言ってよいほどの苦痛を味わっている人たちがいるのである。そのような点をまず考えてみることにしよう。

家庭内暴力

最近はジャーナリズムでも取りあげられるようになったので、一般にもよく知られていると思うが、家庭内暴力の事件が多くなってきている。われわれ心理療法家も、そのような相談を受けることが多い。このことは、現在のわが国の家族の在り方を考える上において、示唆するところが大と思われるので、ここに一例をあげてみることにしよう(と言っても、われわれは実例をそのまま公開することは許されないので、ある程度の変更や、抽象化を行うことを了承されたい)。

最初に相談に来られたのは母親であった。表情の暗さと沈みこんだ様子が印象的であった。母親の話によると、高校二年生の息子が母親に乱暴して困るという。最初はそれほどでもなかったが、今はなぐられて体中にあざができて、時には「生命の危険を感じるときがある」とのことである。父親にはさすがに暴力をふるうことはなかったが、とうとう父親が見るに見かねて母親をかばおうとした。息子は一瞬ひるんだように見えたが、父親に向かってゆき、父親はたちまちはねとばされ、自分の書斎に退散してしまった。それ以来、息子の乱暴はとどまるところがなくなって、とうとう学校の先生に相談した。すると、先生は「あんなよい子が?」というのでなかなか話を信用してくれない。どうも母親が誇張して話をしているように受け取って、しばらく様子を見てはどうでしょう、くらいのことしか言ってくれなかった。そこで、たまらなくなって専門家のところに相談に来た、という次第である。

この両親にとって——実は息子にとってもそうなのだが——、家庭は憩いの場などというものではない。恐ろしくて逃げ出したくなるくらいの場所である。

東京には、夫の暴力を避けて家を出てくる女性のための施設があるが、最近では夫ではなく、息子や娘の暴力に耐えかねて逃げ出してくる人の方が多いという。高校生の娘さんになぐられて骨折したり、鞭打ち症になったりした母親の例もある。これほど凄まじくはなくとも、母や祖母をプロレスごっこの相手にならせ、跳びげりなどをする中学生もいる。本人は悪ふざけかも知れないが、祖母にとっては「生命の危険を感じる」ほどの恐ろしいことである。

母親の述べることに話をもどすことにしよう。彼女の言によれば、自分は世に言う過保護などというのではない。子どもをできるだけ自立的に育てようとしてきたし、女性も自立的に生きねばと思うので、パートタイムではあるが職業にもついている。実際に子どもは自分の期待に応えてくれたのか、小さいときから自立的で、本当によい子であった。成績もよかったし、父母がやいやい言わなくても自分から勉強した。まったく模範生のような子であった。

それが高校に入学したときから成績が急に下り出したので心配になってきた。それでも自主性を尊重しようと思って何も言わなかった。ところが、成績は少しも良くならない。とうとう、あるときにテレビをあまり長く見ているので、「勉強は」と声をかけたら、「構うな！」と今まで聞いたことのないような恐ろしい声を出し、母親の肩をぐっと押して部屋を出ていった。それが暴力のはじまりであったという。あんなによい子だった息子が、どうしてこれほど荒れ狂うようになったのか、わけが解らないというのである。

後日、筆者はこの少年に会ったが、まったく礼儀正しく、開口一番「母がいろいろとお世話になっております」と深々と礼をされたのには参ってしまった。高校の先生が家庭内の暴力の話を本気にされなかったのも当然であろう。では、どうしてこのような「よい子」が暴力をふるうことになるのだろうか。

「進歩的」モデルの崩壊

わが国における、家族に対する考え方は敗戦を契機として相当な変革を遂げたように思われる。戦前の家父長によって家族が統率されている大家族の在り方から、民主的で核家族の形態をとる方向へと変化したのである。家族についての「進歩的」モデルは、国民の上に強く作用し、各人が理想のモデルに向かって努力を続けたのである。

このような人々の努力を急激に実らせるものとして、わが国の経済の高度成長ということがあったことも見逃してはならない。核家族をいくら理想と考えても、その人たちが住むための住居が必要であるし、子どもたちが「自主性」を発揮して、個室を望むにしても、それだけの住居の広さが必要となってくる。そのためには家の収入も増大しなくてはならないが、高度成長のために働く人を社会は要求し、女性の職場も拡大された。もともと、「自立」のために家庭外に進出したいと願っていた女性にとって、これは渡りに舟のことであり、すべてが「進歩」と「発展」を目指して動いていったのである。

ところが、そこには大きい落し穴があった。われわれが大家族型の家族形態をとってきたことには、それなりの理由があり、それを支える心理的基盤をもっていた。その点を不問にしたままで、経済成長の波に乗って、西洋的なモデル——とわれわれが思っているもの——を直輸入したために、非常に不安定な家族の在り方ができてしまった。それは言うなれば、日本家屋の基礎はそのままにして、その上に洋風のビルディングを建てたようなものである。われわれが心に描いていた「進歩的」モデルに従って建築ができあがってきたと思った途端、そこには深い亀裂が生じていた。

子育てへの不安

家庭内暴力とならんで、最近は子どもの自殺がよく問題にされる。統計的に見ると、それはそんなに増加しているわけでも、西洋の諸国と比べてそれほど多いこともないわけだが、これほどまでジャーナリズムが取りあげるのは、子どもの自殺の現象が親たちの心を強くゆさぶるからに外ならない(若年者の自殺の多いピークは昭和三十三年にあり、世界でもトップクラスであったが、当時のジャーナリズムはあまり問題にしなかった)。多くの親たちが、その数少ない現象を他人事と思えないからである。すなわち、それは、親たちの心に内在する子育てについての深い不安を反映する事象なのである。

このような、家庭内の不安を象徴するような、高校生の祖母殺しに続く自殺という事件が最近にあった。事件の報道を職場のテレビで見ていた、東京世田谷区在住のある母親は、自分の子どもがやったのではと一瞬ヒヤリとしたという。そのことを知人に話すと、実はその人も同様に感じたと言ってくれ、同じような危険が各家庭に潜在しているのだと思ったという。つまり、多くの親たちが、一触即発の危険性を子どもたちの間に感じていることを、このエピソードは如実に示している。

それでは、昔と今とでは家族はどう変ったのか、現在の家族はどうあるべきか。このような問題について、これから考えてゆこうというのであるが、それは、一朝一夕に答えられる問題ではない。そのためには、家族ということについて、父について、母について、子どもについて、それらの相互関係について、根本的に考えなおしてみることが必要であろう。そのような根気のいる仕事を通じて、新しい家族の在り方を考えてみるのでなければ、最近よく教育や育児の評論にみられるように、「昔はよかった」式の安易なものになってしまうであろう。かつては浅薄な「進歩的」モデルをかかげておきながら、最近になってその崩壊が感じられると、大家族のほうがよいとか、明治の父は強かったとか、懐古的な論をなす教育評論家もいるが、問題はそれほど単純ではない。

確かに、昔の家庭は憩いの場であったかも知れない。しかし、「嫁」にとってもそうであっただろうか。大家族が平和に機能してゆくためには、多くの女性の涙と忍耐を必要としたのである。涙や忍耐が悪いというのではない。それは人生にはどうしても必要なものであろう。しかし、それが一人の人に集約され、それを土台として他人が「平和」を楽しんでいるのはおかしいことである。このような点に気づいたからこそ、家族の在り方が敗戦後に変化してきたわけである。

昔の方法も悪い、今のも悪いとなると、いったいどうすればいいのか、ということになるが、これが現在のわれわれの状況なのである。われわれはそれに従うべきモデルをもっていない。

親の教化力

ここにもう一つの例をあげよう。ある男性は子どもの時から苦労して育った。家は貧困であるし、両親は厳しく冷たかった。彼は何とかそれを克服したいと思った。人間は――両親も含めて――誰も信用できない。人間は結局どこかで悪いことをしているのだ。このような彼の人間に対する見方が、うまく役立って、彼は人々の陰の部分に喰いこんで富を築くことになった。彼の冷たく厳しい目は人々をふるいあがらせた。

ところで、彼の娘に対する態度だけは、これとまったく逆であった。自分の辛かった半生と比較して、娘にだけは苦労させたくないと思い、文字どおり箱入娘として育ててきた。娘は成績もいいので、ますます父親のお気に入りとなり、わがままいっぱいに育った。ところが、中学生になってから、急に、この娘の交友関係が悪くなってきた。いわゆる不良グループと交際し、学校へ行かずに盛り場をうろついたり、煙草を吸ったりし始めた。学校からの注意があると、父親は母親の監督が悪いと言って、ひたすら自分の妻を責めるが、娘には正面から怒ることができなかった。

そのうち、娘はシンナーもやり始めた。そして教師や母親の叱責にも従わず、非行はますますエスカレートしていった。ある日、父親が一人でいるときに娘が部屋に入ってきて、今すぐに二十万円欲しいと言った。父親はそのとき、娘の手に庖丁が握られているのを見て、絶句してしまった。このときに受けたショックで、父親は今まで反対していた専門家に相談することを決意し、実はその後でわれわれのところに相談に来たのであった。こんな話をきいていると、親の教化力の素晴らしさに感嘆せざるを得ない。娘は父親のいつもいっていること、箱入娘になるべきことには従っていないが、父親のしていることをちゃんと真似ている。つまり、脅迫して金をとることがどんなに素晴らしいかを、実践しようとしているのである。こんなときに、父親が「さすがにわが子」と感激できないところに、人生の面白味があるように思われる。子どもは一般に、親のいうことよりも、していることによって教化されるようである。

実存的対決の場として

人間の心には不思議な相補性が働いているように思われる。先に述べた男性が、いくら人間は信用できない、暗い面ばかりをもっていると考えていても、まったくその逆の、絶対に信用できて、明るい面ばかりを欲求する動きが心の中に生じてくるものである。彼はそのような面を娘との関係にのみ見出そうとした。娘が彼のそのような期待に添っていてくれる限りにおいて、家庭は彼にとって憩いの場であった。彼は家の外で脅迫したり、されたりの修羅場を生き、家庭にかえって安らぎを得ていたのである。彼のことだけを考えると、このような生き方をするのも、ある程度、当然といえるかも知れない。

しかし、娘の方からすれば、父親の生き方の枠組の中にはめこまれるのは、たまらないことである。娘は彼女が一個の人間であり、父親のきめこんだモデルにはまりこまないことを示すため、父親のお得意の方法、つまり脅迫ということをこころみたのである。父親にとって、脅迫なんぞ別に恐ろしいことではない。しかし、それが「家庭」において生じたという事実が、凄いショックだったのである。父と娘は、ここでモデルや枠組を超えて一個の人間として対決したのである。娘が父親を脅かしたことを、やや皮肉まじりに述べたが、ここで、彼女は自分が父親の意のままに動く人形としてではなく、一個の人間として生きたいことを示しているのだ、とも考えることができる。

このような状態を、実存的対決と呼んでいいのではないだろうか。われわれが何らかの既成の枠組に従って生きているとき、それはそれなりの秩序をもち安定性をもっている。たとえば、この家で娘さんが父親の欲した箱入娘の生き方をそのまま選んでおれば、この家族は安定した関係をもてたかも知れない（こんな安定した箱入娘が、後に結婚してから波瀾を起こすこともあるが）。しかし、彼女の個性はそれを許さなかったのである。

既に簡単に述べたように、われわれは家族についての既成のモデルを失っている。古いものも駄目。新しいものも駄目である。このような状態であるために、家庭内における実存的対決は、ますます烈しくなりつつあると思われる。

このため、家族との対決から逃れるために、家庭の外に疑似家族関係をつくる人が生じてきた。これは、子どもの問題で相談に来られた母親で、似たようなことを言われる人が相ついであったために、筆者もなるほどと思ったことである。すなわち、ある母親は社会的なある運動に熱心だった人であるが、この人に言わせると、その運動の仲間たちが、知らぬ間に疑似家族的になっているというのである。考え方を同じくしている者たちだから、意見に賛成し合い慰め合うことが多い。そして、お互いが自分の陰を見せ合って衝突するということもない。だから多くの仲間とつき合っていて、そこに心の安らぎを感じるのである。ところが、その母親にとって自分の子どもたちの方が、もっと正面からの対決を迫ってくるのである。親子関係には、仲間たちのように「なあなあ」の関係はない。

その母親はこのような反省にたって、自分は子どもたちとの真の関係をもつことを避けて、家の外に疑似家族をつくっていたのではないか、と言われた。これはなにも母親だけのことではない。父親も同様である。父親も同僚たちと飲んだり、麻雀をしたりするところに疑似家族関係をもち、家族との真の関係を避けてはいないだろうか。かつては、家族たちの血のつながりを基盤として、人々は家の中では緊張感をとき、好きなことをしても許されるという安心感をもっていた。ところが、今では逆に、人々は家族関係の中に緊張感を感じ、家の外に安らぎを見出そうとする。しかし、結局のところ、このような方法はうまくゆかない。家庭の安定をぬきにして、精神の安定など、なかなか保てないからである。

対決を通しての安定

現在における家族関係の難しさの方を強調しすぎた感があるが、このことはいくら強調してもしすぎでないかも知れない。実際、われわれのところに子どものことで相談に来られる両親で、社会的には立派に活躍しておられる人は多い。学校の先生で、自分の級の子どもたちの指導はうまくできるのに、どうして自分の子はうまく育てられないのか、と嘆かれた方もあった。

これらは、単に父親が悪いとか、母親が悪いとか言うのではなく、既に述べてきたような、現在における家族関係の困難さに対する認識が足りないから生じてくることである。父親は自分の仕事に全力をつくしながら、子どもを育てるのは片手間でできる「よい方法」を知ろうとする。しかし、これは無理な話である。何らかの規準が確立していて、それにどのように適合させるかというときにのみ、ハウ・ツーが述べられ、よい方法も存在する。しかし、家族関係に単純な規準が存在せず、個性と個性のぶつかりあいが要請されるようになると、そこにはハウ・ツーは存在しなくなる。ひところ流行したハウ・ツー式の子育ての本が人気を失いつつあるのもこのためである。

しかし、考えてみると、家族関係が困難になっただけ、面白くもなったのではないだろうか。最初に例としてあげた家庭内暴力の場合でも、われわれとの話し合いを通じて、父母が力を取りもどし、息子と本当に対決できたとき、息子も自分の本当に言いたいことが親に向かって言えたのであった。「お父さん、お母さんは自立、自立といいながら、子どもを自分たちの好きな方へうまいこと動かしていただけじゃないか」と。このような子どもの気持を親がしっかりと受けとめたとき、この家庭は今までと違った意味での安定を取りもどす。それはやはり、家族にとっての安らぎの場となるが、以前と異なることは、家族の一人一人が自分の言いたいことが言えるし、必要ならば衝突し合うことができる点である。対決を避け、誰かが涙を流したり、忍耐したりして維持される、みかけの平和とは異なる安定が生じてくる。このようになると家族の関係は随分と楽しくなってくる。

ここに一言にして述べたことを実際に行うためには、われわれは家族というものについてもっと考察することが必要である。しかも、既に例をあげて説明したように、子どもたちの一見非行とも思われる行為は、多くの場合、その両親に既成の枠組や固定した人生観を超えて、より個性的に「生きる」ことを要請しているのである。従って、家族の問題は、すなわちわれわれの生き方そのものにかかわる重大なこととなってくるのである。

最近に生じた、家族の問題で結局命を失うことになった二人の高校生の事件は、われわれに強い衝撃を与えた。この事件を詳細に報じた朝日新聞の本多勝一記者は、二人の少年の死は「直接的には家庭の悲劇だったにせよ、巨視的には民族の運命を象徴する悲劇だったのかもしれない」と結んでいる(本多勝一「子どもたちの復讐③」朝日新聞東京版、昭和五十四年三月三日夕刊)。家族についての筆者の今後の考察も、われわれ日本人の社会、文化、生き方とも深く関連してくるものと思われる。

第二章　個人・家・社会

家族のしがらみ

高校生の息子が家出をした、というので両親そろって相談に来られたことがあった。両親ともに教育には熱心であり、親子の間にもそれほど問題がない、というよりは、学校からも近所からも、いい親子関係であると羨ましがられるほどであった。息子も大変によい子で、先生からも好かれていた。このように「よいことずくめ」で安心しきっていたときに、息子が突然に家出したのだから、親としては意外でたまらなかったであろう。

ところで、この息子さんの家出の目的は、自分は一人子であまりにも甘やかされていて不甲斐ないので、この辺で自立し、将来成功した後に両親を迎えて共に暮らしたい、というけなげなものであった。ただ、家出をしたときに高校の制服のままだったので、都会に出て、まず百貨店で服を買おうとしたところ、イージーオーダーなので、明日お届けしますがと言われ、それでは都会の親戚に暫く留まり、そこで服を受けとってから、ということにしたところ、親戚の方には心配した親から既に通報がいっていたため、そこで雄図空しく挫折することになったのである。

これはまったく、ほほえましい家出であるが、このような家出あるいは家出に類することを経験された人は多いであろう。あるいは、家出を実行したことはないが、家出したいと思ったことのある人となると、これはもちろん、ほとんどの人がそうだと言っていい位になるだろう。家族というもののしがらみから逃れたい、一度自分の好きなことを気兼ねなくやってみたいという願望は、非常に強いものがある。しかし、先の例にも示されるように、せっかく家出をしても、意識的、無意識的に、結局は家へ帰るようなことをしてしまうことが多いようである。たくさんの家出少年たちも、何とか帰宅することが多い。それだけ、日本の家のもつ吸引力が強いのだと思われる。

家出少年で家に帰らない子もある。しかし、このような少年も調べてみると、暴力団などのように、ある意味では家族よりも、もっとしがらみのきつい人間関係のなかにはいっていることがわかる。それは、いってみれば一種の疑似家族関係である。少し定式化していうと、家族関係の濃密さのために家出した人は、大体は帰ってくるし、稀薄さのために家出した人は、異常に濃密な疑似家族関係の中にはいりこんでしまう、と言えるだろう。

日本人が自立とか、自我の確立とかを考える場合、家族のしがらみはそれを妨害する強力な要素として意識される。これはよく言われることであるが、日本が西洋の思想に触れ、自我の確立ということを考えはじめたとき、それを文筆の力に訴えて表現しようとした多くの人は、家のしがらみを切り棄てるために家出をした、「家出人」なのであった。しかし、ここでも前記の非行少年たちの場合と似たような現象が起こり、「文壇」という疑似家族関係が、その人たちの間に出来あがってくるのである。家族のしがらみを断ったはずの人が、文壇の誰かれのことを気にしながら、ものを書くことになる。

母親と父親の役割

このようなことを考えると、日本の家族関係は、家族ということに限定すべきことではなく、日本的人間関係、日本人の在り方の根本問題につながるものとして考えるべきであると思われる。

日本人のなかには、家族から自立してゆくほど、家族との関係は稀薄になると考え、従って、西洋人のように日本人より自立している人は、家族との関係が少ないと思いこんでいる人がある。しかし、これはまったくの誤解である。これを親類づき合いにまで拡大してみると、たとえば、青井和夫氏は『家族とは何か』(講談社)の中で、「従来の調査によれば、日本の親族づきあいの頻度は欧米にくらべていちじるしく少ないという、意外な結果がでている」ことを指摘している。これに続いて、「だからといって日本のほうが親族関係が弱いと断定するわけにはいかない」と述べ、「同居子との濃密な接触と別居子との疎遠な交渉」が日本の特色であり、「別居子との親密な交渉」を欧米は常態としているための差ではないかと考察している。

確かにそのような面もあろうが、ここで青井氏がわざわざ「濃密」と「親密」という語を使いわけているように、人間関係の在り方そのものに差があると考える方がいいのではなかろうか。その点について少し考察してみることにしよう。

人間関係のはじまりは、母と子との関係である。しかし、これは「関係」と呼べるかどうか疑問に思われるほど、一方的な関係である。つまり、新生児はあらゆる点において母に依存しており、それはむしろ一体としての感じをもつにしても、母親を対象として意識することはないであろう。ここに、母親は子どもを自分の一部として、抱きしめて育ててゆくことになる。このような母子の一体感が、わが国の家族関係のみでなく、人間関係の根本に存在していると思われる。

母子の一体感を破るものは父親である。子どもは父親の存在を通じて、「他者」の存在を知ることになる。一体感の多幸な状態を出て、子どもは他者と接し、他者と接してゆくためには、そこに存在している規範を守ってゆかねばならないことを、父親を通じて知るのである。従って、子にとって父親は、社会の規範の体現者であり、それを守らぬときは罰を与える怖い存在である。しかし、子が規範を守るかぎり、父親はそれを賞し、子が社会へと出てゆくための知識や技術を授け、教えてくれる存在でもある。

母性原理と父性原理

ここに簡単に母親、父親の役割として述べたことは、人間の生き方を支える原理として抽象化することができる。つまり、母性原理は、「包含する」ことを主な機能とし、すべてを包みこんでしまい、すべてのものが絶対的な平等性をもつ。これに対して、父性原理は母子の一体性を破ったように、「切断する」機能にその特性をもっている。それはすべてのものを切断し分割する。主体と客体、善と悪などに分類し、母性がすべての子どもを平等に扱うのに対して、子どもをその能力や個性に応じて類別する。このようないわば相対立する二つの原理は、もちろん片方のみでは不完全であり、相補ってこそ有効なものではあるが、実際にはどちらか一方が優勢で、片方が抑圧されたり、無視されたりする状態になっていることが多い。

このような母性原理と父性原理は、共に大切なものであり、人間の成長のために必要なものであるが、ヨーロッパの文化は、父性原理を極度に推しすすめた特異な文化であると考えられる。西洋人の子どもは、強い父性の力によって、母親から分離し、はっきりと他と区別された存在としての「個」の自覚をもつ。それに比して、日本では母子の一体感はどこまでも温存され、われわれは他人に対して、個と個の関係をもつことはなく、自分と他人は同一の母の子として、「身内」としての一体感をもちうるか否かが大切となるのである。日本は早くから西洋文明を積極的に取り入れ、他のアジアの諸国に比して、「西洋化」が徹底しているように思われてきた。しかし、今ここに述べているような基本的な点に関しては、まだまだ西洋化されたとは言い難いのである。

今まで、家族のしがらみという表現をしてきたのは、これは父性原理による「関係」ではなく、もやもやとして切っても切れぬ、母性的な特性をもっていることを表わしたかったからである。従って、ある人が頑張って、家を出たり、家族との関係を切ったりしても、日本人であるかぎり、日本的しがらみから逃れることができないのである。

ある大学教授は極めて合理的な考えをする人であり、父性的な原理を強調する人であった。自分の子どもに対しても善悪のけじめをはっきりとし、甘やかすことのないように努めた。ところで、教授の子どもさんはあまり有能ではなかったため、教授は自分との関係を「切る」態度が強くなり、「あれは能力がありませんので仕方がないのです」というようになった。ところが、教授は自分の後継者と考えている一人の弟子に対しては、何かと構いだてをするだけではなく、その弟子のいうことは何でも信用するほどの関係になった。周囲のものは教授のこのような熱の入れ方を陰で笑ったり、批判したりするようになった。このような例はよくあることで、教授が自分の感情を無視して、実子に対してあまりにも父性原理を発揮しすぎたため、どこかで、極めて母性的な態度をとることによって、そのバランスを回復しなくてはならなかったのである。こんなときに、息子も、その弟子も不幸なことは言うまでもない。

われわれは安易に西洋の真似をしようとしても、なかなかうまくゆかないものである。

私という存在の基礎

日本の家族の人間関係は母性原理優位であると述べた。それでは、戦前の強い家父長制は何を意味していたのか、ということになる。ここで明確にしておかねばならないことは、母性原理の優位はあくまで心理的なものであり、父権、母権とか父系、母系とかを意味していない、ということである。つまり、日本の戦前における家父長制は、確かに父親が家長として権力をもってはいたが、それはあくまで母性原理の施行者として存在していたのである。

戦前の父親は確かに怖かった。しかし、父親はそれ自身が父性原理に基づいて、明確な判断力をもっているのではなかった。父親はあくまで「世間様」に笑われないように、子どもを教育しようとした。ここで、非常に大切なことは、日本の場合の社会的規範というものが、あいまいな形で存在している、ということである。つまり、それは明確に言語化された規範としてではなく、日々の体験の積み重ねのなかから感得していくべきものとして存在しているのである。そこで、日本人が教えられることは、「身内」と感じるものたちとのバランスをいかに保ってゆくか、ということである。善悪の明確な規範があり、それに従って判断されるのではなく、何かの事が起こったときも、それをどのように全体の平衡状態の中に吸収してゆくかが大切なことなのである。

このような状態は家の中だけにとどまらず、日本の社会全体が、そのような傾向を強くもっている。従って、自我の確立を願って家出をしても、結局はなんにもならないことになる。個人・家・社会を通じてはたらく母性原理の強さは、まことに強烈なものである。しかし、このことによってこそ、日本人はそのアイデンティティを保ってきたのではないかと考えられる。

私が私の存在を考えるとき、それは何がしかの意味で、永続的な存在とのかかわりのなかに位置づけられることを願うことになる。それによってこそ、深い意味において、私という存在が基礎づけられることになる。日本人の場合、その永続的なものとして「イエ」を大切にする。このとき、イエは必ずしも血縁によってつながらなくともよい、と考えるところが日本的である。「××家」の先祖があり子孫がある。そのイエの流れの永遠性のなかに自分という存在が定位される。このように考えると、イエのために個人が無視されるのも当然のことと考えられる。

西洋人が個人の存在を強調する際に、それはキリスト教という支えをもっている。個人がイエや血筋などによって守られることなく、あくまで個人であることを主張するためには、それは父なる神との結びつきを必要とするのである。一回限りの復活の約束を信じることによってこそ、一回かぎりの個性をもった人の人生が、その存在の基礎をもち得るのである。個人を認める天の父は、従って明確な規範を持ち、それに従わないものに対しては、救済の責をもたない。日本のように、イエの流れの場合は、ただイエに属するか属さないかが大切であり、そこには規範はない。ただ、イエから出ていったものは、よそものになってしまうだけである。

日本人は真に自我の確立をするためには、キリスト者にならなくてはならない、などと言う気はない。しかし、キリスト教抜きで、西洋流の自我の確立をはかることは、ほとんど不可能に近いという自覚は必要である。さりとて、西洋においても、問題は深くなっていることを、われわれは知っている。父性の極端な強調のため、西洋人の自我は疎外感に苦しめられている。キリスト教を信じる人の数も減少しつつあることは事実である。

基本は母性原理

日本のイエの場合は、儒教の道徳によるものであり、そこでは父の権威が強調されていた、と考える人もあろう。この点については、川島武宜氏が卓抜な論を名著『日本社会の家族的構成』(日本評論社)に述べている。日本の旧民法に規定されている家族制度は、武士階級的家族制度であり、これは儒教的倫理によっているが、農民や漁民などの一般民衆は、これと異なる家族制度をもっていたと言うのである。つまり農民の場合であれば、すべての家族構成員がそれぞれの能力に応じて家事を分担し、そこには絶対的な権威などはなく、もっと協同的な雰囲気が支配していた。ここで大切なことは、そのような協同的な雰囲気であり、筆者が先に述べた表現を用いるなら、各人がうまくバランスがとれて存在しているという感情なのであった。

儒教的な倫理による旧民法が成立するとき、これはあくまで国家の統合性の観点から導入されたものである。統合というものは中心を必要とする。中心に向かって統合されるためには、家には中心を持たねばならない。先に述べた民衆の家族の在り様は、強いて言うならば、全体のバランスと雰囲気というあいまいなものを中心にもつもので、それは明確な中心点を欠いている。このため、日本の戦前の家族は、国家とか社会に対しては、家父長を中心としたまとまりをもつ存在でありながら、他方では、みんなで仲良く、全体のバランスを考える家族の在り方を大切にするという、二重構造をもっていた。

つまり、いかに儒教的家父長が強そうに見えても、基本的構造としては、あくまでも母性原理が強かったのである。ところで、この次に新民法の時代がやってきたのである。既に述べてきたような点については考慮することなく、家父長の権力を奪って、「民主的」な家族をつくろうと、それは意図されたのであったが、これも結局のところ、基本構造を変えることは、ほとんどできなかった。むしろ、父親の権力がなくなったので、日本の家族の母性性が強力に前面に出てきたのである。

父親の個性を問う

戦前には無かったことであるのに、終戦後の混乱が収束し始めた頃より生じ、未だに増え続けているものに、学校恐怖症ということがある。今では大学にまでひろがってきて、どこの学校にも一人や二人は居るだろうと言えるくらいになった。学校恐怖症というのは、どうしても学校へ行けなくなるのだが、本人は怠けているのではなく、むしろ登校したいとさえ思っているくらいだが、どうしても行けないという状態なのである。

このような状態は、既に述べてきたようなわが国における母子一体感の強さと、父親像の弱さを反映しているものであることは、すぐに了解されるであろう。子どもは学校に行かず、母親と一緒にいるわけであるし、父親は多くの場合、どんなことがあっても学校へはゆくべきであるという規範の体現者としては、その像が弱すぎるのである。

しかし、考えてみると人間のすることには、多くの意味があるもので、登校しない子どもは、母と一緒に居るとはいうものの、母親のもっとも嫌なこと——つまり、登校しないこと——をやっているという点では、母親に対して強く反抗していることになっている。これは、家族全体の平和なバランスをまったく壊すものだ。それに、ある学校恐怖症の中学生は、単車を買って欲しいと母親に訴えつづけていたが、聞き入れられないと知ると、父親に対して直談判を試みた。母親というクッションをおいて子どもの意志が伝えられ、全体のバランスを考えて結論がどこからともなく下される、という今までのパターンを破って、父と息子が対決したのである。

父親ははじめて、自分の意志を直接に子どもにぶっつけることになった。父親は自分が一日にどのような仕事をし、それによってどれほどの収入を得るかを説明し、それと単車の値段を考えてみろ、と言った。息子は単車をあきらめただけではなく、すぐ後に登校を開始するようになった。

このような例に接すると、この学校恐怖症の子どもは、家庭の中に父性を見出すために、このような症状になったのではないかとさえ思われる。このようなときに、親が子どもの要求を何とか聞き入れてやって、登校をうながそうとして失敗することは多い。そのようなとき、息子の要求はエスカレートするのみである。彼は無意識的に強い父性との対決を求めているのに対して、無理をして息子の願いをききいれる母性にのみ出会うので、たまらなくなるのである。

前章に、父親をはねとばしてしまった家庭内暴力の高校生のことを書いたが、彼は後で、あのときほど悲しいことはなかったと語ってくれた。彼は父に負けることを期待していたのに、勝ってしまって、とどまるところを失ってしまったのである。このようなときは、問題がなかなか片づかないのも当然である。

先にあげた例にしても、父親がぎりぎりのところに押しこまれて、自分の人格をかけてやったからこそ成功したのである。父親が何かよい方法に頼ろうとした場合は、息子は満足しないであろう。息子は父親の個性の存在を問うているのである。

父性の侵入

このような例に接していると、現在の子どもたちの心の深層に、父性的なものが生じてきたのではないかと感じられる。つまり、全体のバランスを壊しても、自分の主張をするという力である。

しかし、真の父性として、それが育ってゆくためには、既に述べたように、自己の主張が現実にぶっつかり、あるいは、社会の規範と衝突し、次に、それを自らのものとして受けとめてゆく過程が必要となってくる。ところが、子どもたちの心に生じてきた父性の萌芽はまだ弱いものであるために、最初にあげた家出少年のように、少しでも困難にぶつかると母性的な救いのなかに逃れようとする。そして、親の方もそのような甘さをすぐに許容することになってしまうのである。

旧民法や新民法という、表通りの法律の存在にかかわらず、日本人および日本の家族、社会のなかに一貫して存在する母性原理は、極めて強烈なものであったと思われる。しかし、現在のように国際交流の激しい時になって、とうとう父性的なものが日本の家にも侵入してきたように思われるのである。

われわれは、今までに明らかにしたような不文律的な母性倫理をもち、その上に儒教的倫理を上乗せしてきた。そこにまた新しく父性的な倫理が侵入してきたとなると、その倫理観は大いに混乱して当然である。親も子も、よって立つべき明確な倫理をもたず、御都合次第で考えを述べているのが現状ではなかろうか。

ここまではごく大まかに述べた父性原理と母性原理について、今後は詳細に検討しつつ、混乱した家族関係の在り方のなかで、将来像をさぐってゆきたい。

第三章　親子であること

愛の十字架

家族のみの集まりを「水いらず」と表現したりするように、家族の一体性ということは、古来からよく強調されている。しかし、家族の成員を結び合わせている絆は同種のものではなく、いろいろと異なる絆によって、家族のそれぞれが結ばれているのである。つまり、夫婦という横の関係を結ぶ絆と、親子という縦の関係を結ぶ絆とは、その性質がまったく異なっている。それに、兄弟・姉妹という関係が加わってくると、家族関係は簡単に「一体」としては把握できない複雑さをもってくるのである。このため、一体であるべきはずの家族関係に、思いがけない対立や葛藤が生じてくる。そして、ある個人が家族の中の横の関係と縦の関係の葛藤の真中にすえられて、十字架にかけられたような苦しみを味わうことにもなってくる。

現在、多くの家庭において、この苦しみを体験しているのは、両親と同居している新婚夫婦の夫であろう。彼は母子の縦の関係と、夫婦という横の関係の中で、愛の十字架の苦しみを受けねばならない。もっとも、十字架の中心になるべき男性が「職場」という隠れ家にはいりこんでしまって、女性同士の戦いの激しさを助長させている場合もある。

運命と意志

家族関係は、親子という「血」による関係と、夫婦という血によらない関係とが共存しているところに特徴をもっている。

ここで、まず親子関係についてみると、これは運命的に決定づけられていることが、最も重要な点であると思われる。そこには選択ということが存在しない。子どもはおのれの意志と関係なく、そこに生まれてくる。親にしても、多くの子どもの中から、自分の子どもにしたい子を選ぶわけではない。このようなわけだから、親子関係は絶対的なものである。それはいくら否定しても否定し切れない。ある父親が「勘当したうちの息子」という言い方をされたので、「いくら勘当しても「うちの息子」であることに変りはありませんね」と申しあげたことがあったが、まさにそのとおりなのである。「親でない、子でない」と意志によって否定しても、その絆は切れることはない。

これに対して、夫婦の関係は両者の意志によってきまる。もちろん、この点はその成員の属する文化や社会によって程度が異なってくるが「近代的」な社会ほど、夫婦の関係は当人同士の意志によって決まり、また、その意志によって関係を解消することが可能であると考えられている。人間生活における、運命と意志という、まったく相対立する力が家庭の中にはたらいているので、このバランスをとることは極めて難しい。そのために、人間はこのうちのどちらか一方を主として考え、家族の在り方を規定してゆくように思われる。

血のつながりということを重視する家族では、夫婦の結びつきは極めて弱いものとして考えられる。たとえば、戦前のわが国の家族の中の嫁の地位のように、それは子どもを産んで「血」のつながりをもった家族の成員をつくり出すまでは、まるで家族の成員外の人のような取り扱いを受けるのである。

アメリカの家庭のように、夫婦の契約による結合に重きをおく家庭においては、親子関係がわが国の親子関係などとは異なるものになってきて、むしろ、親子の関係さえ、血のつながりよりも、契約による結合に近づいてゆくように思われる。すなわち、ごく小さいときから、子どもと親の関係も独立した人間同士の関係に近いものとなり、子どもは大きくなると意志の力によって親から離れてゆく。しかし、親は子どもから尊敬されるべき親となるように努力し、自立していった子どもと、よき「友人」となることが望ましいと考えられる。これに対して、運命的な親子のつながりを重視する、わが国の場合では、夫婦の結びつきも親子の場合のように、「運命的」で絶対的なものとなることが理想のように考えられる。それは親子の絆と同じように、切っても切れぬものとなることが望ましいのである。

しかし、このようにどちらか一方に重点をおいて家族関係を考えると、一応の割り切りができて便利であるが、実際には、運命と意志という二種の力がどちらもはたらいているものとして家族をみてゆく方がいいように思われる。

次章に例をあげて示すことになると思うが、意志の力によって結婚したと思っている夫婦でも、そこには測り知れぬ運命の力――無意識の意志力とも言えるだろうが――がはたらいているのであり、それをはっきりと自覚してゆくことが大切なのではないか。そして親子の場合も、最初に運命的に結ばれるものではあっても、互いに相手を親として、子として認め合ってゆくためには、強い意志の力も必要なのである。このような自覚によってこそ、われわれは家族の中の愛の十字架を背負ってゆけるものと思う。

母子一体性

家族の人間関係はいろいろな絆によって保たれているとは言うものの、人間関係のそもそものはじまりは、前章にも述べた如く、母と子との関係である。どんな子どもでも、男も女も母親から生まれてくる。生まれるまでは、子どもは母親と文字どおり一心同体であったのである。この母子一体性を基礎として子どもが育ってくるのだから、ここに障害があると、なかなか大変である。

高校生の娘が家出や不純異性交遊を繰り返すので困る、ということで相談を受けたことがある。このような娘をもつ母親がすべてそうだとは言えないが、この母親にお会いしてすぐ感じたことは、母性の弱さということであった。といって、母親が娘のことに不熱心というのではない。子どもの教育のことには熱心であり、娘のことを心配するからこそ、遠いところをわざわざ出かけて、相談にも来られたのである。彼女を冷たいというのもあたってはいない。しかし、言うならば、その母には「土」のにおいが無さすぎるのである。このような感じをうまく表現することができなくて困るのだが、サラサラとし過ぎている、とでも言うのであろうか。

このようなことは、他人にはある程度納得して貰えるかも知れない。しかし、本人に解っていただくことは不可能に近い。他人に言われてすぐ気がつくような問題ではない。本人としては意識的には良き母親として一所懸命なのである。娘の方にしても母親に対する不満を言葉で表現できないことが多い。何が不満なのかと言われても、うまく言うことが出来ない。娘にとって意識されるのは、ともかく家を出たいとか、男性に何となく心をひかれ、自分でも馬鹿げていると思いながら、駆りたてられる気持とか、である。もちろん、最近は、このような娘さんもフリー・セックスなどの理論武装をこころみて、鋭く論戦をいどまれることもあるが、それに乗らずに落ち着いて聴いていると、結局は自分でもわけが解らない、というところまで話がすすんでゆくものである。

この娘さんは母親との一体感を得たいと望んでいる。しかし、それでも自分のあまり経験してなかったものを、どのように表現していいか解らない。このような場合、実はこの母親を非難できないことが多い。というのは、この母親自身が母子一体感の経験の少ない人であることが多いからである。母も子もわけのわからないままに、何となく娘がそのまま成人すると、母親と同じようなタイプの女性となって、それはそれなりに外的には問題なく子どもが成人したことになる。しかし、この娘さんのように思春期に何らかの問題を起こすのは、母親の生き方を改変しようとする無意識的な力がそこにはたらいていることを示している。彼女は自分にとって欠けている何ものかの本質が解らないままに、母子一体性の最も根源的な象徴とでもいうべき「肉」の世界へと駆りたてられているのである。

彼女は肉体の合一を——それは真の合一とは言えないのだが——体験しながら、彼女の望むものを手に入れることができなかったという淋しさを体験しなくてはならない。このため、彼女は次々と相手を変えてゆくが満足は得られない。それは、彼女の希求しているものが母であり、異性ではないからである。このような人の治療をわれわれが引き受け、長い努力の末、母親が母性を回復したり、周囲の人々の努力によって、何らかの母性的な体験を本人が得ることができたりすると、彼女の異性関係は、うそのように消え去ってしまう。彼女が本当の異性関係をもつのは、もっと後のことになるのである。

子どもを育てる上において、母子一体感の重要さは何度繰り返しても足らないほどのものである。母子一体感の稀薄な子どもは、幼児期にいろいろと障害を示すことが多い。極端な場合は、栄養が十分に与えられていても、赤ちゃんが死亡してしまうということさえ報告されている。幼児期をある程度無事に乗りこえられても、人間の内的な世界の急激な再編成が行われる思春期に、それはいろんな問題行動となって現われることが多い。

普通に育ってゆく子にとっても、思春期は大変な時代である。この不安な時期を乗り切ってゆくため、多くの子どもは母子一体の安定した状態へと少し逆もどりし、それの確かめを基礎として成長してゆくことになる。思春期になった子どもが、平素は母親など問題にしないような態度をとっていながら、時に母親も「あれっ」と思いたくなるような甘えを見せることがあるのも、このためである。こんなときに、母親がもう子どもが大きくなっているのでと考えて、甘えを手厳しく拒否したために、子どもが問題を起こしたり、親子関係が急激に冷淡になったりする例もある。

二人の母・二人の父

母子一体感の重要さを強調したが、誤解のないようにつけ加えておくべきことは、これは必ずしも実母との間で体験されなくてもいいということである。それは祖母や伯母であってもいいし、たとい血のつながりがなくとも母親代理をつとめてくれる女性があればいいのである。それは「母なるもの」であればいいのであって、必ずしも生みの母であることを必要としない。

ここに「母なるもの」という表現をしたが、われわれ人間の心の奥底には「母なるもの」というべき存在の元型が潜んでいるように思われる。前章に母性原理について述べたが、そのときに何ものをも「包含する」母性機能について言及した。どんなものでも、どんなときでも、すべてを包みこんでくれる、母なるものの元型は、われわれの無意識界の奥深くに存在し、われわれの意識に影響を与える。

たとえば、子どもの心の中で、この元型がはたらくとき、子どもは絶対的に自分を包みこんでくれる母なるものの存在を期待する。しかし、現実の母は人間であるかぎり——どんなにいい母であろうと——子どもの絶対的な期待を満足させることはできない。そのとき、子どもは「ひょっとすると、僕の本当のお母さんはどこかに居るのではないか」と思う。こんなふうに思いはじめると、他の兄弟に比して自分だけはあまり可愛がられていないように思えてきたりするものである。自分は「貰い子」ではないのか。このような疑問を抱かない子は、実は非常に少ないのではないか、と筆者は思っている。

このような疑問は、子どもの自立の動きのはじまりである。子どもはこのような体験のなかで、母親が絶対的な存在ではなく、一個の人間であることを知ってゆく。そして、絶対的な母なるものは、実は自分の心の内に存在することを知り、これによって母から自立してゆくことが可能となるのである。

「本当の母」がどこかに存在するという感情は、物語などによくある「二人の母」の主題へとつながるものである。継母にいじめられている子どもが実母を探し求めて旅に出たりする話が、多くの人の心を打つのも、このためである。

このことは、父親に対しても言うことができて、「二人の父」の主題も多く存在する。子どもたちは、信頼しうる年長の男性を家庭外に見出したとき、あの人がお父さんであればいいのに、と思ったりする。

ギリシャ神話の中の代表的な英雄ヘーラクレースは、人間の母アルクメーネーと神なる父ゼウスとの間にできた子どもである。ところが、ヘーラクレースには双子の兄弟があり、イーピクレースというが、それは人間を父親として生まれてきている。神の血を引くヘーラクレースは英雄であるが、人間の血を引いているイーピクレースは、普通の人である。この双子の兄弟を、一人の人間の心の中にある、英雄的な側面と常識的で普通の側面を表わしていると考えてみると面白いのではないだろうか。すなわち、人間は常識に従って日常の生活をすごしているが、その半面には隠された英雄的な面をもっている。常識的な自分は、人間の現在の両親の子であることをよく知っているのだが、英雄的な自分は、実は自分はこのような親の子ではなく、ゼウスという偉大な神を父とするのだと思っている。

人間の心の中の英雄的側面などというと、そんなものはあまり存在しない、という人もあろう。しかし、筆者は人間が親から自立するということは、まさに英雄的行為であり、そのときこそ、各人の心の中の英雄が活躍するのだ、と思っている。英雄となった子どもは、こんな父が自分の父であるはずがない、自分の真の父はどこか他にいるはずだ、と思うことであろう。このようなとき、子どもは自分の生みの親を拒否しようとする。そして、中には、「お前なんか親ではない」と自分の親に向かって叫ぶ子どももいる。

母親の否定

二人の父、二人の母の問題はまた、違った観点からも考えることができる。母を例にとると、母なるものは「包含する」機能を主とすると述べたが、これは肯定的、否定的の両面をもっている。子どもを包みこんで養ってゆく肯定面と、包みこむ力が強すぎて子どもの自由を奪い、呑みこんでしまう否定面とが存在する。子どもは一人の母の中に、このような二つの面を見ていることが多い。

ところが、親が、特に母親が子どもに対するとき、自分が親であることの絶対性を疑うことはない。二人の母とか、母性の否定面などということは全然念頭に浮かんで来ない。母親というものは子どもにとって、かけがえのないものであり、絶対的に肯定的な存在であることを確信している。母親はこのような確信に支えられて、子どもに怒るときには「あんたはうちの子ではない」とか、「出てゆきなさい」と言ったりする。何を言おうが母子の絆の切れないことを前提として行動している。前章にも述べたように、わが国は母性原理の強い国であるから、母親の肯定的な像というものは、疑いを許さぬ存在として考えられてきた。

しかし、子どもが自立しようとするとき、その母親がどんなによい母親でも、母親の否定的側面がにわかに意識されてくる。母親の親切は子どもにとって、自分を呑みこもうとするたくらみとさえ感じられる。家庭内暴力をふるう子どもに接すると、このような子どもが母性の否定的側面に極めて鋭敏に反応していることが感じられる。このような子どもの母親は、母性の善意ということに絶対的な信頼をもち、子どもに「親切に」接しようとする。しかし、子どもたちにとって、その親切は子どもの自立性を奪いとろうとする力の侵入として受けとられる。母親自身は、救済者としての観音像を心に描いているとき、子どもの目にはそれは、何ものをも呑みこんでしまう山姥の姿と映るのである。このような「二人の母」の姿はまったく悲劇的である。山姥の害を防ぐため、子どもが母親に打ちかかるとき、母親は観音に打ちかかってくる子どもの心を測りかね、気が狂ったのではないかと思い悩むのである。

母親の姿の中に山姥を見た子どもは、「お前なんか親でない」と叫ぶ。しかし、これは母親を否定したのであろうか。多くの場合、その否定は中途半端に終わることになる。というのは、子どもは親に向かって暴力をふるったりしながら、結構その家にとどまって、親のつくった食事をたべたりしているのである。彼らは親の否定の次に来るべき自立へと向かう力をもっていないのである。言いかえると、日本における母子の絆は測り難い強さをもっているのである。

内なる母からの自立

人間が自立してゆくということは、自分の心の中に存在する母なるものの元型と、現実の母親との混同を避け、いつでも、何でも助けてくれる絶対的な母なるものや、何でも呑みこんでしまうような凄まじい母なるものなどを母親に投影して問題を起こすのではなく、自分の内界に存在する母なるものからは自立してゆくと共に、現実の一個の人間としての母とは、お互いに限界をもった人間同士としてつき合ってゆくことになることを意味している。運命的な関係に意志的な面が加わってくると最初に述べたのは、このようなことを意味している。

マタイ伝一二章には、キリストが肉親としての母をはっきりと否定するところが述べられている。イエスが群衆に話しているとき、その母と兄弟とがイエスを外で待っていた。このことを告げられたとき、イエスは「わたしの母とは、だれのことか。わたしの兄弟とは、だれのことか」と言う。そして弟子たちに対して、「天にいますわたしの父のみこころを行う者はだれでも、わたしの兄弟、また姉妹、また母なのである」と述べる。このような強烈な母の否定の上に西洋の文化は成り立っている。肉親としての母を一度否定した後に、隣人愛としての人間関係が語られるのである。これは言うなれば、血のつながりよりも契約のつながりを重視する文化とも言うことができる。

これに対して、東洋の国々は未だに母の否定を行なっていない。その中で、日本という国は母性を温存しつつ、欧米の文明をいち早くとり入れた特異な国なのである。宗教的なレベルにおいて母の否定が行われるとき、それによって守られている人々は、象徴的な母の否定が行われた後に、わざわざ実母と血みどろの戦いをする必要がない。事実、多くの宗教的儀式は、人間が自分の内界の深層に存在する恐ろしい元型に直面することを避けるために、人間が見出してきたものとも言うことができる。近代人の合理性は、そのような儀式の非合理性に対して浅薄な挑戦を行い、多くの儀式を否定し、宗教をさえ否定するほどになった。

このため、現代人は宗教の守りのないままに、無意識界と直面しなくてはならない。つまり、既に例をあげて説明したように、子どもたちは何らの宗教的知識も守りも無いままに、日常生活のなかで観音や鬼子母に遭遇することになるのである。来世における極楽や地獄の存在を否定してしまった現代人は、この世に楽園を築こうとして、逆に家庭の中に地獄を体験することにもなる。このように言っても、筆者は既成の宗教が簡単に救いとして役立つとは思っていない。しかし、家族の問題をつきつめて考えてゆくならば、それは自分の内界をあくまで探求してゆこうとするという意味において、本来的に宗教的な問題へとかかわらねばならないことを覚悟すべきであろう。

本章では、親子のつながりの根本に存在するものとして、母親のことを重点にとりあげた。父親の問題については後に述べることになろう。

第四章　夫婦の絆

愛し合う二人

いかにも上品そうな年輩の女性に連れられて、二十歳代の娘さんが相談に来られた。最初のうちはほとんど母親が説明をされたが、それによると、娘さんは結婚後数か月して、夫の家族のひどい仕打ちに耐えかね、現在は実家に帰ってきているところだという。娘から話を聞いた両親は、相手の家族の反省をうながそうと努力したが、その度に話はこじれて事態は悪化するばかりである。父親は怒って離婚してしまえと言っている。しかし、母と娘はそこまで決心がつかないし、どうしたものかと相談に来たというのである。話は深刻だが、寄り添うように坐っている母娘の姿を見ると、ぴったりとした感じで、このようによい取り合わせなのに、それを壊してまで、娘さんが他家に行くことはなかろうと言いたくなるほどである。

娘さんは長女で、大分年が離れた中学生の弟が一人。彼女の夫は一人息子で、家も広いし両親と同居して欲しいという条件だった。しかし、なんとか別居をということで、それは成功したのだが、娘さんに言わせると、「別居も同居と変らない」ほどに、姑の干渉がひどく耐えられない、というのである。姑から電話がかかってくると、夫は嬉しそうに何やかやと長話をしている。あげくの果てに、お前も電話に出ろと言う、妻の方は「別に言うことも無いから」と断ったら、失礼なことをするというのでもめる。言葉のやりとりはつい激しくなって、妻は夫の無理解に腹を立て家を出てしまったというのである。その後は、夫と妻の間よりも、その両親の間で厳しい言葉の応酬があり、お互いに相手の欠点をついて戦っている最中であるという。

このような相談は随分と多い。それに子どもができてしまってから、同様のことが生じ、問題を一層複雑にすることもある。子どもを引き取る引き取らないということが、愛情の問題や子どもの将来の幸福のこととしてではなく、相手に対する嫌がらせや、意地をとおす手段として考えられるからである。ところで、このような話を聞いて、夫の方が悪いのか、妻の方が悪いのかという問題以前に、むしろ当然起こるはずの相手の両親との間のいざこざに対して、若い夫婦が何らの予想も覚悟もなく結婚し、少しの事柄で右往左往しているのは、まったく不甲斐ないことと私には思われる。不甲斐ないと言えば、この娘の両親にしても、まるで娘の逃げ帰ってくるのを歓迎していると言いたいほどの態度で、娘を抱きこんでいるのである。このとき、相手が一人息子で、親子のそれまでの結びつきなどを考えると、結婚に伴うごたごたは当然のことと思われるのに、そのようなことを結婚前に少しも予想しなかったのか、と尋ねてみると、娘さんが「愛し合っている二人が結ばれるのだから、幸福にいくと思っておりました」と答え、母親は「まったくそのとおり」という感じでうなずかれたので、私はゲンナリとしてしまった。

こんな例に多く接していると、私としては、若い人たちに対して他の何事をしてもいいが、「愛する二人が結ばれると幸福になる」という危険思想にだけはかぶれないようにして欲しい、と願いたくなってくるのである。

前章にも述べたように、夫婦の絆は親子の絆と十字に切り結ぶものである。新しい結合は、古いものの切断を要請する。若い二人が結ばれるとき、それは当然ながら、それぞれの親子関係の絆を切り離そうとするものである。一度切り離された絆は、各人の努力によって新しい絆へとつくりかえて行かねばならない。この切断の痛みに耐え、新しい絆の再生への努力をわかち合うことこそ、愛と呼べることではないだろうか。それは多くの人の苦しみと痛みの体験を必要とするものである。このような努力を前提とせず、ただ二人が結ばれたいとのみ願うのは、愛などというよりも「のぼせ」とでも呼んでおく方が妥当であろう。

ふたつの歴史

姑からの電話に嫁がでるかでないか、ということだけで嫁さんが実家に帰ってしまった、などというと、「そんな馬鹿な」と思われるかも知れない。しかし、このような例は多いのである。それは当事者たちが大学出の「教養ある」人であっても同様である。せめて離婚にまで至ることは「教養」が防いでくれるが、このような「馬鹿げた」夫婦げんかを繰り返している知識人も案外多い。

夫婦は結婚に至るまで、それぞれの歴史を背負っている。それが結合されるのだから、これは考えてみると大変なことである。各人の古い歴史からの呼びかけは、どうしても新しい結合をゆさぶるものとして感じとられやすい。このような危険性を防ぐため、人間はいろいろな結婚制度や、結婚に伴う倫理をつくりあげてきた。たとえば、日本の古い民法によれば、「家」が大切にされ、女性は「家」に嫁入りをしていったのである。これは「ふたつの歴史」の相克を避けるため、一方の家の歴史の中に嫁が組みこまれることを善とすることにしたのである。そこには、女性の忍従を美徳とし、実家に帰りたがる娘を拒絶する父の厳しさを賞賛する倫理観を裏づけとして持っていた。

新しい結婚観は「家」を棄て、「個人」を大切にしようとする。しかし、われわれ日本人はそれをやり抜くだけの「個人」には、まだなっていないのではなかろうか。少なくとも、それに伴うべき努力に対する自覚が少なすぎると思われる。女性は忍従を美徳とせず、自己主張をする。しかしながら、第二章に既に述べたように、日本人の母性性は極めて強いので、一個の女性として一個の男性との新しい関係を築くことよりも、古い母＝娘結合の場の吸引力が強くはたらいてくる。そこで、妻はしばしば実家に帰ったり、何かというと妻の親族との接触が増えてきたりする。なかには、夫がそれに腹を立て「馬鹿げた」争いをすることもあるが、多くの場合――特に夫が知識人であれば――夫は古い「家」の倫理を持ち出すのがはばかられるので、「主人の家」を大切にしろとは言い出せないでいる。そのため、妻の方の関係のみが密になってくるのである。これは、女性が自立しているのではなく、古い日本人の母性心理に遠慮せずに従っているだけのことである。男たちは封建的な倫理に従っていると言われるのを恐れるあまり、しらずしらずのうちに弥生式とでもいうべき新しくて古い倫理に縛られているのである。

おそらく、このようにあまりにも母性性が強く作用することに対する補償作用としてであろう、日本人は家族制度としては、父権を強くし、嫁入りをした娘は「他家にあげた」ものとして、厳格に実家とのつながりを切ろうとしたものであろう。このような倫理に基づくときは特に、嫁入りはすなわち「娘の死」として象徴的に受けとめられる。わが国にある多くの嫁入りの儀式のなかに、葬式のそれと重なり合うものが多いのは、このためである。

ところで、われわれは古い考え方や制度を棄て去り、新しい結婚観によって夫婦の絆をつくりあげようとし始めた。しかし、それの裏づけとなる新しい倫理観をもっているだろうか。弥生式なら弥生式で統一するのもいいだろうが、自覚的には西洋近代流であり、実質は弥生式となると、本人はともかく周囲のものは随分と迷惑を蒙るものである。

夫婦間でも実存的対決

先程の電話の一件に戻ってみよう。姑と電話で話し合っている夫は、母子の一体感から抜け出ていない男性として、楽しい時をすごしているのであるが、彼は自分を「愛して」くれている妻も、それを喜び、はては妻自身も姑と話すことは楽しいことであろうとさえ錯覚する。個人と個人が関係をつくりあげるのではなく、ひとつの場の中に二人がとけこむことを得意とする日本人にとっては、何人であれ場の外から声をかけるものは侵入者なのである。それがどれほど優しく親切であろうとも、侵入者であることに変りはない。このような妻の感情に夫はまったく無知である。妻の方もまた、これを契機に実家に逃げ帰り、親同士に代理戦争をやらしているのだが、これは自我を確立した個人のすることではない、個人対個人としての夫との対話を放棄しているのである。

人間のアイデンティティというものは、ごくごく些細なことによっても支えられているものである。毎朝みそ汁を飲んでいる人は、それをやめることによって、案外にもアイデンティティをゆさぶられる。毎日帰宅したときに「お帰り」と言ってくれる人があったのに、それが無くなることによって、人は相当に安定感を失うものである。

夫婦の背負ってきた、ふたつの歴史の統合は、実はなかなかに大変なことなのである。大変な統合をやり抜くとき、「頭ごなしの倫理」をもつことは一般的に言って、むしろ便利なことである。ふたつの歴史のうちどちらが「正しい」かなどは考えて解るものではない。そのときに、「嫁は婚家の風習に従う」という頭ごなしの倫理があれば、ともかく辛くはあっても危険性は少ない。

ところで、われわれは自由を求めて「頭ごなしの倫理」を否定したが、さりとて、よりどころをもたずに右往左往しているとも言うことができる。これを積極的に言えば、夫婦関係においても実存的な対決と創造が必要となってきた、ということになるのであろう。従って、のぼせているだけでは夫婦関係は続けてゆけないのである。そこには相当な努力を払わねばならない。

相補性と共通性

今までは夫婦の絆を他の人間関係とのからみ合いの中で見てきたが、夫婦だけのこととして見てみるとどうなるだろうか。わが国には「相性」という極めて便利で含蓄の深い言葉がある。相性が良い、悪い、というと「なるほど」と感じさせられるが、開き直って「相性とは何か」と言われると答え難い。この簡単には言い難い相性というものが夫婦関係の本質には存在しているのであろうが、それはそれとして、少し説明可能なことについて述べることにしよう。

先に示したように、結婚に対する態度が定まっていないため結婚後一年足らずの間に離婚に至るのが、ひとつの典型例であるとすると、結婚後数年というところにも、ひとつの節が存在するようである。俗に七年目の浮気などと言われたりする。このような現象は「熱烈な」恋愛結婚をした人に生じやすいようである。

このような夫婦にお会いすると、ガソリン切れの自動車のように、「のぼせ切れ」の現象を起こしていることが解る。恋愛というものは不思議なものである。それは互いに抗し難い強力な相ひき合う力を感ぜしめ、その本質については当人たちも不可解である。

七年目の危機を迎えた夫婦にお会いして、よく聞く言葉は「なぜあんな相手を選んだのか、自分でもわけが解らない」とか、「こんなに人間が変るとは思いもよらなかった」とかいうことである。しかし、よく聞いていると、なかなか良い相手を選んでいることが多いのである。ある男性は、彼の妻があまりにも無口で無愛想であり、自分の家族や友人に対していかに不親切なふるまいをするかを訴える。自分は華やかで、人づき合いも多いほうが好きであるのに、妻はまったく逆である、というよりは、人間が冷淡にできているのだと思う、という。しかし、このような話を聞き、妻の方にもお会いすると、この夫婦は、むしろ外向的な夫と内向的な妻との間に、適当なバランスが存在すれば、極めてうまくゆくはずなのにと感じられるのである。

夫婦には何らかの意味で相補性の原理がはたらいているように思われる。外向と内向という例をあげたが、これは人生観や生活態度などの上においても言えるし、そもそも、男性と女性というものが、多くの点で相補的存在なのである。どのような人生観であれ、性格であれ、長所と短所をあわせもっている。それが一面的になることを防ぎ、より柔軟で現実的な効力を発揮するためには、反対の存在による補いを必要とする。これは、何かの事柄について夫婦の意見対立が生じることの多い現象とも関連している。子どもにもっと勉強させようとする母親と、もう少し遊ばせるべきだという父親。これは対立があるようだが、対立しているからこそ適切なバランスが保たれているのである。

対立するものが相補的にはたらかず、強い敵対関係になるとき、それは破壊に至る。これを防ぐためには、その対立を建設的に機能させる土台として、共通の地盤を必要とする。これが夫婦関係の面白いところである。それは、共通部分と対立部分との適切な組み合わせによって保たれているのである。もう少し分析的に言えば、夫婦はその共通部分を関係の維持のために必要とし、対立する部分をその発展のために必要としているのである。対立部分のみが拡大され、それを支える共通部分が弱いと破局がくるし、共通部分は多くあっても、対立部分が少ないときは、その関係は魅力を失い、冷たいものとなってしまう。

ここに言う共通部分は、個々の家の財産や家柄、風俗習慣などのこともあろう。見合結婚の場合は、夫婦関係の維持の方にどうしても力点がおかれるので、共通部分に対する配慮が払われることが多い。恋愛の場合、先に「のぼせ」と書いたことは、将来の発展の可能性に対する無意識的な予感とも言えるわけだから、相補性によって揺り動かされているのだが、そこには維持機能を担う面について思慮がはたらきにくいのである。ところが、われわれが実際に夫婦にお会いしてみると、多くの場合、見事な「選択」が行われていることに驚かされる。見合結婚の場合でも、それをすすめた人はもちろん、当人たちも最初は気づいていなかった相補性が存在していることが多いのである。あるいは、恋愛結婚の人が相手の美点を数えあげ、両性の「意志」によって結婚したと思っていても、当人たちの知らぬところで相補性がはたらいており――それこそが二人をのぼせあがらせた原動力かも知れないのだが――後になって、それが意識されてくると、問題となって離婚の原因とさえなってくるのである。

個性の実現

夫婦関係における相補性について説明するために、離婚の相談に来られる夫婦に次のような話をすることがある。夫婦というものは、川の中の二本の杭であり、夫婦の関係はその間に網を張るようなものである。近くの杭を選んだ人は網は張りやすいが、魚の収獲は少ない。遠くの杭を選んだ人は、網を張るのに苦労するが、張ってしまうと魚の収獲は多い。あなた方は欲張って随分遠くの杭を選び、間に網を張るのを放棄しようとしておられるけれど、将来の収獲の多いのを期待して、もう一度努力してみませんか、と。この比喩は案外よく理解されるようである。

夫婦の「選択」は当人たちも気がつかないのに、うまくいっていると述べたが、これが夫婦関係の運命的な側面であろう。前章の親子関係について述べたときに明らかにしたように、人間関係の意志(契約)的側面と、運命的側面は微妙にからみ合っている。意志によって選択した関係においても、それを深めようと努力するとき、そこに運命的なものを見出すことになるだろう。あくまで意志という言葉を用いるなら、天の意志とでも言うべきものであろう。

このような考え方を強調すると、カトリックのように離婚を禁止するというのも了解できるのである。ただ、人間世界のことはどのような制度も欠点をもつもので、私も離婚は絶対に反対というのではないが、最近のアメリカ西部のように離婚率が五〇パーセントを越すのも、どうかと思っている。これだと、まるでガソリン切れの度に新車を買うようなものであるが、新車もそれほどあるわけではないので、各自が他人の中古車にのぼせることになる。もっとも、日本の夫婦のように僅かの共通部分を頼りにして、何らの発展の可能性の無いままに、ただ維持することにのみ意味を見出している関係も、あまりほめられたものではない。

共通部分という場合、それは過去の歴史のみではなく、未来の目標としても存在する。子どもを一流大学に入学させる、家を建てる、夫が出世する、などを夫婦が共通目標として努力しているとき、お互いの対立部分は見事に相補性を発揮している。しかし、その目標が達成されたときに、危機が訪れる。共通目標を失った対立部分が、次には敵対的にはたらきはじめるからである。いわゆる中年の危機であるが、このような点に関しては、第九章に詳述する。

一番最初にあげた例にしても、実のところ、娘夫婦の離婚問題として相談に来ている母親の夫婦関係も、本当はその時期に問題にされるべきことを、私は感じとっていた。簡単に言ってしまえば、この夫婦はいわゆる安定型の夫婦として、互いの間に発展性を掘り起こす努力はせず、むしろ娘の成長に期待していたのだった。従って、娘の良縁は嬉しいことでもあるが、淋しいことでもあった。実家に逃げ帰ってきた娘を抱えて、離婚してしまえという父親は、そこに娘を取り返した喜びをも感じていたのである。しかし、実のところ、この父親のなすべきことは、娘に対して抱くだけの感情の流れを妻の方に向け、そこに新しい夫婦関係の発展をはかることにあった。娘の結婚の破綻は、両親の夫婦関係の在り方に対する批判でもある。夫婦関係の問題は、子どもの問題として顕現されることが、実に多いのである。このようなとき、娘の夫の家族を非難してばかりいるよりも、自分たちの夫婦の在り方を検討してみる方が、問題解決は早いものである。

男と女の相補性の次元は極めて深く、おそらくそれを知りつくすことは不可能であろう。それ故にこそ、われわれは唯一の異性を相手として一生をすごすことができるのである。最初に「のぼせ」を否定的に述べたが、後にも述べたように、それを発展の可能性への無意識的予感ととれば、肯定的にも考えられる。要はそのような予感を実現へと結びつける努力の有無である。夫婦によってそれを実現し、また新たなる「のぼせ」を感じて、その実現化に努力する、という繰り返しとなるならば、それは理想の夫婦とも言えるであろう。発展の過程には、死と再生の現象がつきものであるが、そのような夫婦にとっては、離婚と再婚が内面的に生じることになるであろう。そのような苦しい過程を経てこそ、夫婦関係の維持と、個性の実現とが両立するのであるし、夫婦関係というひとつの枠が、個性を生み出してゆく容器として役立つことにもなるのである。

人間の心の相補性は、人間の関係のみではなく、一人の人間の心の中にも生じるものである。実のところ、一人の男性の心の奥には女性的なものが存在し、女性の心の奥には男性的なものが存在している。今まで夫婦間の相補性として記述してきたことは、それを通じて各人の心の中でやり抜くべき統合過程であるということができる。従って、そのような内面的統合過程を目標とするときは、結婚を外的には経験しなくても、それを内面的にやり遂げるような稀な場合が存在することも指摘しておかねばならない。真の個性実現が問題となる場合、二人の関係の間にも限りない孤独感が存在しているし、孤独に生きている人も、内面的な二人の世界をもっているものなのである。

第五章　父と息子

父権喪失

Aさんはある中企業の会社の社長である。大学を卒業して就職した大会社で上司とけんかをして飛び出し、自分でやり始めた仕事が見事に成功し、自分で現在の会社をつくりあげた。もちろん、ワンマン社長である。Aさんの口ぐせは「自力で頑張る」というので、頑張るものには運が開けてくることを強調し、自分の会社も「頑張るもの」こそが跡を継ぐべきであって、息子が跡継ぎであるなど思っていない、と公言していた。もちろん、息子が「頑張って」跡継ぎにふさわしい人間となればよいが、単に自分の息子だからと言って、特別扱いなどはしない、というのである。

ワンマン社長だから多忙であり、家庭のことを顧みることなどあまりなかったが、息子も娘もうまく育っていた。学校での成績も非常によかった。Aさんが跡継ぎについて思い切った発言を社員の前で繰り返しているのも、実のところ、うちの息子なら「頑張ってくれる」という確信によって密かに裏づけられていたのである。Aさんは酔うと、自分が若いときに会社を飛び出し、自力で頑張った話をするのが好きで、家族によくその話をした。Aさんの頑張りズムは会社のみでなく、家族にも浸透していた。子どもたちもよく勉強したので、息子は一年浪人をしたものの、Ａさんの期待どおりの大学に入学した。

もっとも一浪した後の受験のときにもめごとがあった。息子がＡさんの希望する法学部か経済学部ではなく、文学部を受けたいと言いだしたのである。息子が文学部を受験する理由として、今までの統計では文学部の方が入学しやすいから、と言ったので、Ａさんは激怒した。それは頑張りズムに反する行為である。父親の権幕に押され、息子は法学部を受け、見事に合格した。家中大喜びであったし、Ａさんは息子が跡継ぎの道をすすんでくる楽しみを味わった。しかし、その後が悪かった。息子は小説を読んだり、音楽にこったりしてほとんど勉強しない。Ａさんは妻からの報告で気にはしていたが、大学というのはそれほど勉強しなくてもいいところだからと、あまり気にしなかった。二年間経た後でＡさんは息子がほとんど単位をとっていないことを知った。怒鳴りつけるＡさんに対して、息子は今度は負けていなかった。文学をやりたいので、文学部に変りたい、聞きいれてくれなかったら退学し、家を出るという。「お父さんは会社の跡継ぎは息子でなくっていいといつも言っているではないか」、だから自分は自分の好きなことをするのだ、と息子は主張する。Ａさんは息子の決意が強いのを感じただけではなく、妻も娘も息子の側に立ち、自分だけが家族から「のけ者」にされているような感じさえ受け、ショックを感じた。言いたいことが胸の中にいっぱいありながら、何も言えず、「勝手にしろ」と怒鳴りつけるだけであった。

息子は文学部に転部した。その後家庭の様相は別に何の変化もないようであったが、Ａさんにとって、それはガラリと変ったものになってしまった。会社でも家でもワンマンであると思っていたのに、家庭では、女王と王子と王女が居り、自分はそれに仕える働き奴隷であるように感じられた。一度そのように思いはじめると、何もかもがそのように目に映ってきた。父権などというものは一切無かった。テレビを見ていても、「オヤジは低俗番組が好きなんだナー」と息子に言われ――お父さんという呼称はいつの間にかオヤジに変っていた――、しゃくにさわりながら切ってしまう。「お前たちがのけ者にするのなら」という気になって、あちこち飲み歩いても、帰ってくるときには、まるで放蕩息子がそっと裏口から家にはいるような心境にならされる。「俺はこの家の主人だぞ」と心のなかで叫んでみても何の効果もない。

以上のような話を長々とした後で、Aさんがもっとも反省されたのは、次のようなことであった。「私は子どもに、頑張っても頑張らなくてもいい、何をしていてもお前はうちの会社の跡をとらしてやるから、と小さいときから言ってやるべきでした。」心にもない強がりばかり言ったので、こんなことになってしまった、というのである。その表情の中には、頑張りズムのかけらも存在していなかった。

エディプスと日本人

先に示したような「父権喪失」の話は日本国中に満ちていて、それほど珍しいものではない。最近では、高校生の息子に「ここに土下座してあやまれ」と言われて、そのとおりにしたり、「洋服をきたままで風呂へはいれ」という息子の命令に服したりしている父親たちもいる。もっとも、父親に対するこのような烈しい攻撃の前には、母親に対する反抗が先行し、それがエスカレートされた形になることが多いようであるが。

息子の父親に対する攻撃を、エディプス・コンプレックスという精神分析の用語によって説明することは、よく行われている。最近は父権や父性の喪失が一般に自覚され、そのような問題を論じる人が増えてきたので、精神分析の専門家ではない、育児や家庭問題の評論家の人々の書かれたものの中に、この用語を見出すことは多い。

しかし、私は現在の日本の父と息子の問題を考える上において、それがどれほど有効かということには疑問を感じている。

エディプス・コンプレックスについては、ほとんどの人が知っていると思うので詳述する必要はないだろう。これは、自分はそれと知らぬままに、自分の父を殺し、母と結婚するという運命を生きた、ギリシャ悲劇の主人公エディプス王の名をとり、フロイトによって名づけられた、コンプレックスである。フロイトはこれを人間にとってもっとも根源的なものであると考え重視したのである。

エディプス・コンプレックスとは、フロイトによると、男の子が四―六歳くらいになると母に対して性欲の萌しを感じ、父親を恋仇とみなして嫉妬する。このため父の死をさえ願うほどになるが、一方では父を愛してもいるために、自分の敵意を苦痛にも感じ、この敵意に対する罰として去勢されるのではないかという去勢不安を感じるようになる。しかし、男の子はその後の発達において、父と同一化し、父と同じ道を歩むことによって社会に受けいれられてゆくが、前記の感情はコンプレックスとなって無意識内に残されることになる。その後暫くは、このコンプレックスは静かにしているが、思春期になると活動をはじめ、かつて未解消のままにされた情動がいろいろな行動となって顕現されることになる。

このような図式は日本人の個々人に対しても、ある程度あてはまることは事実である。しかし、日本人全般の心性について考えてみるとき、第二章において既に述べたように、日本人はフロイトがエディプス期として問題にする以前の母子関係を温存したまま、子どもを育てるのである。母子一体性を「切断」し、他者の存在を知らしめる父性原理は、あまりはたらかないままに子どもは成長してゆくのである。

父親と母親の役割を西洋流に割り切って言うならば、母親は自然を、父親は文化を代表すると言えるかも知れない。母子一体の自然の状態を否定する役割として父親は存在し、そこから人間特有の文化が始まると考えられる。しかし、これはあくまで西洋のことであり、日本では自然と対立しない、自然と共存する文化ができてきたのである。ここで、父親は確かに子どもが社会に生きてゆくための規律を教える役割を担うのであるが、その規律は、むしろ母性原理に基づくものである。このため、日本人の心性を考えるためには、精神分析理論を用いるにしろ、エディプス期以前についての理論を用いる方がはるかに適切になってくるのである。

父なるもの

ここで、私はフロイトよりもむしろユングの考えを踏まえて、父と息子の問題を論じてみたい。それはフロイトの理論が十九世紀末の西洋の文化に対しては適切であったろうとは思うが、ユングの考えの方が、日本人と西洋人とを比較して考察する上においては、より適切なように思われるからである。そこで、ユングにならって、個人としての父ではなく、人間の心の奥に存在する父なるものの元型について考えてみよう。

われわれの無意識界の深層には、母なるものの元型が存在するように、父なるものの元型も存在する。しかしながら、既に述べてきたように日本は母性の強い国であるから、父なるものの存在は意識され難いようである。父なるものは、子どもが母親より離れ自立してゆくとき、自立を支える規律を与えてくれる。ところで、息子たちは既に述べたように父親に反抗するのであるが、結局は父親と同一化し、その社会の成員となってゆく。このとき、父親はその成員の属する社会の文化や伝統の担い手としての役割をもっている。息子たちは、そのような文化や社会が「父なるもの」の規律によっていると感じて、それに従うのであり、言うなれば、自分の父親の中に父なるものの威厳を感じているわけである。

ところが、真に創造的な人間は、個人としての父と、父なるものとの差異を感じとる。父なるものは生きていく上において必要な規律と法則を与えるが、創造的な人が把握するものは、伝統的な古い法則と異なるものである。この際は、息子は英雄となり、父なるものを背後に持ちつつ、父親殺しを成し遂げる。もちろん、ここで父親の方も古い伝統を背景として、息子を迫害しようとし、時には息子が敗北することもある。あるいは、この迫害によってこそ、息子は英雄として鍛えられてゆくと言ってもいいだろう。

最初にあげたAさんと息子の例について考えてみよう。息子は父親の路線に従って大きくなってきたのだが、少し「英雄的」な素質をもっていたのであろう。父親に反抗して新しい法則を生み出そうとする。父親が頑張りやで、多くの収入を得る人であったので、彼はその反対に怠惰になり、浪費的な生き方をしようとする。ただ、残念ながら、彼は自分の導き手となり、古い父親と戦う手段を与えてくれるはずの、父なるものの存在を明確に見出すことができない。それはむしろ当然である。というのは、彼は父親殺しに先立ってなされるべき、母親殺しを行なっていないからである。彼はどうしても母性の方に助けを求めることになり、父親を非難しつつ、父親の金を浪費することによって生きるという矛盾した生活を送っている。父親の方も、父なるものの威厳を背後にもって、その反抗する息子を打ち殺し、強い息子としての再生を期待するということも出来ずにいる。反抗する者もされる者も、母性によって包まれた中で、不徹底な戦いを続けているのである。

天なる父と土なる父

父性の弱さということが現代日本の問題であることを指摘する人の中には、昔の父の強かったことを強調する人がある。このような観点から復古調の家庭論や育児論も盛んになりつつあるように思われる。しかし、本当に昔の父は強かったのであろうか。この点については、次のようにも考えることができる。父なるものにも、天なる父と土なる父とがある、と考えてみてはどうであろう。象徴的な意味において、前者は精神と、後者は身体と結びついていると言ってもいいだろう。土なる父は肯定的には、力強くて暖かく、生命力を与えるものであり、否定的には、恐ろしく、生命を奪い去る強さとして感じとられる。これに対して、天なる父は、肯定的には、人間に生きるべき法則を与え、輝かしい未来を約束してくれるものであり、否定的には法則に少しでも従わぬものを処罰する恐ろしいものと感じられる。このような分類に従うならば、わが国における父性は、土なる父の要素が強く、天なる父の要素が非常に少なかったと言えるのではなかろうか。そして、土なる父は、結局のところ、土という太母の領域に存在するものとして、どこかに母性原理の影響を身につけているのである。時に、土なる父たちは、太母の従者であると感じられるときさえある。

　非行を重ねる少年の父親にお会いしたときのことである。その人にお会いするまでに、私は少年の言うままに父親が自動車を買ってやったり、外泊を許したりしている事実を知っていたので、弱い父親像を心に描いていた。ところが現われた人は威風堂々としており、実のところ第二次大戦の勇士であることが解った。私はこの奇妙な強さと弱さの共存を、彼が太母に仕える土なる父であると考えることによって了解した。母性原理に従って、

「みんな」が突撃するとき彼はまったく勇敢であった。同様に、彼の息子が「みんな」この頃では自動車をもっているとか、高校生なら「みんな」が外泊くらい平気でしているとか主張するとき、彼はそれに易易として従ったのである。彼は天なる父の代弁者として、「それは駄目だ」ということができなかったのである。

現代の若者の無意識内には、天なる父を求める動きが生じているように思われる。このことは第二章の「父性の侵入」という節に少し触れておいた。子どもたちは意識的には、自分たちの求めているものを明確には知っていない。しかし、彼らは「父」を呼びおこすために荒れ狂うのである。しかしながら、家庭内暴力を例にとると――他の場合もまったく同様だが――「土下座して百回頭を下げろ」とか、「洋服を着たまま風呂にはいれ」とかいうような難題は、土なる父を鍛えるため、日本の軍隊がお得意とした方法をそのまま踏襲していると言わねばならない。彼らは、天なる父をよびおこす手段を知らないのである。もちろん、よびかけられている側の大人たちもそれについて無知なのである。

現代の父

現代は父親の受難の時代である。先に述べたように、父親殺しを成功させるのは少数の創造的英雄のみであることを知ってか知らずか、人間は世襲制度という便利な手段を用いてきた。そこでは父親は安泰であった。息子に対して圧倒的な優位を保ち、息子は父親に同一化する。ところが、「自由」を求めて、われわれはそのような制度を棄てつつある(ヨーロッパでは、日本人の想像する以上に世襲的な考えは強く保たれている)。しかも、文化や社会の変化の早さのために、伝統や規範の担い手としての父の役割は、急激に稀薄になりつつある。たとい、息子が父親と同じ職を継ぐとしても、技術革新の速さのため、息子の方が父親の知識をすぐに追い抜いてしまう。世襲制度は現代では何も便利な制度ではないのである。

このような現象に加えて、天なる父を戴くヨーロッパにおいての大きい問題は、天なる父の律法が全世界に通用するものではないことを認識しなくてはならなくなったことではなかろうか。最初は、彼らは彼らの父の教えこそが唯一の正しいものであり、それによって世界を救うことを考えたであろう。しかし、現在でもそのような考えをそのまま持っている欧米人は少ないであろう。西洋の父は、背後に天なる父を持っていたが、今はそれもゆらぎつつある。

日本人にとって問題は複雑である。日本の母性の強さを嘆き、西洋の父性の強さを範とすべきことを説くとしても、実のところ、西洋では既に天なる父による統合に対して、強い疑問が生じてきているのである。このようなことは家族関係の話を逸脱していると思われるかも知れない。しかし、ここまで考えを広げて来ない限り、現在における父親の生き方の困難を理解できない、と私は思っている。

父と子の和解

最近テレビでも再映されたが、イタリア映画の『自転車泥棒』は、父と息子の姿を描いた名作である。自転車を盗まれて犯人を捜し歩く親子は、せっかく犯人を見つけながら逃げられてしまう。小さい息子は父親を「油断するからだ」と批判し、父親は腹立ちまぎれに息子をなぐりつける。息子は幼いながらに怒って口をきかなくなる。ところで、最後になって、困り果てた父親は自転車がなければ一家が食いはぐれるという追いつめられた状況の中で、自転車を盗もうとして、つかまってしまう。先に帰したはずの息子は、父親の情けない姿を見ていて、かけよってくる。許されて、みじめな思いに打ちひしがれ涙を流す父に対して、息子が手をさしのべる。手を握り合って歩く二人の姿がラストシーンになる。

終戦後、各国に非行少年が急増したとき、イタリアは敗戦国でありながら非行少年があまり増えなかった。不思議に思ったアメリカが専門家による調査団を派遣した。そして、彼らの得た結論は、「父親の権威」がイタリアでは保たれているからだ、ということであった。そのイタリアにおいて、この映画がつくられたことも意義が大きい。

父親が怒って子どもをなぐりつけたとき、このような土なる父の強さは、子どもがいかに幼くとも反抗をさそうだけのものであった。それでは、天の父はこのとき助けとなったであろうか。この映画は、このつつましい正直な父親に対して、理不尽なことばかりが生じ、彼がだんだんと追いつめられてゆくところを巧みに描いている。私はこの幼い子がイタリアであり、このひ弱い父が、天なる父であるかのように思われた。あるいは、キリスト教徒たちが当時心に描いた、人間と神の関係といっていいかも知れない。

「父」は救いの手段を見出せなかった。正しい者に救いはもたらされなかった。弱い父親にとってなし得る唯一のことは、彼自身が泥棒になることであった。今まであれほどまで自転車泥棒を憎みつづけていた彼が、それと同類となることを決意する。これは悪を犯すか犯さないかという次元ではなく、存在の根っこまでぎりぎりに追いつめられた人間が、全存在をかけて行為するか否か、という次元で受けとめるべきであろう。

己の全存在をかけて行為した父に対して——それがいかに外見的にみじめに見えようとも——、子どもは手を差しのべる。キリスト教徒同士が血で血を洗う争いを続けていたとき、黙ってみていた天なる父と人間がいかに和解するかというのが、この映画の主題ではないかと私は感じる。泣きぬれて、打ちひしがれて、子どもに助けられ手をひかれて歩く「父」は、現代の父の在り様を厳しく描いている。父は子どもと和解ができた。しかし、彼はもはや天にあって、普遍の戒律を人に課す父ではない。彼自身が戒律を破ったのだから。

現代の父親は、いまさら、昔をなつかしんで、土なる父の猛々しさを取り戻そうとしても、すげなく子どもに拒否されるだけであろう。もちろん、日本には土なる父の伝統が未だに生きているので、それが「身についたもの」としてはたらく人はいいだろう。ともかく付焼刃は駄目である。父親の怒りを取り戻そうとするにしても、借物としてではなく、自分の存在の根から掘り出したものに従わねば、何の効果もない。土なる父はあきらめたとしても、さりとて、天なる父の声の代弁者として、子どもたちを統制することも難しいであろう。わが国で天なる父の声を聞くことは大変困難であるし、本家のヨーロッパでさえ、天なる父は己の過ちを恥じてか、黙しがちのように思われるからである。われわれ父親はそこで、まったく頼りのない存在として、自分の全存在をかけて子どもに対するより仕方がないのである。そのときこそ、子どもは手を差しのべてくれるであろう。ただそれは、しばしば外見的に見栄えの悪いものとなることを覚悟しておかねばならない。

第六章　母と娘

思春期拒食症

　母親に連れられて、中学二年生の娘さんが相談に来られた。娘さんは立っているのさえ痛々しいほどに痩せていて、骸骨に皮を張りつけたようだと言っても過言ではないほどである。親子の服装や物腰から裕福な家庭の人で、知的にも高い人であろうことが類推された。娘さんは痩せてはいても美人という感じである。母親の説明によると、こんなことになるまでは、まったく何の申し分もない子であったのに、中二になって、自分の写真を見て、「太っているから嫌だ」と言い、減食をし始めた。その写真は誰が見ても、別に太ってなど見えないし、本人もむしろ標準型というよりは、スタイルのよいほうであるので、そんな馬鹿なことをしなくてもよいと説得したが全然聞きいれない。今までおとなしく親の言うことに従っていた娘が、頑として親の意見を受けつけず、自分は「太りすぎて、かっこうが悪い」と主張する。とうとう何も食べなくなり、無理に食べさせてもすぐに嘔吐してしまうようになった。そのうちに月経もとまってしまうので、身体の病気と思い病院に行こうとしたが娘が嫌がるので、ともかくこちらにやってきたとのことである。

　このような症状は思春期拒食症と言われており、最近、先進国において増加してきたノイローゼである。わが国においても、未だ数は少ないが、われわれ臨床家の実感としては、相当増加してきているように思われる。男性にも生じるが、女性に多いのが特徴的である。ともかく食物を一切受けつけず、がりがりに痩せていても、本人はその姿がいいと確信している。その上、無茶苦茶に運動をしたりすることさえある。一般に頑張り屋が多い。料理に関心を示し、家族のために料理をつくるが、家族の食べるのを見ていて、自分は一切食べない、というような例も多い。そのままほうっておくと餓死することもあるので、医学的、心理学的の両面から治療をすることが望ましい。

ここでは思春期拒食症のことを述べるのが目的ではないので、一般論はこの位にして、事例の方に話を戻すことにしよう。母親の話によると、父親も母親も社会的地位の高い人で、子どもの教育にはいろいろと配慮がなされてきたらしい。母親も職業をもって活躍している人であるが、子どもとの接触をもつようにつとめて努力を重ねてきた、ということである。両親共に成功しているが、どちらかと言えば、母親がバリバリとやり抜く方で、父親は次善につくようなタイプの人であるという。これらの話を聞いていて、私も別にこれといって指摘できるような欠点を見出すことはできなかった。娘さんの方も、あまり多弁ではなかったが、家庭において何か不満を感じるようなことはないと言う。

このような話し合いを続けていて、私は既に第三章「親子であること」に述べたのと同様に、この母親に「土のにおい」の無さすぎることに気づく。このことは、母親が職業をもつからいけないとか、子どもを棄てておく冷たい母親だろうとかいうように、何か道徳的な判断をもって考えないようにしていただきたいと思う。それはむしろ「運命的」とさえ言いたいものである。前章に、天なる父と土なる父という言い方をしたが、母についても同様のことが言えるだろう。この母親は土なる母の要素があまりにも少ないのである。こんな場合に、娘は思春期になって身体の変化が始まってくると、無意識的に、母＝土＝肉体、といった図式で表わされるものに、強い嫌悪感や恐怖を感じることになる。彼女は土なる母性を否定しようとして、自分の肉体を否定し、ひいては自らの生命をさえ否定しようとする。

このことは次のようにも言えるかも知れない。既に述べてきたように、子どもは男であれ女であれ、母親との結びつきということが、まずもっとも大切なことである。しかも、この結びつきは動物的なものであると言ってよいほどに、われわれの意識以前の深い次元のものである。この事例の娘さんが、これまで普通に育ってきたことは、この母と娘との間に、ある程度の望ましい結びつきが存在したことを示している。しかし、思春期という大変な時期において、母・娘の結合の在り方を、食物の摂取という人間にとって根源的な次元において、もう一度確認することを、否定的な形においてではあるが、娘は母に対して問いかけているのだ、と考えられるのである。このような問いかけに応えるために、治療者の助けによって、母子ともに努力を続けねばならないのだが、それは、素人考えで、母が娘に親切にしてやればよいと思うような次元をはるかに超えるものである。

思春期拒食症のすべてについて、このような考えが当てはまるとは限らないので、その点は留意して欲しいが、母・娘結合の重要さを示すために、このような例をあげた。

母・娘結合

わが国の文化のパターンは、心理的側面に注目すると、母・息子結合の在り方を基礎としてもっていると考えられることは、既に述べてきたところである。しかし、母・娘結合は「動物的」という表現もしたが、もっとも自然に近く、古いものであるということができる。息子は母との結合をどれほど大切にしていても、息子は男性として母とは「異なる存在」であることもどこかで意識しなくてはならない。息子は母と同一にはなり得ない。しかし、娘は母になることができる。母・娘の結合が非常に強いとき、そこには存在の異同を問うような意識さえなくなってしまう。従って、そこに存在するのは母と娘というよりは、「母」という偉大にして不変な存在のみということになる。ここで男性の存在は、ほとんど意味をもたない。それは、不変な母という存在の上で、うつろいやすく死んだり生きたりしているだけのこととなる。

ある中年の男性がアルコール中毒で、その上に浪費がひどく何とも手のつけようのないところまで落ちこんでしまった。若いときは仕事にも意欲をもち、子どもの成長を楽しみ、よい父、よい夫として生きてきたのだが、だんだんと酒が過ぎて失敗するようになった。その度に反省して立ち上ろうと誓うのだが、どうしても駄目なのであった。ところで、彼は母一人娘一人の家の婿養子なので、彼が家で自由をもたないためではないかと考える人もあったが、実際は、まったく自由勝手に振舞っており、彼の妻もその母も、むしろおろおろしているといった状態なのである。二人ともまったくおとなしい女性で、いわゆる亭主を尻にしくようなタイプではない。

彼自身でさえ自分の状態が非常に「恵まれた」ものであることを認めているのだが、一方では、不可解な焦立ちのようなものを感じ、酒を飲んで散財せざるを得ない気持になることも事実なのである。その原因は、この家の母・娘間の無意識的な結合の強さにある。母・娘結合の強い世界に生きる他人は、自分の個性の存在が危くなってくるのである。不変の大地を基盤として、芽をふき成長し、やがては枯れる草のように、それなりの変化はあるとしても、大地の不変性に比べると、それは無に等しいものになってしまう。彼は最初のうちこそ、立派な家に見こまれて養子になったことを誇りとして、仕事にも励んでいたのである。しかし、いつの頃からか自分という存在の影がだんだんと薄くなってゆくのを感じとっていた。自分を取り戻そうとして、彼は勝手なことを始めた。それに対して女性たちは何の抵抗もしなかったが、彼は勝手な行為を重ねるほど、ますますむなしい気分に襲われるようになったのである。強烈な母・娘結合に対抗し得るだけの個性を自分の中に見出すことは、大変な努力を要する仕事である。酒を飲んだり、散財を繰り返すだけでは、うまくゆかないのである。

母・娘結合を破ることの凄まじさは、神話的なレベルにおいては、ギリシャ神話におけるハーデースによるペルセポネーの強奪の話に如実に示されている。大地の女神デーメーテールの娘ペルセポネーが野に花を摘んでいるとき、冥界の王ハーデースが突然地下から現われ、彼女を強奪して去る。娘を失ったデーメーテールは嘆き悲しみ、そのためにすべての植物は枯れ果ててしまう。その後デーメーテールは娘の探索に出かけ、ギリシャの主神ゼウスのはからいにより、デーメーテールとハーデースの間に和解が生じる。この神話の全体は、母・娘結合の文化に男性が侵入してくる過程をあますところなく描いている。ここでは詳述できないが、ともかく、荒々しいハーデースによる乙女ペルセポネーの強奪の姿に示されるように、それがいかに凄まじいものであるかを強調しておきたい。

このことを女性の内的世界に注目して述べるならば、娘は母との結合を断ち切るためには、その内界においてハーデースの侵入を受けいれねばならないことになる。このようなとき、娘は今まで敬愛していた母に対して、わけの解らない攻撃的な感情を向けることになる。思春期の娘が母親と急に話をしなくなったり、いろいろ批判がましいことを言いたてたりするようになるのは、このためである。しかし、このような時期を経た後で、娘は母性ということを受けいれ、結婚してゆくことになるが、母・娘の間に存在するネガティブな要素については、むしろ、嫁・姑の関係の中で体験させられることになる。

嫁と姑

この世のもので絶対によいとか悪いとか言えるものは、まず存在しないようである。よくみると、どんなことにも肯定的、否定的の両面が存在している。そして、どちらか一面が一般的に強調されるとき、他の一面は異なった形をとったり、隠された部分にはいりこんだりして存続している。わが国では古来から母性の肯定的側面が非常に強調されてきたので、母・娘の間で本来ならばもう少し体験しておくべき、母性の否定的な面が意識されないままになり、その代りに、嫁・姑の間で、それはより歪んだ形で体験させられることになるようである。

嫁、姑とその間に存在する婿との関係は、一般に言われるような三角関係といったものではない。つまり、互いの関係を直線で表わせるようなものではなく、母性の機能としての己を中心とする円の中に、包含するかしないかという問題である。嫁は自分の円の中に夫を入れ、姑をその円内には一歩もいれまいとする。姑も息子を己の円の中にいれるが、嫁をそこには入れまいとする。息子は二つの円の間に火花が散らないかぎりは、どちらかの円の中にはいって、平然と生きている、ということになる。直線で結べる関係であれば、自分と他人との直線の長さや質の差などに注目して、ある程度の共存関係を見出してゆくことも可能であろう。しかし、円の中に入れるか入れないか、ということになると共存は極めて難しい。

相手の男性のみではなく、その両親にも非常に気に入られて結婚した女性があった。それは何から言っても結構ずくめの結婚であった。その女性も夫の両親を尊敬できることが嬉しかったし、他人から見ても、嫁・姑の関係は理想的にうまくいっているようだった。しかし、結婚して半年ほどたつと、その女性は強い偏頭痛に悩まされることになった。医者に行くと、それは心理的なものだと言われ、心理療法家の方にまわされてきた。結婚生活も問題はないし、夫の家族ともよい関係にあるということであったが、長い話し合いを続けた結果明らかにされたことは、姑は彼女を自分の「円」の中に一度も入れたことはないし、彼女も姑に対してそうである、ということだった。ただ、この二人の「賢い」女性は、意識的、無意識的な暗闘を、他人には決して気づかせなかったのである。彼女はこのようなことを半分、無意識的にやり抜きながら、「よい姑をもって幸福である」ことを、他人に語り、自分にも言いきかせてきたのであったが、彼女の身体はそのような欺瞞に耐えられず、頭痛という警告をおくってきたのであった。

嫁・姑の問題は、わが国においては親子夫婦の別居がすすんだり、考え方が「近代的」になったりして、相当解決されたように思われている。確かに一昔前に存在したような非常識な「嫁いびり」は随分少なくなったと言える(もっとも、現在でもあきれるような例が、都会や知識階級においても存在していることを、われわれ心理療法家は知っているが)。このような現象を見て、嫁・姑の問題は解消されたとか、それは古い問題であると考えるのは誤りである。既に述べたような心理的側面に目を向けるとき、それは永遠の問題であるとさえ言うことができる。

父性原理の強い社会であるアメリカにおいては、確かに嫁と姑の問題はあまり生じない。しかし、興味深いのは「妻の母」を苦手としている男性が非常に多いことである。日本で嫁・姑というと、ある種のイメージが浮かぶように、アメリカでは男性たちが「妻の母」について話すとき、共通のイメージが浮かぶようである。つまり「あの支配力はかなわない」といったような感情である。何でも包みこみからめとろうとする母性の否定的な面は、アメリカではめぐりめぐってこのような所に顕現している、という感じである。

円型の心理

嫁と姑の問題は永遠の問題であるといった。従って、女性はこれを避けることのできないものとして、というよりは、直面するに値する課題として正面から取り組むより外に方法はないように思われる。

人間は「考える」ときには、直線型の論理に頼ることが多い。それによって考えるとき、嫁・姑の問題は極めて馬鹿げたものに見える。興味深いことには、現在の嫁も姑も相手を非難するときには、このような直線型の論理を用いることである。最近は嫁にいびられる姑もあるので、われわれは両陣営の怒りや嘆きを聞かせていただくことになるが、どちらもまったく同様である。たとえば、姑さんが何かものを持って若夫婦をたずねてゆく。「自分の夫がよろこぶものを私がもっていったのだから、嫁も夫を愛しているなら、共によろこぶはずだ」、しかし、嫁の機嫌が悪くなるのはおかしいことだ、というのである。これは、直線型の論理である。

実のところ、嫁は自分の円の中に侵入してきた人物に腹を立てているのである。これとまったく同じことは、嫁の姑に対する場合も生じる。ここで大切なことは、相手を攻撃することではなく、直線型の論理ではなく円型の心理が自分を動かしていることに気づくことである。

自分の心の動きに気づくことは辛いことである。相手を非難しているだけではすまされなくなる。この困難な課題に挑戦した女性は、少なくとも円の中心に自分をおかないこと、あるいは、円の輪を無限に拡大すること、という課題に直面することになる。この課題は本質的には宗教的なものであると私は思っている。宗教的とは、単純に何らかの既成宗教に頼ることを意味しているのではない。何らかの意味で自分を「超越する」経験が必要であると言っているのである。

どうしても気に入らない嫁のことで相談に来られた姑さんに対して、私は、「牛にひかれて善光寺詣り」という言葉があるが「お宅のお嫁さんは、その牛ですよ」と申しあげたことがあった。嫁との葛藤に疲れ果てて、この方は解決のための「よい方法」はないかとよく尋ねられた。私はいつも「よい方法はありません」と答え、問題と直面してゆかれるのを支え続けた。確かに、その苦しみの中から、その人は死について老いについて、宗教的な理解を深めてゆかれたように思う。

根源にある母・娘結合

わが国の文化のパターンの基礎にある母・息子関係について疑問を感じた人は、何とかそれを破ろうとする。自立ということが、その際強く意識される。しかしながら、わが国における母性の優位性はなかなか崩れないので、自立を目指しながら、かえって、母・娘のパターンへと退行してしまうような現象がよく認められる。第四章において、自立を目指して姑と戦い、姑と夫との結びつきの強さを嫌いながら、結局自分は自分の母親との結びつき、つまり、母・娘結合の世界に安住しようとする女性について述べたが、それなどはこの典型である。

娘は母と同性であるので、母に同一化しやすい反面、母親の影を生きさせられることもよくある。ある女子中学生は暫く登校拒否をしていたが、そのうち母親に対して暴力をふるいはじめた。中学生といっても随分と体格がいいので、本気でなぐられたりすると母親もたまらない。とうとう父親に訴え、今まで我関せずの態度をとっていた父親も、娘を叱りつけた。ところが、娘の方は負けていない。逆に父親に喰ってかかる始末である。果ては父と娘のなぐり合いにまで発展し、たまりかねて両親は娘を引き連れて専門家のところに相談に来ることになった。娘の暴力はそれでもなかなか止まずに両親を手こずらせたが、話し合いを続けているうちに母親の気づいたことは、娘が父親に当たり散らしていることは、本当は自分が夫に対してやりたかったことではないか、という事実であった。

母親は夫に従うことが大切と考え、いろいろと言いたいことも言わずに、ひたすら夫に仕えてきた。それが女の生き方だと思っていた。ところが、その間に無意識内に貯めこまれたものは、そのまま娘が引き受けていたのである。といっても、娘が意識して母親の代弁をしたのではない。彼女にしてみれば、ともかくわけの解らないのに気持がふさぎ、自分の気持を解ってくれぬ両親に文句を言ったまでのことである。母親がそのような事実に気づき、娘の力に押されながら父親と話し合い——といっても口論になることが多かったが——を続けてゆくうちに、娘の暴力はまったく消失してしまったのである。娘に背負わせていた自分の影を母親が自らのこととして引き受けることによって、問題は解決していった。母親の成長にとってどうしても必要な、このようなことを生ぜしめるために、娘の暴力が起爆力として作用したのである。

母・娘結合の心性は、もっとも自然で根源的なものであり、そこから抜け出して人間特有の文化を築く上で、今まで述べてきたような、母・息子とか、父・息子などのパターンが生じてきたものと思われる。そして、それらのパターンを維持するために、宗教や社会制度などがいろいろと生じてきたとも言えるのだが、現在のように一般に倫理観の混乱があるときは、もっとも根源的なものとしての、母・娘結合のパターンが思いがけないところに顔を出したり、有力なものとして機能したりすることになるのであろう。

そのような意味でも、今までは息子をもたぬ親は跡とりが居ないことを嘆いたものであるが、これからは、娘をもたぬ親、特に母親は、年老いてから娘のいないことを嘆かねばならないだろう。母・娘の関係は、既に述べたように娘が一時的に反抗的になるにしろ、もっとも自然なものとして、どうしても切れない関係として、両者に安住の地を提供するものである。このような場をもたず、さりとて旧来の母・息子のパターンによる規制も弱いとなると、娘なしで安らかな老いと死を迎えるためには、親は相当の覚悟と努力を必要とすることになろう。

母性の強いわが国においては、母・娘結合の心性として述べたことはすべて、男性の心性においても当てはまるところが多いことを、最後に指摘しておきたい。男性社会においても、嫁・姑類似の関係が常に生じていることは誰しも体験的に知っていることである。

第七章　父と娘

嘔吐に苦しむ少女

最近は子どもの相談に両親がそろって来られる場合が多くなったが、ずっと以前に、両親そろって小学三年生の娘さんのことで相談に来られたことがあった。最近では母親が一人で喋りたて、父親は相づちの打ち役のようなことが多いのだが、そのときは父親が熱心に話をされ、いかにも娘のことが心配でならないという様子であった。その少女は給食が嫌なのに無理に食べさせられた後で、嘔吐したのがはじまりで、その後、まったく原因不明の嘔吐をくり返すようになった。父親が小学校教師なので、言葉は控え目であったが、給食を無理強いした担任に対する非難は強く感じられるものがあった。ところで、父親の一所懸命な態度に比して、横に坐っている母親が何だか他人の話をきくような感じであるのが気になってきた。みると、父親の地味な感じに対して、母親は華やかな感じで、どこかに娘さんのような感じを残している。娘さんの方をみると、母親の好みなのか派手な服を着ているのだが、くり返す嘔吐で気持が沈むのか、暗い表情で何ともちぐはぐな感じを受ける。

この親子に会い続けているうちに、次のようなことが明らかになってきた。父親は小学校の教師で、この長女を特別に可愛がり、小さいときから字が読めるとか、書けるとか喜んでいたが、小学校入学後も随分と成績がいいので大喜びだった。母親は子どもはもっとのびのびと明るく育てばよいという考え方なので、むしろ、小学一年生の弟の方が、成績はまずまず普通ながら、人好きのする子で、こちらの方を可愛がっていた。ここに、父と娘、母と息子という対ができあがり、何かにつけて、ものの考え方も対照的であり、家族が両極分解しそうな感じがあった。昔と違って最近は子どもの数が二人というのが多く、ともすると家族が分解する傾向があるが、この家では特にそれが強かった。

話がすすむにつれて家族関係の深いダイナミズムが明らかになってきた。実は、この母親自身がお父さん子だったのである。母親は自分の夫と比較して、自分の父がどれほど素晴らしく男らしいかを力説した。母親の父は事業家でバリバリと行動する人であった。彼女は父のお気に入りとして、あちこちと連れて行って貰い、高価なものもよく買って貰った。縁談はたびたびあったが、その話のたびに父親は気難しくなり、縁談が壊れると機嫌がよくなった。そのうち彼女は婚期を逸しそうになるし、父親に対する非難も聞こえてくるようになった。父親は彼女に対して、結局は結婚というのは一種の妥協なのだから、と言い、そんなに取柄がなくとも無難な方がいいから、と現在の夫との結婚をすすめた。彼女の年齢が高くなっていたこともあり、条件はいいことはなく、彼の家は経済的にも彼女の家よりは下であった。結婚すると決まったとき、彼女の父は、「お前もお父さんのそばでさんざん好きなことをして暮らしたので、これからはいろいろ苦労するのもいいことだろう」と言った。しかし、「あまり辛かったら、いつ帰ってきても構わないよ」とつけ加えるのを忘れなかった。

父・娘結合の解消

こんな話を聞いていると、はじめにつくられた父・娘結合のパターンが破られないままに、娘の結婚が生じ、そこにまた二代目の父・娘結合が生じていることは明らかである。家族の中に起こる問題は、このように先代から継承されたものであることが多い。夫よりは父親の方が素晴らしいと言いながら、そのような夫との結婚をすすめた父を非難しようとしない妻に対して、それではあなたはどうして離婚して父親のもとに帰らないのか――それは父親のひそかな願いを成就することにもなるはずだが――と問いかけてみた。これに対して、彼女は自分はいま、夫に対してあらたな魅力を感じつつあると答えた。男らしいということは、父のように派手にバリバリ行動することだけではなく、夫のような地味な仕事を忍耐強く続けることかも知れない、と思い始めたのである。

これを聞いて、私は少女の嘔吐の謎がとけたように思った。二代にわたる(ひょっとすると、もっと続いていたかも知れない)父・娘結合の歴史も、そろそろ変革すべきときがきつつあったのである。そのときにあたって、小学三年生の小さい革命家はひとつののろしをあげたのだ。彼女は、そのような歴史の繰り返しに「へどをもよおす」ことを宣言したのである。彼女の嘔吐の症状を契機として、彼女の母は父・娘結合を解消し、はじめて夫との結婚をなしとげるし、それを通じてこの家の二極分解作用にも終止符が打たれることになったのである。

それにしても、この母親の結婚を決定するときの彼女の父親の心の在り方を推察すると興味深い。彼は意識的には、娘の幸福のためには少しくらい妥協しても結婚させなくてはと思い、無意識的には、彼女が不満足な結婚にあきたらず、父親のもとに帰ってくることを期待していたのではなかろうか。しかし、実のところ、それらを超えた父なるもののはからいによれば、この父と娘にとって自らを成熟させる上で、もっともふさわしい相手を選んでいたのである。結婚において、当事者たちの意図をはるかに超えた選択の意志のはたらきを感じさせられることは、実に多いものである。

スサノオの怒り

先の例に示したように、父・娘の結合があまりにも強いときは、いろいろと問題を生ぜしめる。フロイトは、母・息子関係に注目してエディプス・コンプレックスの存在を強調したが、これを父・娘の場合にもあてはめて、エレクトラ・コンプレックスと呼んでいる。エレクトラはギリシャ悲劇の女主人公で、父への愛のために、母を殺害した人物である。ところで、第五章にエディプス・コンプレックスは日本人にとってあまり大きい意味をもたないと言ったことが、ここでもあてはまるようである。既に例示したように、父・娘結合は日本でも強いのであるが、その在り方は精神分析学者の述べるような、父、母、娘間の明白な三角関係として見られるものではない。父・娘結合の背後に、母性的なものが常に存在しているのである。このため、娘が父への愛のために、母親殺しをするほどの凄まじさは生じて来ない。

日本神話の中で、オオクニヌシがスサノオの娘、スセリ姫と結婚しようとする話は、父・娘結合の姿を見事に示しているものである。スサノオの住む根の堅州国を訪ねていったオオクニヌシは、そこで出会ったスセリ姫とすぐに愛し合うようになる。ところが、スサノオは若いオオクニヌシにつぎつぎと難題を出し、彼も命を失いそうになったりするが、その度にスセリ姫に救われる。二人はとうとうスサノオが眠っている間に、彼の財宝を盗んで手に手をとって逃げ出そうとする。眼覚めたスサノオは追いかけてくるが、ヨモツヒラサカを越えて逃げてゆく二人に対して、突然、祝福の言葉を投げかける。二人が仲よくオオクニヌシの国に帰り、そこを治めるようにと願うのである。

娘の恋人に対するスサノオの態度の突然の変化は、多くの日本の父親たちにとって共感されるのではなかろうか。敵意から友情への変化が、何の説明もなく急に語られるところが、かえって感動的である。芥川龍之介も、この話に心を動かされたのか、これをもとに『老いたる素戔鳴尊』という短篇を書いている。結婚する前の娘さんにはぜひ読んで欲しいものである。娘がどれほど素晴らしい男性を選んでくるとしても、そこに生じてくるスサノオの怒りの存在を知って欲しいと思う。『父親』(河出書房新社)という本には、いろいろな人の親子関係が描かれていて興味深い。その中で宇野重吉氏の「娘・志野の結婚」から少し引用させていただこう。娘の志野さんの結婚が決まるまでの父親の心の動きの記述は、父・娘の関係を手にとるように描き出されているが、それは省略して、ひとつのエピソードを紹介しよう。もう結婚式も近いというある日、宇野重吉氏は奥さんを他のことで強くなじった。翌朝、重吉氏は自分の仕事部屋に入ってゆくと、志野さんからの「手紙」がおかれていた。その中には、母親に対する弁護が書かれ、お母さんを大事にして欲しいということが述べられてあった。

重吉氏は手紙を読んだ後で、金魚に餌をやりに庭に出た。「ひょいと顔をあげると、すぐそこに志野がニヤリと笑って立っていた。このニヤリは彼女独特のもので、それですべてがこっちに伝わる。……「手紙があったでしょ」と娘が言う。「うん」と私は答える。「読んだ?」「うん」「遺書だと思った?」私は吹き出した。「お前が何で遺書を書くんかい」私と一しょに娘も面白そうに笑った。」これは何とも言えぬ素晴らしい親子関係である。そして、やはり日本的であると思う。スサノオほどの激変ではないけれど、娘さんの「ニヤリ」がすべてを説明してしまい、そこには言語的なコミュニケーションを必要としていない。それにしても冗談というものは素晴らしい。娘さんの「遺書」という言葉で父も娘も吹き出し、それによって二人の心はますます近くなるのだが、遺書という言葉ができたのはやはり意味深く感じられる。結婚は乙女の死を意味するものとして、結婚式が古来から葬式と類似の点を多くもつことは第四章に述べたところである。

結婚にあたって、父・娘結合はどこかで切らねばならない。しかし、日本においては、それが切られてしまうことはない。母性的な裏づけはあくまで、そこにはたらいており、言語的説明を超えた次元で存在している。いかに西洋の劇をよく演じ得る宇野重吉氏にしても、日本人であるかぎり、家庭においてはエレクトラの出番はないように思われる。

父の娘

すべての男性は心の中に、「永遠の女性」の像をもっている。内なる女性像は外界の現実の女性に投影され、そこにいろいろな関係が生じる。すべての女性の心の中にも男性像が住んでいる。このような内なる異性像は、一般に自分の親をモデルとして形成されてゆく。娘にとって、父親は内なる男性像のモデルとなる。娘はその後の人生経験の中で、これらの像を発展せしめ、それに呼応する男性を見出し結婚してゆく。

ところで、父親が自分の内なる異性像を娘に投影することがある。わが国では夫婦間に内なる異性の投影が存在することは少ないようである。もちろん、恋愛中や結婚してしばらくは、そのような状態にあるが、それも案外早く消滅してゆく。そして、男は仕事に、女は子どもに熱中する、というのが一般のパターンである。そして、内なる異性の問題は、時に浮気という形で、歪んだあらわれ方を示したりするが、西洋ほど大きい意味をもっていないように思われる。

ある男性にとって、内なる異性を自分の妻に投影し得ず、さりとて他の女性にもなし得ないとき、それは娘に向けられることが多い。特にわが国では親子の情愛の深いことは、むしろ美徳とされるので、このことが余計に生じやすい（西洋と異なり、異性に人間的に接する機会が少ないことも、これにプラスされる）。娘のほうは内なる男性像を父親をモデルとして作ってゆくので、これらのことはある程度は起こって当然であり、望ましいことである。その度合が強いときにのみ、娘は結婚することが難しくなったり、最初に示した例のように、結婚後も苦しむことになる。

母・娘結合は相当強くても、結婚を阻むことは少ない。結婚したところで、両者の結合はゆるぎのないことが明らかなので、それはかえって容易に行われる。苦しむのは、相手に選ばれる男性の方である。ところが、父・娘結合の方は、特にその父親が母親を兼ねているようなときは、結婚が極めて困難となる。つまり、母親があまり母性的でなく、母・娘結合が弱いときは、父親は無意識的に母親的役割を演じてしまうことになる。このようなとき、父・娘の関係は極めて深いものになり、両者ともに離れ難くなる。

あるいは、父親との深い絆と、それをどうしても断ち切って他の男性を求めようとする自然の欲求との葛藤の末、判断力を失って、相手を選ばず男性に身をまかせるような行動に出る女性もある。これほどでもないが、父親からみると、もっとも気に入らない男性を選ぶ、という形をとるときもある。

二人の父

結婚のことをいろいろと書いたが、男性にしろ女性にしろ、別に結婚しなくてもいい人や、しない方が幸福という人もあることを忘れてはなるまい。人間の道は個別的だから、一般の傾向に無理して合わすことはない。ギリシャの女神アテーネは、ゼウスの頭から甲冑に身を固め、ときの声をあげて生まれてきたという。まさに「父の娘」の典型である。彼女は父から生まれたので、母を知らない。彼女はあくまで女性としての美しさをもちながらも、男性を寄せつけない威厳をもっている。彼女は従者としての男性たちをもつにしても、夫をもつことはない。

アテーネを守り神とする女性は、結婚しない方が幸福なようである。彼女にとって、父はゼウスと近似する姿になっている。あるいは、彼女は父の姿を通じてゼウスを見、その娘となっているので、下界の男性たちは相手になれないのである。これは偉大な芸術家の娘などに実例をみることができる。ただ、守り神は一生を通じて一定とは限らない。今までアテーネの庇護のもとにあった女性が、それを失ったときは随分と苦しまねばならない。あらたな守護神を見出すまでの苦難は、時に、あまりにも厳しく、その人を死に追いやるときさえある。

逆に、父があまりにもみじめであったり、父にあまりにも拒否されたりしたために、天なる父の存在に気づく女性もある。ある中年の女性は信仰心もあつく、幸福な家庭を築いてきていたが、あるとき、世の中でお金というものには、一番多くの細菌がついているのだと聞かされ、それ以後お金が汚なく思えて仕方なくなった。どこの誰が手に触れているか解らないと思うとたまらなくなって、ついにはアルコールで拭いたりするようになった。

そのうちお金に触れた手でさわったものまで、すべて汚ないように思われて、たまらなくなってきた。

これは不潔恐怖と言われているノイローゼの軽い症状であるが、彼女はカウンセラーのところに相談にゆき話し合っているうちに、夫の持ち帰ってくる月給に対して、有難いと思う気持と汚ないという気持が交錯して、一番強い葛藤に襲われることに気づいた。彼女はこのことから、夫をはじめ男性一般に対する根深い不信感の存在に気づいた。結局のところ、話は父親のことにまでさかのぼり、彼女は天なる父の助けによって生きてきたものの、彼女を拒否していた実の父に対する復讐心ともいえるものが、心の中に底流として流れ続けていたことが明らかになった。男性に対する信頼感と不信感の葛藤は、彼女の「二人の父」の像から生じていたものであった。夫はその中間にあるものとして、彼女にとって把握し難い存在なのであった。不潔恐怖という症状と直面して、彼女は人間や神に対する理解を深めることができたのである。

父・娘パターンと日本人

日本人の心性を考える上において、母・息子というパターンが極めて重要であることは、これまでに何度も強調してきたところである。日本では、社長と社員などの関係は、父・息子よりも、むしろ母・息子関係として捉えるほうが、理解しやすい。特に今まで述べてきたような父性原理・母性原理という考え方をすると、母性原理の方が強いことは明らかである。

ところで、日本文化におけるこのような母性の強さを、どのような方法で父性が補償するかという点を考えるとき、父・娘というパターンがうまく背後で作用しているように思われる。つまり、母・息子の背後に、その母の父である祖父が存在し、祖父と母との間で、父性原理が母性の裏打ちをするのである。それは、西洋において、父・息子のパターンが重要視され、それを母・息子のパターンが補償するのとは随分感じが異なる。日本では、祖父—母—息子という形態なので、父性原理は直接的ではなく、あくまで間接的に息子に作用するのである。

祖父—母—息子のパターンが明瞭にみられる例としては、社長は母、社員は息子という会社において、会長が祖父として父性原理を担っている場合がある。ここに、祖父にあたるものは母性原理の背後に存在するスピリットとして、人格化されず創業以来の「社訓」などの形態をとっていることもある。人間は、どこかで父性と母性の両方を必要とする。しかし、その文化にとってはどちらかが優勢であり、もう一方はいろいろな形態をとって、それを補償するものである。

父・娘のパターンを、日本人の心性と結びつけて考えるならば、日本人の好きな外柔内剛の姿勢ということも、これにあてはまる。つまり、外に向かっては娘のような、あるいは母のような柔かさを示すのだが、その背後に男性原理の厳しさが存在していることを理想と考えるのである。父性原理が直接的に作用するのを日本人は好まないのである。

このような観点から日本の神話をみると、なかなか興味深い。アマテラスは父親のイザナギから生まれ出た、まさに「父の娘」である。それはアテーネほどの凄まじさを持たぬにしても、光り輝く存在であるし、弟のスサノオと対決するときは、武装して雄々しい姿を見せる。日本人が天に戴く最高神が女神のアマテラスであることは、われわれの心性における母性原理の強さを象徴するものであろうが、その姿は地母神の姿とは異なっている。それに興味深いことには、アマテラスが重大な決定を行うとき、その背後にタカギの神という神が存在していることが多い。タカギの神はタカミムスビの神格と考えられているが、これはカミムスビと対をなし、一般に、タカミムスビの方が男性原理、カミムスビの方が女性原理と関連していると思われる。従って、女神のアマテラスは、その背後にタカミムスビという男性的な神格をもって、事にあたっているのである。このように、日本神話の構造を少し見てみるだけでも、父・娘のパターンが、日本人の心性を理解する上で重要なものであることが解るであろう。

フロイトが西洋文化における父・息子のパターンの重要性に気づき、その葛藤から生じるエディプス・コンプレックスを主要な鍵として、西洋の文化の謎をとこうとしたことは周知のことである。しかし、日本ではこれと異なり、母・息子のパターンを第一の鍵とし、父・娘のパターンを第二の鍵として考えてみる方がよいように思われる。

わが国における経済の急成長は、核家族化を促進した。西洋のモデルを心に描いている人々はこれを進歩であると考えたのも当然である。しかしながら何度もくり返すように、日本の男性はまず母性原理を身につけることを訓練されるのだから、若い男性たちが本来的な意味で父親役を果たすことは、極めて困難である。いきおい家庭には母性原理が強くなりすぎ、それを補償する父性原理の風は、どこからも吹いて来ないのである。日本の大家族制において自然に生じていた多くの補償作用を破壊してしまったのだから、これから核家族をつくってゆく人は、相当な反省と覚悟の上に立って家庭をつくっていくべきである。安易な核家族化によって、多くの家庭に悲劇が生じていることは周知のとおりである。

第八章　きょうだい

カインとアベル

旧約聖書、創世記第四章には、カインとアベルの兄弟の物語が記されている。アダムとエバの間に生まれた兄弟のカインとアベルは、それぞれ土を耕す者、羊を飼うものとなる。カインとアベルは主に供え物をするが、主はアベルとその供え物とを顧みられ、カインとその供え物とは顧みられなかった。カインは弟を野原に連れ出し、殺してしまった。カインはそのためにのろわれて、その土地を離れてゆかねばならなかった。

この物語は兄弟の間に存在する根源的な葛藤を示すものとして受けとられ、ここから、カイン・コンプレックスなどという名称さえ生まれてきた。「主」を同じくする二人の男性は、どうしてもお互いに競争し合い、ついには他を亡きものにしたいとさえ願うことを、この物語は示していると考えられる。

ところで、紀元前一三〇〇年頃に既にエジプトにおいて記録されており、現在では世界中のあちこちに存在していることが知られている「二人兄弟」という昔話がある。グリムの中にもあるし、わが国でも多く採集されているが、この話の特徴は、二人の兄弟が力を合わせて困難を克服する点にある。話にはいろいろとバラエティがあるが、多くの話に共通して「生命指標」というモチーフが存在する。生命指標というのは、別れて暮らしている兄弟の持っている弓の弦が切れたり、剣の片側が曇ったりすることによって、兄弟の生命の危険を知ることができる、というモチーフである。この生命指標によって、兄弟は他方の命を救うことになるのだが、このような兄弟の結びつきが描かれている点で、これはむしろ、カインとアベルの物語と対照的なのである。

ここに二つの例をあげたが、神話や昔話にその根源的な姿が認められるように、兄弟という存在は、時には同一の生命を分ち合うような親密さと、互いに他を殺さざるを得ないほどの敵対感とを感じさせるものなのである。肉親という表現によって一括されるにしても、親子の感情と同胞の感情は極めて異なる性質をもっている。

チック症の少年

小学校三年生の男の子が、ひどいチック症のために母親に連れられて来談した。チックというのは、首を振ったり、まばたきをしたり、顔をしかめたり、手を振ったりするような行為が、本人の意志に反してひんぱんに繰り返される症状である。この子はよく首を振っていたが、それを気にした親が無理に止めさせようとすると、そのうち「ワッ」と声を出すようになった。五分間に一度くらい、急に声を出すのだから本人も辛くて仕方がない。しかし止めようとしても止められないのである。担任の教師の配慮によって級友からそのために嘲笑されたりするようなことはなかったが、親がたまりかねて相談に連れてきたのである。

その子を遊戯治療にさそってみると、随分とおとなしくて、男の子とも思えないほどの静かな遊びをしていたが、だんだんと慣れてくるに従って攻撃的な感情を表出するようになってきた。電車をレールの上に走らせたりしているときでも、突然に衝突が生じたり、脱線したりという事故を表現する。治療者に対してもチャンバラなどで向かってくるのだが、それは急激に凄まじいものになってきて、治療者には小さい刀をもたせ、自分は大きい刀をもって、無茶苦茶に斬りつけてくる。これらの遊びを通じて、治療者はこの子の心の底に蓄積されていた攻撃の感情を表出させながら、その表現内容から、そのような感情が、彼の弟に向けられたものであることを感じとっていた。

一方、母親の方はカウンセラーとの話し合いを通じて、この子が三歳の時に弟が生まれたが、その時に家庭の事情で兄の方をかまってやることができず、ついなおざりにしたり、兄の方を叱りつけたりすることが多かったことを思い出し反省していた。母が病院でお産をするとき、この子は祖父母のところにあずけてあった。病院に訪ねてきたとき、この子がむずかりもせず、むしろ早く帰りたそうにさえして、祖母と一緒に帰ってゆくのをみて「案外平気なものだな」と思いこんでしまったのが失敗のもとであった、と母親は反省されるのであった。

小さい子どもたちでも状況に応じて相当に感情をおさえることができるものである。ただ、このような子も母親が退院してきて、もう大丈夫と思うとコントロールがはずれ、母親に今まで以上に甘えたりして、貸しを取りもどし、健康に育ってゆくものである。しかし、この例のように、母親が子どもの感情を思いやらず、退院後も厳しすぎるコントロールを強いると、そのときは何とか乗り切れても、後になっていろいろな症状として出てくることになる。

子どもが表面に何もあらわさないときに、子どもは何も感じていないと決めつけることは危険なことである。カインとアベルの葛藤は、それほど簡単に消え失せるものではない。

きょうだいは他人のはじまり

わが国においては、既に述べてきたように「血のつながり」を重視する傾向が、欧米に比して強いのであるが、いかに血はつながっていても、結局は、きょうだいは別れてゆき、利害関係が優先するようになることを、古来から「きょうだいは他人のはじまり」と言うように表現することがある。

ところで、このシニカルな諺を逆手にとってみて、これを肯定的に解釈してみると「きょうだいとの関係によって、人間は他人との関係のはじまりを経験する」ということになろうか。つまり、きょうだい関係によって、人間は他人とのつきあい方を練習すると考えるのである。確かに、子どもたちは小さいときから、きょうだいの存在によって、他と分かち合うこと、協調すること、などを学んでゆくわけである。あるいは、競争心をどのようにコントロールするか、という難しいことも、知らず知らずのうちに学んでゆくことになる。また、悲しみや喜びを他人と共にすることが、自分にとってどれほど意味あることかを体験することになろう。

子どもにとって、両親(特に母親)と自分の世界は、絶対的と言ってよいほどのものである。にもかかわらず、そこに他人(つまり、自分の弟妹)がはいり込んでくるのは、世界の崩壊にも等しい大事件である。ともかく、そこにおいて、子どもは重大な世界観の改変を経験しなくてはならない。あるいは、次男、次女として生まれてくる子どもたちは、生まれてくるときから、自分より先に、自分と母親という絶対的な結合に割り込んでくるものが存在しているという事実を、受け容れねばならないのである。

しかし、このような受け容れ難いことを受け容れる体験こそ、人間が社会人として成長してゆくための基礎となるものではなかろうか。親としては、そのような体験に潜む、子どもたちの悲しみを共感することによって、障害を少なくしてやることが大切だが、悲しみや苦しみを味わわせないように、あるいは、そのような感情を存在してはならないものとして無視することは、避けねばならない。

子どもの問題で相談に来られた両親に対して、お宅はどうして一人子なのですかと尋ねたところ――実はそのことが大きい問題であったのだが――「子どもをできるだけ大切にするために、子どもは一人に制限しておこう」と夫婦で決めたのだと言われ、驚いたことがある。親が子どもを大切にすればするほど、子どもは幸福である、そして、大切にするということは、物を豊かに与えてやることだ、という極めて単純な考え方がそこには存在している。これは極端な話であるが、このような考え方は、わが国の多くの親の心の中に大なり小なり存在しているようである。そこには、子どもの経験する悲しみや苦しみを、自らも共にする苦痛を逃れようとする気持が、潜在しているようである。

きょうだい間の「平等」

ほとんどの親は、自分の子どもたちを「平等」に扱っていると確信している。しかし、子どもたちの目から見るとき、絶対の「平等」などは存在しないのである。そしてまた、それは不可能なことである。きょうだいは年齢が異なるので、その興味も関心も異なって当然である。子どもたちに、いつも同じものを与えることなどナンセンスである。それに、何をするにしても、それぞれ年齢相応の役割がある。長男であるために、次男であるために、あるいは末子であるために「損をした」と思っている人は多い。子どもたちが「不平等」を嘆くとき、親は腹立たしく思う。一見、不平等であるように見えることでも、親としては、それ相応の理由があるからしたことであり、本質的には平等であるという態度に変わりないと信じているからである。

子どもたちが、きょうだい間の不平等を訴えるとき、親としては「そんな馬鹿なことはない」と否定したくなるが、少し辛抱して話を聞いてやると面白いことが案外出てくるものである。それは、子どもたちが自らの個性の存在に気づきはじめたときや、自立的になろうとするとき、このような訴えをすることが多いからである。自立にしろ、個性の発見にしろ題目としては素晴らしいが、実際にやり抜くのは骨の折れる仕事である。困難な課題に出会うと、誰しも以前の状態にかえりたくなる。つまり、個性などという難しいことのない、絶対平等に包まれた世界へと逃げこみたいのである。しかも、一方では個性ということを考えるので、きょうだい間の差も意識される。こんなわけで、きょうだい不平等の訴えが出てくるのだが、それをゆっくりと受け容れて聞いてやっていると、だんだんときょうだい間の差異の存在ということから、自分の個性の発見というほうに話が向かってくるから、不思議なものである。人間の成長への動きは、一見マイナスの様相をとって現われることが多いものである。

きょうだいの力学

きょうだいはきょうだい同士の間に、一種の力学が作用している。それに両親相互間、親子間の力学がからみあってきて、家族全体の関係ができあがる。三人きょうだい——特に男ばかり、あるいは女ばかりの三人きょうだい——の真ん中の子が夜尿や吃音などといった軽い情緒障害になって相談に来られる例は多い。親は三人を平等に扱っているようでも、長男(女)や末子に対するような配慮が、無意識のうちに、二番目の子にははたらいて居ないことが多いからである。あるいは、これは人間の気持としては、むしろ自然のことと言うべきかも知れない。ちなみに、もし三人の子どもを持っておられる親は、子どもたちの写真の枚数を数えてみられるとよい。何か他の要素がはたらかない限り、長男(女)が一番多く、次は末子で、二番目が一番少ないはずである。これは別に偏愛というのではなく、人間の心は自然にはたらくとむしろこのようになることが多いのである。親にとっては自然でも、子どもにとってはそうではない、従って中にはさまれた子は余計な苦労をすることになる。もっとも、このような例は、両親がその点に気づいて少し態度をあらためると、すぐ問題は解決する。しかし、次のような例になると、その力学関係は少し難しくなってくる。

一人子は難しいと誰も考えるので、子どもが二人の家は多い。ところが、この頃よくある相談に、一人の子は極端に悪い子だが、もう一人は極めてよい子である、という例がある。兄さんの方は学校で乱暴をはたらき、皆から嫌われているのに、妹の方はまったくの優等生の模範生というのである。これは、夫婦のことを述べた際に、夫婦の相補性という点を指摘したが、相補的にはたらくべき夫婦の性質がうまく作用していないことに端を発している。つまり、夫婦のうちの一方——多くの場合、母親——が家の中で支配性を強くすると、長男がたまたま父親に似ているために、母親の考える「よい子」のイメージと異なることになって、どうしても拒否されることが多くなる。次に生まれてきた妹は、これに反して、母親のもつ理想像にぴったりであると、この子は「よい子」の典型になってしまう。

ここで重要なことは「よい子」のイメージが極めて単層的であるという事実である。父母の考えが錯綜するのではなく、母親がむしろ父親の考えを排除した形でイメージをつくり、その上、昔に比して母親のコントロールが子どもに及ぶ程度が強くなっているので、単純なよい子とわるい子の対ができあがってしまうのである。しかも、母からみてわるい子と思える子も、父からみるとむしろよい子とみえるとなってくると、ここに今まで何度も例にあげたような、家族の中の分極作用が生じてくるのである。

このような場合は、きょうだいの背後にある両親の関係が問題となってくるので、その改変もなかなか困難である。ここで治療を受けた兄の方がよい子になってくると、妹の方がわるい子になるという例もよくある。家族は全体としてバランスをとっているので、それほど簡単に、わるい子がよい子に変るだけというような変化は生じ難いのである。このようなときは、次は妹の方を引き受けながら、両親の関係ともども、家族全体の在り様を変える努力を続けねばならない。

一人子の場合、親としては親類とのつき合いや、近所の親しい人との交流によって、きょうだい類似の者をもつようにするのも、ひとつの工夫である。他人と苦楽を分かちあったり、競争しつつ親しみを感じるような、きょうだい関係によって経験できる人間関係を、親がある程度用意してやるのが得策ということである。親の期待過剰や、物質的な与えすぎは、一人子に重荷を背負わせるものである。

きょうだいは他人のはじまりであり、時には他人よりも強く憎しみ合うようなことにもなりかねないが、年老いてくると、仲の悪かったきょうだいも仲直りすることがよくある。年老いてきて、ライバル意識がうすれ、子ども心にかえってくると、幼いときに生活を共にし、骨肉を分けたものに対するなつかしさがよみがえってくるためである。もっとも、若いときにあまりにも凄まじい戦いをしてしまったため、せっかくきょうだいの良さを味わうことのできる老年になっても、孤独に苦しまねばならぬ人もある。

異性のきょうだい

きょうだいとの関係によって、人は他人と関係を結ぶことの練習をするわけであるが、それが同性であるか異性であるかは、大きい違いである。人間は自分の配偶者となる異性の像を、異性の親の像を基にしてつくりあげてゆくものである。しかし、親の像にあまりにも固執していると、親から分離してゆくのが難しくなるが、親から真の異性へと至る中間に、異性のきょうだいの像が存在している。妹にとっての兄、弟にとっての姉は、単にきょうだいと言う以上の感情の対象となるものである。

古代エジプトの王と王妃は、きょうだいであった。兄妹、姉弟の結婚は王の結婚なのである。つまり、それは異性の結合であるが、その結合に他人の「血」が混じらないように考えられたのである。夢分析をすると、きょうだい間の性的関係の夢は案外生じてくる。夢を見た人は多くの場合、きょうだいに対して性的欲求など感じたことがないので驚いてしまう。これは直接的な性的欲望を感じているというのではなく、今まで述べてきたような、「血による結合」と「愛による結合」との両者を何とか統合しようとする無意識的なはたらきということができる。もっとも、このような統合は「王」にのみ許される高い価値をもつと言える反面、俗世界の人間にとっては社会的規範を破る罪深い行為である。しかし、人間は無意識的にはこのような段階を経た後に、社会的にも許される真の異性との統合をなしとげてゆくのである。

異性のきょうだいに向けられた潜在的なエロスの感情が、血のつながりによって強化され、そのようなリビドーを自分の夫に対して向けることができていない女性たちは、いわゆる鬼千匹の小姑となるのである。

このように異性のきょうだいは大きい意味をもつので、女性にとっては「まぼろしの兄」、男性にとっては「まぼろしの姉」の像が心の中に結実されるときもある。この像があまりに強く、それを克服してゆくことのできない人は、ともかく「やさしい」異性を求めることになる。それは父親や母親代理のやさしさと、異性の魅力をあわせもった像として心に描かれるが、現実にそのような人を獲得することは実に難しい。やさしい兄のような夫は「近親相姦」を恐れるあまり、性的不能に陥ることもあるし、やさしい姉さん女房と思っていたのに、暫くすると太母の本性をあらわし、夫を一口に呑みこんだりしそうになることもある。

少し極端なことを書いたが、「安寿と厨子王」をはじめ、わが国には、姉が弟のために犠牲となるお話が多くある。わが国では、血のつながりをもたない真の内なる異性像を心の中に結実させることが難しいので、このような美しくあわれな姉の姿の中に、内なる異性の像を重ね合わせてみる人は多いであろう。姉と弟というパターンも、日本人の心性を考える上でのひとつの鍵となりそうに思われる。

異性のきょうだいを持たぬ人は、異性に対して非現実的な期待や願望をもちやすい。もともと、誰しも異性に対しては自分の内的なものを投影しやすいのであるが、きょうだいとしてある程度生活を共にすると、異性の現実像が大分解ってくるので、現実に沿うた修正がなされるわけである。

最近では子どもの数が減少したので、異性のきょうだいを持たない人が多くなった。そのような人が結婚して子どもができたとき、母親は男の子を、父親は女の子をどのように扱っていいか解らない。あるいは、母親が男の子の腕白さということをきょうだい関係の中で経験していないため、子どもが少しいたずらをするだけで悪い子であると決めつけたりするようなこともよく生じている。ここにも核家族化と、家族の人員の減少が問題を呈しているようである。

きょうだい喧嘩

同性・異性を問わず、きょうだい喧嘩は、どこの家庭でも悩みの種であろう。きょうだいの数が少なく塾へ行ったり、稽古にいったりで、きょうだい喧嘩の暇もない、などというのは論外である。これは既に述べたように「他人のはじまり」としてのきょうだいとの関係によって、将来必要な人間関係の学習をする場を奪うようなものである。きょうだい喧嘩は必要な学習である。

と言っても、喧嘩が甚だしいほど良いなどと言えないことは、自明の理である。きょうだい喧嘩を少なくして欲しいと願う親は、子どもの個性に目を開かねばならない。

きょうだい喧嘩の多くは、親の考えが単層的であるために、どちらかを良い子にしたり、どちらかを悪い子にすることによって助長される。主に顧みられなかったカインが、アベルを殺すより仕方のなかったことを思うべきである。親に認められないと感じた子どもは、その敵対感情をきょうだいに向けて発散させようとする。

これを防ぐためには、子どもの個性を認め、時により、子どもによって多様な評価を下さねばならない。親によって、自分の存在をそれぞれ認められると感じたとき、きょうだいは個性を生かして、競い合いつつ仲の良い関係をつくりあげてゆくように思われる。

第九章　家族の危機

離　婚

家族には大変な危機が訪れるときがある。不慮の災害や事故、経済の変動などによって、一家が離散せざるを得ない状態に追いこまれる。戦争を経験したわれわれは、一家が離散したり、その後の長い年月を経て家族が再会し、そこに思いがけない悲喜劇が生じたりすることを、自分の周囲に相当見聞してきている。それほどの大きい危機ではないにしても、何らかの危機状態をどのような家族でも経験するものである。そして、それが克服されない場合、家庭の崩壊にまでは至らないにしても、埋め難い亀裂を家庭の中に残すことにもなる。外見的には家族の形態をとどめていても、成員の心は離散してしまっている場合もある。

家族に対する外からの圧力によるものではなく、むしろ、内側から分裂をもたらすものとして、離婚ということがある。夫婦はお互いの意志によって結合したものであるから、お互いの意志によって別れることを決意することがあっても当然のことのようだが、そこに既に生じている夫婦関係以外の家族の絆のことを考えると、問題は簡単でなくなってくる。

児童文学の名作家ケストナーの書いた『ふたりのロッテ』(岩波書店)は、結婚ということについて多くのことを考えさせる傑作である。双子であるルイーゼとロッテという子をもちながら、彼女たちの両親は離婚し、父親はルイーゼ、母親はロッテを引きとって暮らすことになる。そんなことをまったく知らなかった二人の子は十歳になってから偶然に出会い、話し合っているうちに両親の離婚のことを知る。両親の離婚に伴って、二人も別れさせられたことを了解したとき、彼女たちは、「ほんとうは、あたしたちを半分に分けてよいかどうか、まずあたしたちに、たずねなくちゃいけなかったんだわ！」と叫ぶ。

確かに子どもたちの言うとおりである。大人たちは自分の意志によって離婚できる。しかし、子どもたちの意志はいったいどうなるのか。『ふたりのロッテ』には、たとえ両親が離婚しても、子どもにとっては、父や母というものがどれほど大切なものであり、かけがえのないものであるかが生き生きと描写されていて、胸を打つ。物語の方は、この後、ルイーゼとロッテの愉快な活躍によって、両親の再婚が成立するのだが、そちらの方は読者に読んでいただくことにしよう。ところで、ケストナーがこの本を書いた頃は、児童文学において「離婚」のことを取りあげることは、タブー視されていた。それにもかかわらず、子どもたちのために離婚について語らざるを得ないことを、彼は作中で弁明し、「この世の中には離婚した両親がたいそうたくさんいること、そのためにいっそうたくさんの子どもが苦しんでいること、また他方、両親が離婚しないために苦しんでいる子どもがたいそうたくさんいること」を指摘している。両親の離婚が子どもたちの心にもたらす傷を、これほどまでに描きながら、ケストナーが「両親が離婚しないために苦しんでいる子ども」の存在についても言及していることは大切なことと思われる。

われわれ心理療法家は、子どもの神経症症状に悩み相談に来られる両親が、実のところ離婚したいと思いながら子どものことを考えて決心がつかず、うやむやのうちに日をすごしている、という事実にあたることがある。

両親は自分たちの悩みを子どもには隠しているつもりでいる。しかし、子どもは心の底のどこかで感じとり、それはノイローゼの症状となって顕現されるのである。このようなとき、両親が率直にお互いの気持を話し合い、それを機縁として愛が復活し、子どものノイローゼも解消するという、ハッピーエンドのときもあるが、結局は、両親の離婚に至ることもある。しかし、このようなときでも、子どものノイローゼは解消する。つまり、よい加減のごまかしよりも、結果は望ましくないにしても事態が明確にされる方が、子どもにとっては幸福なことがあるのである。

人間の幸福や、生き方について簡単なルールはないようである。ただ、どこまで誠実に自分の生き方について考え、生ききるかということになるのであろう。自分の幸福のみを単純に考え、子どもの幸福を無視するのは、まったく馬鹿げているし、子どもの幸福のみを考えて、自分たちの生き方をまげてしまうのも望ましいことではない。片方のみを重視する人は、結局はそれをも失ってしまうことになるだろう。人生の問題は、あれかこれかの選択としてではなく、あれもこれも担うことによって解決に至ることが多いように思われる。

中年の危機

人生にはいろいろな節目があるが、中年というのも重要な節である。人生の軌跡を心に描いてみると、ある意味ではわれわれの人生は中年で頂点に達し、以後は下降に向かうことになる。上昇から下降へと移行するとき、人はそれ相応の危機に遭遇するものだが、それは家族の危機として体験されることが多い。家族は不思議な一体性をもつので、家族の中のある個人の問題は思いがけず、他の家族たちにも影響を及ぼすものである。夫婦は一般には同年輩のものとして、共に中年を経験するので、夫婦間の危機として中年の問題が感じられることは多い。

N夫人は四十歳をすぎたばかり、夫は真面目な公務員である。親の残してくれた土地があったりしたため生活にはあまり困らない。子どもたちはそれほどよくできるというのでもないが、普通に問題なく育っている。言うならば夫人にとって何の不足もない生活であるが、最近はいらいらすることが多い。それも結局は、夫に対して何となく腹立たしく感じることが多いのである。しかし、N夫人にとって、その理由をうまく他人に説明することは難しいことであった。夫は他人から見るかぎり非の打ちどころがないのである。女遊びや賭ごとなど一切しない上に、帰宅は勤務の都合で遅くなる以外は、まるで判で押したように同じ時間に帰ってくるのである。妻や子どもに怒ったりすることなど全然ない。このように言ってゆくと、よいことばかりのようだが、N夫人にすれば、それが気に入らないとでも言いたい心境なのである。万事が安定して安泰であれば幸福であると信じ切っているような夫を見ていると、「安定」という名の牢獄に自分はつながれており、夫はまるでその看守であるような感じさえしてくるのである。毎日六時半頃になると、きまったように聞こえてくる夫の帰宅の足音は、まさに看守の見まわりの足音のように思われて、いらいらとしてしまうのであった。

夫人は外出することが増えてきた。いろいろな会合や稽古ごとなどにも出かけていったが、あまり面白くなかった。友人たちに離婚したいと打ち明けたが、誰も賛成してくれなかった。友人たちから見ると彼女の夫はむしろ理想の夫にも近いものであり、離婚など、「まったくもったいない」というのである。夫人の外出が増えても、夫は相変らず模範的な態度を変えなかったが、あまりにも家事が放棄されているのを見て文句を言い始め、この家庭にも夫婦のいさかいが生じはじめた。夫人にとってやり切れないのは、自分の気持を夫がまったく解ってくれず、口論するかぎりいつも正しいのは夫の方になってしまうことである。

夫人は家出するしかないと考え、実行に移そうと決意しかけていたとき、父親が脳溢血で倒れたという報告を受けた。すぐにかけつけてゆくと父親は半身不随で寝ていた。介抱していた母親は娘の夫人に対して、自分は外出が多く老いた夫のことをかえりみずに過ごしてきたことを反省して語った。N夫人は話を聞き、両親の姿を見ているうちに、自分の老後の姿をそのまま見せつけられたように思った。言葉をうまく話せぬ父親の看病をしているうちに、N夫人の離婚の意志は消えていった。それは不思議な気持であり、この心の変化も彼女はうまく言えなかった。いろいろと口論したりしたので夫の態度も前より少しは変っていた。しかし、それほどの大きい変化があったわけでもない。しかし、N夫人の方は、少しオーバーな言い方をすると、この人と添い遂げるのだというような気持が心の奥から湧いてきたのである。そうすると、それまで立腹のもとになっていた、夫の何となく気のきかない野暮な行動が、むしろいとしいように思われてくるのが不思議であった。

転回点

危機が生じたとき、その重荷に耐えていると不思議な転回点がくるものである。われわれのところに相談に来られる人は、苦労が限界に達してどうにもならない状況に追いこまれたように感じて来られるものであるが、それでもわれわれはなるべく急いで処置をせずに待つように努めるのは、このような不思議な転回点がおとずれてくることが多いことを知っているためである。

N夫人の場合は、思いがけない父親の病気が転回点となった。病気というものは不思議なものである。それは身体の状態ではあるが、思いの外に心の状態とも関連しているのではないかと思われる。先に紹介した『ふたりのロッテ』の場合でも、ロッテが病気になるところで、話が大転回をし、別れていた両親が再会することになっている。特に子どもたちの病気の場合は、親としては、それが何らかの「意味」をもつものではないかと、一応考えてみてもいいくらいである。魂の叫びは多くの場合、言語によっては表現できず、身体の状態として表現されるようである。

N夫人のことに話をもどすことにしよう。彼女が結婚のときに夫を選んだのは、その几帳面で誠実なところが好きなためであった。しかし、長い間一緒にすごしていると、その長所が耐えがたい欠点に思われてきたのである。夫婦関係における相補性の存在ということは、既に第四章「夫婦の絆」に述べた。夫婦は何らかの意味で、相反する性格の部分をもち、それが共通目標に向かって相補的にはたらいているときは、非常に効果的である。これはしばしば内向的な人と外向的な人とが夫婦になっているときなどに認めることができる。ところが、中年になって、自分の持家ができたり、息子が大学に入学したりして、ほっと一息ついたとき、夫婦はお互いに会話をかわしてみて、実のところお互いにいかに理解し合ってないかを知って驚くときがある。心に余裕ができてきたとき、外向的な妻はドライブにでも行きたいと思うし、内向的な夫は、むしろ家でのんびり茶でも飲んでいたいと思うだろう。それまでは、夫の内向性と妻の外向性は調和的にはたらいて、共通の目標に進んできたのに、お互い同士がゆっくりと顔を合わせると、その相違に驚いてしまうのである。

これはまるで、背中合わせになって、まわりにむらがって来る敵を相手にチャンバラをやってきた同士のようなもので、さて戦いがすんで、お互いに顔を見合わせて、こんな相手と一緒に頑張ってきたのか、といまさらながら驚いているようなものである。外向的な妻は夫を理解できない。今までなぜこのようにわけの解らない人と一緒に住んできたのだろうと思うし、夫もまったく同様のことを思っている。このようなとき、夫婦のいずれかが家庭の外に「理解者」としての異性を見出すこともある。このようなとき、中年になって人間が直面してゆかねばならぬ課題が何であるかをよく自覚していないと、家族のみならず、自分自身の人生を破壊に導いてしまうことになる。

対話の場

ある中年夫婦の一人息子の高校生が、学校へ登校しなくなってしまった。これと言って理由がないのに学校へ行かず、家でぶらぶらしている。母親が叱っても効果がない。父親は会社の部長として多忙な日をおくっているので、息子と話し合う機会がないし、母親の訴えもゆっくり聞いている暇がない。そのうちに行くだろうなどと言って、深刻に取りあげようとしなかった。ところが、息子の不登校はなかなか終らない。そのうちに母親に反抗しはじめ、物などなげるようになった。母親はたまりかねて父親に強力に訴え、とうとう父親が息子と対決することになった。

人間は嫌でも何でもなすべきことはなさねばならない。高校生は嫌でも登校しなくてはならないと父親が言うと、息子は反撥した。お父さんは好きなことばかりしているではないか、と言うのである。会社では部長で威張っている。つきあいだと弁解しながら、結構好きな酒を飲んできている。休日はゴルフにばかり出て行くというのである。父親はたまりかねて、会社の部長といっても、どれほど馬鹿げた仕事をしなくてはならぬときがあるかを説明した。それは、あまりにも馬鹿げたことで妻子にも語りたくない。だから、普通のときは、どうしても自分が会社で好きなことをして活躍しているようなことばかり話すことになるのだが、実際は違うのだと。

ここに行われた会話は、本来ならば夫婦の間でするべきことであった。「好きなことばかりしているじゃないか」というのは、母親が父親に対して言いたいことであった。「嫌いなことや、馬鹿げたことをたくさんしているのだ」ということも、夫が妻に言うべきことであった。しかし、このような対話をすることは難しいことである。昔の夫婦はこんなことを話し合う必要がなかった。第一、夫婦ともに生きてゆくのに忙しくて、不平など言っている暇がなかった。第二に、既に述べてきたように、日本の母性的な大家族のなかでは、対話ぬきの一体感が強力な支えとして存在していた。もちろん、このような一体感が家族の成員の個性を圧迫していたことも事実である。後者の点の反省にたって、われわれは個人の存在を主張しようとしている。大家族による押しつけよりは、個々人の自立を大切にしようと考えている。しかし、その場合には個人と個人の対話が必要である。

個人の自立を欲しながら、われわれはまだまだ対話が下手である。対話をしつつ共存してゆくためには、人は自分の欠点や他人の欠点について、ある程度触れてゆく勇気を持たねばならない。登校拒否の息子は、ここに両親の対話の場を設定したことになり、このようなことを機会に彼は登校に踏み切っていったのである。息子が登校拒否をはじめたとき、両親は共に息子の行為を嘆くのであるが、実はそれによってこそ、両親たちは中年夫婦の危機をうまく乗り切れたのである。中年の夫婦が子どものことや、自分たちの親兄弟のこと、あるいは、その他いろいろなことで災難を受けたと嘆いているとき、それをよく見ると、それが夫婦の危機を避けてゆくために、うまく役立っていることが多いものである。神の救いの手というものは、人間の想像を超えた形でもたらされるものである。

神の救いなどというと馬鹿げたことと思う人も多いであろう。現代の日本人は、特定の神を信じたり、神に供物をささげて家族の安全を祈ったりすることが少ないと思われる。実際、神に何かを供え、その反対給付として何らかの利益を得たり、災難を逃れたりするなどという考えは、まったく馬鹿げたことである。しかし、人間が古来から行なってきた行為は思いがけない意味を、その背後に隠しもっているものである。

いけにえ

特定の神を信じない日本人にとって、現在は、自分を生かすこと、自立すること、などが一種の信仰になっているようである。いかなる信仰にも犠牲は必要である。このことを自覚せず、安易に自立を求める人は自分の周囲に犠牲を強要することになる。

『ふたりのロッテ』の父親は作曲家である。芸術家としての孤独を必要とする彼は、「子どものためのオペラ」の作曲に専念するため、自分の子が父親と一緒に居たがって涙を浮かべているのに締め出さねばならない。父親はいろいろな事件の末、自分の作った曲にはハートがないことを知り、家族と同居することになる。物語の方はハッピーエンドで終わりになる。しかし、この作曲家はおそらくその後に、家族との同居を悔やんだり、昔の離婚時代をなつかしく思ったりするだろう。しかし、ハートのある曲を作るためには、彼は家族との同居に伴う犠牲を自ら背負ってゆかねばならないのである。自己犠牲を伴わない自立は偽物である。

前章までたびたび述べてきたように、日本人は母性的な家族集団をつくってきたが、最近では欧米の影響を受けて、家族の成員のおのおのが自立することを目指しつつある。前述のN夫人が自分の生活をたまらなく思いはじめたのも、自立の意志が生じてきたためであろう。そのとき、夫は自分の自立を妨げる壁として意識される。ところが、彼女が老いた両親を見て決心を変えたとき、それはもとの状態への退却のように見えるだろう。しかし、彼女は自分の考えていた自立がいかに他人に犠牲を強い、また自分にとってもどれほど孤立的な道となるかを悟り、夫との生活を継続する上で自ら払わねばならない犠牲を引き受けることを決意したのである。外見は同じでも内面は異なっており、彼女は前よりも豊かな人生をおくることができるであろう。

自立に伴う自己犠牲についてまったく自覚のない人が、強い自立志向をもつと、その家族の中から思いがけない、いけにえを出さねばならない。乱暴で情緒不安定、困った子どもだと思われていた小学生の男の子が、学校で飼っているうさぎを残虐な方法で殺してしまった。この子の両親が、自分たちは「自分の人生」をしっかり生きていたら自分の子どもも自分の人生をしっかり生きてくれると思っていたと反省まじりに話されるのを聞いて、あきれてしまったことがある。確かに言われていることは正しいのだが、自分の人生と言うものの中に、自分の子どもが全然はいっていないのだから困ってしまうのである。

人生はパラドックスに満ちているが、われわれが「自己」とか「私」とか言うとき、それは思いの外に他人を含んでいるのである。近頃はやりの「自己実現」という言葉も、自己というもののもつ、前述のパラドックスに気づかないと、まったく馬鹿げたことになる。自己を生かそうとするものは、自己犠牲を強いられる。これは不思議なことであるが、事実なので仕方がない。

自立に伴う犠牲について、長い歴史の間に自覚してきた欧米人と異なり、日本人が急激に安易な自立をはかろうとすると、家族の誰かが犠牲になる。しかも、それはいけにえの血を要求されることが多く、子どもたちの傷害や自殺の事件として生じてくる。両親が偽の自立信仰をもったため、子どもの命が犠牲となる例もある。

人間はおそらくこのようなことを知っていたわけではなかろうが、家族内における多くの宗教的儀式によって、家族の成員をいけにえとすることを避けてきたとも考えられる。前述のうさぎを殺した小学生などは、このような仕組を無意識的に知っていたのかと思うほどである。人の血を流すよりはうさぎの血の方が、まだましである。

われわれ近代人として、古い宗教儀式を棄て去ったからには、せめてその儀式が内包していた意味をよく知り、それを意識化することによって災害を避けるように努めねばならない。自分を生かすために必要な自己犠牲について、現在の家族関係ほど、体験的に知らしめてくれるものはないだろう。自立を望むかぎり、われわれはそれを自分のこととして引き受けねばならない。

第十章　老人と家族

老人の位置

日本人の平均寿命も随分と高くなって、老人の数が増えてきた。「古稀」つまり古来稀なりと考えられた七十歳は平均寿命以下になってしまったので、何も珍しいことではなくなった。われわれの子どもの頃は、五十歳を過ぎた人は、ただそれだけでも、何だか偉い人のように感じたものであった。実際、昔は生きてゆくことそれ自体がなかなかのことであったので、長生きをしていることは、心身共に強靱さをもつことの証拠でもあったわけで、老人が一般の尊敬を得ていたのも、当然と言えるかも知れない。しかし、現在のように医学やそれに関連する科学の急激な発展によって「長寿」が可能となってくると、変な表現だが、長生きする心身の準備ができていないままに、長生きさせられたような老人が存在することになる。これは、心身の準備がないままにヘリコプターに乗せられて高山に来たようなものである。その人は、高山の素晴らしい景観を楽しむどころか、高山病の苦しさに耐えかねる思いをすることであろうし、いっそのこと下界へ向かって身を投げたいとさえ思うかも知れない。

老人が現在生きてゆく上において、非常に困難なことは、自分の存在価値をどこに見出すかということであろう。家事労働がたくさんあった時代においては、老人の手もそれなりに貴重なものであった。特に女性の場合は、つくろいものや、掃除、洗濯などがこまごまとあり、それらの一端を老人が担っていることは、大きい意味があった。しかも、それらのやり方にいろいろとしきたりがあるようなところでは、老人のもっている知識も必要であった。このようなときは、老人が自分の存在価値をはっきりと意識することができるし、周囲の人も老人の存在を認めて行動するであろう。

脳溢血などで倒れた老人が回復してゆくときに、その人のおかれている心理的な環境条件が回復の度合に非常に大きいウェイトをもつことは、よく医者に教えられるところである。家族全体の生活の中に老人がはいっているかどうかは、実に大きい要因である。別に、老人に何かをして貰うとか、頼りにするというのでなくとも、少なくとも家庭の中に生じていること、生活の実態が老人に解ることが大切である。この点、住居が広かったり、個室が発達しすぎているのはよくない。老人は、上等の部屋に家族のわずらわしい関係から離れて寝かされている、と言えば良さそうに聞こえるが、これは逆効果である。狭い家では、うるさいことも多い。しかし、このうるさいことが、老人にとっては生きている存在の確かめになっていることもある。それに、老人が回復してゆくのに相応して、留守番なり、ちょっとした仕事なり、何か家族のために役立つことをして貰い、それを家族たちが評価していることが解ると、回復が早いのである。時には健忘がひどくて、家族を見ても誰か解らなくなったり、失禁をしたりするほどだった老人が、家族の老人に対する態度の変化によって、相当な回復を示す例が報告されている。

このような点から考えてゆくと、近代の社会における多くの「進歩」は、老人が生きてゆくのに必要な位置をつぎつぎと奪っていったことが解る。端的に言ってしまえば、現代の社会は老人を必要としなくなってきているように思われるのである。こんなことを言うと、社会の進歩によって老人福祉がいかに向上したかを強調する人もあろう。確かにそれは医療や健康管理などの面で大きい進歩をもたらした。しかし、老人たちはそれによって幸福になっただろうか。足腰が痛いというと立派な病院につれてゆかれ、結局は家族からの疎外を経験しなくてはならぬ現在の老人と、痛い足腰をかばいながらも家業に従い、嫁や孫に足をもんでもらったりしていた過去の老人とどちらが幸福であろうか。経済の急激な成長に伴って、われわれはどうしても、ものの価値を金銭に換算して考える癖がついてきたようだ。老人の仕事は多くの場合、金銭に換算するとあまり価値のないものである。家屋の構造も、老人と家族との接触が少なくなるように変化してきた。

われわれがこのような傾向の中で、それでも老人を大切にしなくてはならぬと考えるのは、老人たちがその過去において家や社会に役立つ仕事をしてくれたためであるが、それだけではなくて今の老人の生き方に対して価値を考えることができないものであろうか。過去の苦労や栄光に対して報いようと考えても、それは長続きしないことが多い。そのように考えようとしても、現実に「無能な」老人に接していると、尊敬や感謝の念がだんだんと薄くなり、ついには憎悪の感情をもたねばならなくなるのではなかろうか。

祖父母との別居

小学三年生の男の子が夜尿がひどくて困る、と相談に来られた母親があった。夫は一流会社のエリート社員、彼女も大学出の才媛であった。夫は一流大学出身だが、夫の両親はあまり教養がなく、同居中は何かとわずらわしいことが多く、いろいろと苦労して家を新築し、両親と別居してやれやれと思っていたら、子どもが夜尿になったと言うのである。母親は子どものことが大切なので、勤めに出たい気持もおさえ、専ら家のことに力をつくしてきている。両親と同居中は気晴らしによく外出したりしたが、別居してからは子どものことを考え外出もひかえている。夫の両親は孫がかわいいのと、無教養のために、やたらに甘やかしたり、馬鹿げた非科学的なことを教えたりして困ったものだったが、別居によってはじめて、自分たちの教育方針で子どもを育ててゆけると喜んだのだった。一体自分たちの育て方のどこに欠陥があるのだろうか、それを明らかにして欲しい、とのことであった。

子どものことにはもともと熱心な人であるし、勘も鋭い人であったので、「子どもさんの教育に邪魔だと思っていた、おじいさん、おばあさんが居なくなられて、かえって子どもさんの問題が出て来たのですね」というカウンセラーの言葉を手がかりに、この母親は比較的早く自分たちの問題点を探し出すことができた。つまり、祖父母のとぼけた味が、両親のせっかちでギラギラした愛情を、どこかでうまく緩和させることに役立っていたことに気づいたのである。特に彼女はどんなことにでも、すぐに一所懸命になるタイプだったので、たとえば、夫が同僚などをつれてきて、その接待となると、それに心を奪われてしまう。それは子どもの体験としては、自分がまったく棄てられたような気持になることである。子どもとしては、母親の態度があまりにも急に変るので、いったい自分は愛されているのかどうか解らなくなってくる。真昼間から真夜中に変るような状態のなかで、祖父母は太陽に対する月のような存在として、急激な変化を緩和し、真夜中にも柔かい光をおくってくれていたのである。

何事にも一心になる人なので、このように気づくと、もう一度祖父母と同居した方がいいのでは、と主張されたが、そのようにせっかちなところが考え直すべきところではないかというカウンセラーの提言もあって、別居以来できるだけ敬遠していた祖父母との交際を密にしてゆくことによって、子どもの夜尿の問題は解決されていった。

老人の知恵

老人の価値は目に見えにくいものである。老人の知恵は「進歩」につながってゆく知識とは別のものである。老人の知恵を示すものとして、日本に昔からある「うばすて山」という昔話をとりあげてみよう。これにもいろいろな類話があるが、その中のひとつに次のようなのがある。

六十歳になって山に棄てるべき老人を息子がかくまっている。殿様があるとき「灰で縄をなって来い」といいつける。誰もできずに困っているときに、息子はかくまっている父親にたずねると、老人は縄を固くなって、それをだいじに焼いて灰にしてもってゆけと教えてくれる。このようなことから結局は老人の知恵が認められ、うばすての慣習がやめになるという話である。

この話は極めて象徴的である。灰で縄をなうのにどうすればよいか、と皆が苦労しているとき、老人の知恵はそれを逆転して捉えてしまう。つまり、縄をなってから灰にするのである。このような思い切った思考の逆転が、われわれには必要ではなかろうか。今われわれが考えている老人問題について、この思考の逆転を行なってみるとどうなるだろう。若い者は「おじいちゃん、おばあちゃんがうるさくて仕方ないので、つい放っておくことになる」とよく言う。これを逆転させて、「いつも放っておかれるので、おじいちゃん、おばあちゃんもうるさく言わざるを得ない」と考えてみてはどうだろう。あるいは、「社会の進歩についてゆけないので、老人は価値がない」と言う。これも逆転して、「社会の進歩を妨害するので、老人は価値がある」と考えてみてはどうだろうか。われわれは最近になって、「進歩」ということを手ばなしに喜んでばかりいられないことを知りつつある。

老人はそのような点で意味のある反省を、われわれにもたらさないだろうか。

最後に、「老人は何もできないから駄目だ」と言う。これを逆転して「老人は何もしないから素晴らしい」と考えられないだろうか。われわれは人がどのようなはたらきをしたかということで価値を考えようとしすぎていないだろうか。何もはたらかない老人は、「存在」することに価値のすべてをかけている。

われわれは常日頃、何をするかに忙しすぎて、その根本にある「存在」ということを忘れがちである。大学教授というはたらきに心を奪われて、自分の存在そのものが危うくなっている。そんなときに、老人の無為が「存在」の重みを知らしてくれる。このことをしっかりと腹の底に至る知として知ることは難しいことである。しかし、このことを知ることによって、老人もその家族も随分と心が安定するのではなかろうか。老人の知恵は深い意味において、アイデンティティに関連しているのである。それは金銭的な価値に転換できないものである。

二つの太陽

人間は逆説的な存在である。老人の価値について少し思い切ったことを言ったが、すぐさまそれと逆のようなことを述べねばならない。今から述べることは特に現在の——そして特に女性の——老人に関することである。ある六十歳近い婦人が、長男の嫁を貰ってしばらくたって抑うつ症になった。長男は見合結婚をしたのであったが、それは母親にとっても申し分のない嫁であり、双方の家族にとってもほとんど言い分のない良縁であった。結婚後も嫁はなかなか良い女性で、姑としても喜んでいたのだったが抑うつ症になってしまったのである。そんなときに彼女は、不思議な夢を見た。夢の中で美しい夕日を彼女は見たのだったが、ふと振り返ると、東の空には昇ってくる太陽が見えるのである。二つの太陽の存在に驚いたところで、彼女は目覚めたのである。

この夢は彼女の内面の状態を如実に物語っている。人生の軌跡を太陽の運行にたとえるなら、六十歳の彼女は夕日とまで言えないにしても、下降する太陽の姿であらわされることは当然と思われる。しかし、彼女の心の他の半面は、昇る太陽であることを示している。それは、彼女のそれまで生きて来た歴史を知ればすぐに了解できる。彼女はもちろん見合結婚だった。見合といっても、両親の選んだ相手と会うことは、すなわち結婚を意味しているようなものであった。幸いにも、夫も夫の両親もいい人であった。しかし、彼女がそれ以後、自分をおさえ、他人に仕えることをモットーに生きてきたことには違いはない。彼女が結婚してから、長男の嫁を貰うまでの間に社会は急激に変化していった。彼女もその変化に対して、それほど抵抗を感じたりしているわけではない。むしろ好ましいことと思っているくらいである。

人間の生き方には実にいろいろな生き方があって、どれが正しいなどということはまず言えないことであろう。自分をおさえる生き方もそれなりに立派な人生であるし、自分をのばそうとする生き方もまた素晴らしいものではある。ただ彼女の場合、結婚のとき以来、あまりにも自分をおさえてきた部分が、のびのびと生きる若い嫁の姿を目のあたりに見て強い刺戟を受け、六十歳になってから、活性化されることになったのである。つまり、彼女は下降する夕日と、上昇する朝日の両方を心にもつことになった。これは随分と苦しいことである。彼女が重荷に耐えかねて抑うつ症になったのもよく了解できる。彼女のそれ以後の仕事は、おくればせながら上昇する太陽の生活をある程度することによって、二つの太陽を一つにまとめ、つづいて下降へと向かってゆくことになった。抑うつ症はそれによって克服されたが、この仕事はなかなかのことであった。

老人の無為とか老人の知恵とかについて、先に述べたのであったが、ここに取りあげたことは、老人が青年の人生を生きねばならぬ話であって、老人の知恵どころではない。この問題が特に現在の女性にとって大きいことであると言ったのは、今、老人となっている女性たちは一般に自分を殺すことを美徳として成長してきた人たちである。ところが、老人になってから、自我を確立するような青年の生き方が可能であることを知るのだから、大変なことになるのである。実のところ、男性たちも、日本の男性は別にそれほどの自我の確立などもしていないのだが、人生のそれまでの生活に疲れ果てて、いまさら二つの太陽を夢みるだけの剰余エネルギーを持たないというのが実状であろう。二つの太陽の存在を知った人は、その葛藤に直面してゆくことにより成熟への道をたどることができる。しかし、老人になってから、上昇する太陽にのみ同一化した人はどうなるだろうか。

七十歳になる女性が、「私は夫に仕え、姑に仕え、彼らが死んだ後は息子に仕え、最近では嫁にまで仕えて生きてきました」と言われ、一度他人のことを考えずに自分のやりたいことをやってみたいので、家出をしてみたい、と言われたときの輝かしいばかりの顔を私は忘れることができない。それは、男子の高校生のような無鉄砲な力を感じさせるものであった。このような青くさい自立の意志が老人の心の底で動きはじめると、この人は死の準備をすることが非常に難しくなる。下降することによって高みに昇ったり、無為によって事を為したり、というような老人の知恵を持つことができないからである。このような人がたとえ家出をしてみても、あるいは、何か新しいことを始めても、なかなかそれによっては満足を得ることはできない。表面的な満足を得られるにしても、それは既に述べたような自分の「存在」の確かめには、なかなかつながらないためである。

死後の生命

いろいろと考えてくればくるほど、現在の老人たちは気の毒な状態にあることが認識される。このことを端的に示しているひとつのエピソードがある。最近は民話ブームなどと言われて民話に対する関心が高まっているが、民話の採集のために田舎に出かけていって老人たちに話を聞こうとするがなかなか話をしてくれない。それは老人たち自身が昔話などはつまらないことだと思いこみ遠慮していたり、なかには自分の知っている話が、テレビで漫画化されたりして放映される話の筋とは異なっているので、自分は「まちがっている」と思いこんでいたりするためだということである（小澤俊夫編『日本人と民話』より）。つまり、中央からテレビによっておくられてくるもの、すべて新しいもの、が正しいと思い、老人たちは遠慮してしまっているのである。確かに新しいものの方が正しいことは多い。しかし、すべてがそうであろうか。

ある中学校の先生から面白い話を聞いた。何かの話から地獄のことが話題になり、先生は『地獄草紙』の絵を見せて説明をはじめた。すると、中学生たちが思いの外に関心を示すので、先生も興に乗って自分が子どもの頃に祖父母に聞かされた地獄・極楽の話などを聞かせてやった。ところが、その時一所懸命に話を聞いていた非行のひどい生徒がそれ以来非行をしなくなったというのである。

今時、地獄・極楽の「実在」を主張する人など、まずないであろう。しかし、その話が実際的な効果をもったところが面白いと思うのである。だからといって私は非行少年たちに『地獄草紙』を勉強させるべきだなどと主張する気はない。このような真実はすべて、簡単には説明し難いめぐり合わせと関連してくるものである。先の例の場合でも、地獄を語った先生の人格も大きい意味をもつであろうし、そのときに話をきいた非行少年の心の条件も大切なことであろう。それはそれとして、このような死後の世界の話がこの世で実効をもつことは重要なことと思われる。

はじめて外国旅行される人は、行く前に、いろいろとその地について想いをめぐらされることであろう。あるいは、彼の地についていろいろ知識を集めたりもされるであろう。そこには豊かなイマジネーションがはたらいて、旅行への期待を高めてくれるだろう。時には、そこに大きい不安がはたらくこともあろう。ともあれ、将来の事に関してイマジネーションをはたらかせるのは人間の楽しみのひとつである。ところで、現代人は彼らが最後に旅立ってゆかねばならない世界に対してイマジネーションをはたらかせることを、あまりにも怠っているのではなかろうか。スイスの精神療法家ユングは、「人は死後の生命の考えを形づくる上において、あるいは、それについての何らかのイメージを創り出す上において（中略）最善をつくしたということができるべきである。そのようなことをしたことがないのはたいへんな損失である」（『ユング自伝』 2）と述べている。確かにそれは「たいへんな損失」であると思われる。せっかく旅行にゆくのに目的地についてからのことを何も考えずにゆくなど、まったく馬鹿げたことである。とは言っても、死後の世界について想いをめぐらすことなどは、われわれの意識の論理に従うかぎり、それこそ馬鹿げたことと思われる。しかし、先にあげた中学生の例のように、それは、われわれのこの世での生き方に豊かな裏打ちを与えてくれるものである。

老人を家族にもつ人は、老人もその家族も死後にもう一度会うことについてイマジネーションを持ってみられるといい。おそらく、死後において、肉体やこの世の現実からフリーになった人間は、今よりはもう少し透徹した目をもってものを見ることができるであろう。そんなときに、老人から「お前があの時にした事は……」と問いかけられたら、私の死後の魂はどのように答えることが可能であろうか。こんなことを考えてみると、老人が無為であり無力であるからといって、それほど粗略には扱いかねるであろう。死後の出会いのイメージは、この世での人間関係のあり方に何らかの効果をもたらすものであろう。老人とそれに関連する死に対するわれわれの想いは、一見馬鹿げたものに見えるものでも、人間をトータルな存在として捉えてみる上に大きい意味をもたらすものである。老人はたとえ何もしなくても、そこに存在するだけで、われわれに多くの意味を与えてくれる。

第十一章　家族のうち・そと

うるさい親戚

「親戚の泣き寄り」などという言葉があるように、平素は疎遠にしているような親戚でも、不幸なときには寄ってきて共に悲しみ慰めてくれる。こんなときは親戚の有難さ、血のつながりのもつ暖かさをしみじみと感じるものである。それは「血」という不可解なものによってつながっているだけに「理屈抜き」の心の支えとなってくれる。

ところで、これとは逆に「厄介者」の親類縁者によって常に不愉快な気持を抱かせられている人も、極めて多い。そのような体験のない人の方が少ない、といっていいだろう。長らく会っていない従兄が立派な身なりでやってくる。話を聞いてみるとなかなか景気よくやっていて、今度事業を拡大すると言う。それについて少し資金を援助して欲しいとのことだが、親類のことではあるし、それに相当な利益もあげそうだし、とのことで話に乗ってしまう。ところが、その後何の音沙汰も無いので連絡してみると、相手は詐欺の常習犯だったなどということもある。誰でもある程度の地位や財産ができると、人を援助したくなったり、財産を一挙に増やしたいような心境になるものである。「あなたは親類の中の出世頭である」とか、「他人のためにつくす親切な気持を小さいときからお持ちだった」とか言われ、しかも、他人の援助をすることによって大きい利益を得るとなったら、つい金も出したくなるものである。ともかく、出来過ぎている話は警戒しなくてはならない、ということは後で気づくことであり、それにしても授業料にしては高くつきすぎた、ということになるが、こんなのはまだいい方かも知れない。話が一度だけで終わるからである。もっとも、その被害が大きいときは、一度だけとも言っておられないが。

厄介者の親戚によって泣かされ続け、ということもある。何のかのと言って泣きついてきては金を借りてゆく。もうこれが終わりであるとか、これからは心を入れ替えて頑張りますとか言うときは、こちらも信じたくなるほどの殊勝さを感じさせるが、結局は元の木阿弥となってしまう。今度は構わないでおこうと決心していると、死ぬと言ったり、警察から呼び出されるような事件を起こしたりする。いやいやながらも、かかわりを持たざるを得ないのである。

外からの問題提起

嫌な縁者につきまとわれる不愉快さを、夏目漱石は『道草』の中に描き出している。そのやり切れなさは、何かがぬめぬめとつきまとってくるような体感として感じられるほどのものである。そのような厄介な縁者という存在を通じて、人間が生きることに内在する、何とも言えぬやり切れなさを、的確に描き切っているところに『道草』の名作たる所以が存在していると思われる。つきまとってくる縁者との関係が、仲介者を通して、まとまった金を払うことにより、一応片づいたと思われたとき、『道草』の主人公健三の妻は喜ぶが、彼はまだまだ片づいていないと言う。妻は不審顔でどうすれば本当に片づくのかと問うと、彼は「世の中に片付くなんてものは殆どありやしない。一遍起つた事は何時迄《いつまで》も続くのさ。たゞ色々な形に変るから他《ひと》にも自分にも解らなくなる丈《だけ》の事さ」と答える。これはなかなか意味の深い言葉である。

人間の一生を自己実現の過程としてみるとき、それは生きているかぎり——ひょっとして死後でさえ——終わることなく続くものであり、そこには真の意味で「片づく」ことなどあり得ない。われわれが何か片づいたと思っているとき、それは実のところ次の一連の事象のはじまりであることもある。生きることに伴う、このようなやり切れなさ、あるいは緊張感を、われわれはともすると忘れて安逸な生活に流されそうになる。そんなときに、「うるさい縁者」が出現して、人生における連続性の存在を想起させてくれるようになっているらしい。なんとも世の中はうまくできている。

夫婦関係が夫の親類、妻の親類の存在によってゆさぶられることは多い。第四章「夫婦の絆」のところで既に述べたことであるが、夫婦はそれぞれ別の歴史を背負っているものである。夫婦の間に存在する微妙なずれが、親類の行動によって急激に拡大され、癒し難い亀裂にまでなってしまうこともある。たとえば夫の弟が酒癖が悪くて、失敗して泣きついてくる。毎度のことに腹が立ってしまって、妻は夫に対して、「大体、あなたの兄弟は意志が弱いから駄目よ」と言ってしまう。このような不平の中には、彼女が常々何となく感じていた夫に対する不平も共にこめられているし、それを感じとった夫は「あなたの兄弟」という言い方に、何か妻が夫をも含めてそれを全体として他人と見なしているように感じて不愉快になる。ここで夫の方も負けずに、「何を言っているか、お前の方の家族こそ……」などというと、平素はあまり意識されていないが、夫婦といっても他人に過ぎないことが急に意識され、思いがけない亀裂が生じることになる。

夫婦であれ、親子であれ、「言ってはならない真実」というものは存在する。このようなときに逆上して、夫婦のどちらかがそれを口にするとき、両者の間の亀裂は癒し難いものとなる。

家族の外から、親類の問題として衝撃が加えられ、家族の関係がそれによってゆるがされるときでも、よくよく考えてみると、それは家族内に潜在している断層を露にするためのものであると受けとめられることが多い。親類の存在を嘆いたり、親類の存在を借りて互いに悪口を投げあったりするよりも、家族関係をより緊密にするための機会を与えられた、と考える方が得策のようである。

自立と孤立

親類のつき合いも難しいが、隣近所、職場でのつき合いも難しい。これらの人間関係は家族の人間関係に大きい影響を及ぼしてくる。

現在の日本において、他人とのつき合いが難しく感じられるのは、その基礎となる倫理観に混乱があるためであると思われる。既に第二章「個人・家・社会」に論じたように、日本人の人間関係は母性原理優位型である。このため、他人との関係においても、家族モデルが心に描かれ、母親のもとに一体となっている関係が理想とされてきた。これに対して、西洋文化との接触によって、日本人が少しずつ、個の確立――父性原理に基づく生き方――に価値をおこうとすると、日本的人間関係は非常にうとましいものと感じられる。そうなると、人々はむしろ、できるだけ他人と関係をもちたくないと考える。現在の日本の都会では、隣近所のつき合いは極めて稀薄になっている。

しかし、本当のところわれわれが個の確立を願うなら、それぞれに個として確立した人がどのようにつき合うか、という課題に取り組まなければならない。ところが、それまでには至らないので、極端に自己中心的で孤立した生き方をすることになる。

自立と孤立は異なるものである。自立した人は他人との交際によって個としての存在をおびやかされないので、交際を拒否することはないであろう。自立があやふやな段階では、他人との交際が難しいので孤立してしまうことになる。青年期のはじまりなどに、子どもが家族から孤立したがるのは、このような心性のためであり、これは自立へのステップとして了解できることである。問題は大人になっても孤立を続ける人である。

しかし、日本の現状ではまだまだ母性原理が強いので、交際はどうしても母性的人間関係となり、個に対する圧力が強くなってくる。ここに、現在の日本人の人間関係の難しさが存在している。われわれ日本人は、物ごとを批判的に考えているときは、相当に父性原理に従って考えている。しかし、いざ行動するとなると、しらずしらずのうちに母性原理がはたらいてくるのである。家族や親類の人間関係によって、自分の個性がつぶされるように感じて、そこを飛び出していった人が新しい人間関係や集団をつくっても、その集団は結局母性集団であり、偽の家族となっていることが極めて多い。もっとも、当人はそれを自覚していないようであるが。

以上のような次第なので、現在の日本においては、ある個人の人間関係のもち方はなかなか複雑で困難なことになってくる。結局のところは、いろいろな対人関係の質をよく自覚し、父性と母性の両原理のバランスを自分がどのように保ってゆくかを見出してゆくより仕方がない。さもなければ、ひとつの人間関係にコミットしてゆくことによって、他の関係を破壊してしまうようなことになるからである。家族外の集団との関係が深くなることによって、家族内の和を破壊することも、よく生じることである。

ある男性は高校、大学とスポーツを熱心にやり抜き、クラブの主将を務めたりした。そのような点が買われ一流企業に就職することができ、将来が期待されていた。しかし、そのうちに彼は元気がなくなってゆき自殺を企図した。幸いにも助けられた後で彼の悩みを聞くと、会社における対人関係が原因であった。彼はスポーツクラブの主将をしていたときの経験を生かして、高校卒の若い部下たちを動かそうとしたが、全然それが通用しなかったからである。彼の所属していたクラブが昔風のものだったので、クラブ全体が一種の家族集団のようなものであり、その他の人間関係を犠牲にして成立する凝集性をもっていた。自らそれを求めてクラブに入部するものに対しては、そのような方法も通用するが、現代の大企業に勤める若者たちにそれがそのまま通用するわけはない。クラブで鍛えられているから、いろいろな点でうまくゆくだろうという会社側の単純な期待も、このために裏切られたのである。

他人の飯

自分の家、家族の在り方をよく知るためには、家の外からそれを眺めてみることが必要である。これは外国に行ってみてはじめて、日本のことがよく解るようなものである。誰しも幼い頃に親類に遊びにゆき、そこでの体験によって、自分の家では当然と思われていることが、実は他の家ではそうではないことを知って驚いた思い出をもっていることであろう。父親というものは毎晩お酒を飲むものだと思っていたのに、お酒を飲まぬ父親が居ることを知って驚いたり、母親は皆と一緒に食事をせずに、後で一人で食べるものだと思いこんでいたら、家族と一緒に楽しみながら食事をする母親がいることを知って驚いたりする。そして、自分の家より親類の家の方が何かにつけていいなと感じたりしているうちに、夜になってあたりが暗くなると急に家が恋しくなり、涙を流したりしてしまう。やっぱり自分の家、自分の母のいるところがいいことを感じながら、喜び勇んで家に帰る。このような経験をほとんどの人がもっているであろう。

昔から、人間が成長して大人になるためには、「他人の飯を食べる」経験が必要であると考えられていたのは、家族の保護から離れた生き方を味わうことの意味が認められていたからであろう。これは多くの場合、「奉公に出る」形をとるものであったが、他人の飯を食べ、他人の厳しいしつけに耐えてこそ一人前になれるという発想である。現在でも、大学に入学して下宿生活をして帰省してくる息子や娘に接して、急に大人になったような感じをもつ親もあることであろう。やはり、家庭の外に出てみることは、今でも意味をもっているようである。

ところが、せっかく家を出る経験をしても、むしろ逆効果のようなことが、この頃では増えてきている。それは経済的に豊かになったのと、子どもに物質的苦労をさせぬことが、子どもを幸福にすることだと錯覚している親のために、子どもは家の外に出て「奉公」の苦しみを体験するどころか、親の監視のゆきとどかぬことをよいことにして、安逸な生活をおくることになってしまうからである。現在の親は子どもに何かをしてやるよりも、できることでも敢えてしない愛情をもつことが必要なように思われる。

子どもに「他人の飯」を食べさせるとよいのではないか、と主張する親の中には、もう少し考え直して欲しいと思わされることもある。よくあるのは、登校拒否の子どもをもった親が、この子は甘えているのだから、もう少し厳しくするために他の家にあずけたり、施設にあずけたりしてはどうだろうかと提案される場合である。こんなときにその提案に乗って、子どもをどこかにあずけるとすぐに登校し始めることがある。親も喜んで暫く様子を見た上で――あるいは一年位たって進級してから――家に引き取ると、再び不登校が始まってどうにもならないときがある。これは、子どもの方は家から離れることによって多少の進歩が期待できるにしろ、親の方に全然変化が生じていないので、元の木阿弥になってしまうのである。

一般に子どもを他にあずけようと言い出す親は、子どもだけでなく親も変わらないと問題が解決しないということに、気づいていない人——というよりも、気づきたくない人——なので、これはなかなか簡単にことが運ばないのである。このようなときは、われわれは親の希望に反対して、子どもを他にあずけたりせず、親子ともどもに苦しみ、ともに変化してゆくことによって解決してゆくように努めるのである。子どもが「他人の飯」を食べるにしても、それはある程度の親子の絆の存在を前提とするときにのみ、良い効果を発揮するのである。

死を通しての再生

子どもが大人になるということは大変なことである。既に述べてきたように、子どもは真の大人になるためには、内面的な母親殺しや父親殺しをやり遂げねばならない。このようなことをいかに内的に遂行するにしろ、それは外的現実としての母親、父親とのかかわりにおいても何らかの苦闘を必要とするものである。個々の人間が両親とのかかわりで、そのようなことを経験することなく大人になれるように、昔の人々はいろいろな工夫をこらしてきたが、そのひとつに若衆宿というものがあると考えられる。

青年がある年齢に達して若衆宿にはいることは、取りもなおさず母親からの分離を意味している。そして、若者だけの生活をしつつ、時に社会の規範を破るような行為——といっても許容範囲内のものであるが——を集団でやってみる。そこで指導者に叱られたり、反抗してみたり、そのような繰り返しの中で、青年たちは集団で、うまく母親殺しや父親殺しに相当する行為を、それらのことをよくこころえた指導者や長老たちを相手に行うことになる。その中には、母親殺しや父親殺し、あるいは、子どもが死んで大人として再生することの象徴的な表現が儀礼としても、うまく取りこまれているのである。

近代になって、われわれはこのような儀礼や風俗を排し、各家庭内で両親が自分の子どもを育てるようになった。つまり、個人主義の考えが強くなるにつれて、個人が個人の責任において生きてゆくことを良しとするようになったわけだが、それはまた大変に難しいことであるという自覚も必要である。家族のそとの力を借りず、家族のうちだけで、子どもの成長を考えることは、個性的で面白く、やり甲斐のあるものだが、失敗すると、儀式として行うべきはずの父親殺しや母親殺しを、あるいは、子殺しを——再生への可能性を閉ざしたまま——家庭でやってしまうような悲劇も生じてくるのである。

妹の力

現在の日本の家庭に生じる悲劇を見ると、柳田國男の有名な論文「妹《いも》の力」のことが念頭に浮かんでくる。柳田は、家族の中に起こる不安や、未来への疑惑などに対して、家庭内の婦女が、それに対する救いをもたらす神との媒介者として務めを果たすことが、わが国の固有信仰として存在したという。ただ、そのような神への媒介者としての女性が、彼の表現によれば「専業化」して、家庭と切り離され巫女というような職業ができてきた。このため家庭内の婦女はそのような役割を遂行することがなくなったと嘆いている。

このような考え方をすると、現在の日本の社会で「妹の力」をもつものは居るのだろうか。世の中が近代化され合理化されたので、そのような怪しげな存在をわれわれは必要としないのだと言えるだろうか。家庭内で暴力をふるう高校生などに会ってみて、われわれが感じるのは、彼らの内面に吹き荒れている非合理の嵐の凄まじさである。自分は何故生まれてきたのか、何故このときこの場所に存在するのか、死んでからどこへ行くのか、これらの根源的な問いが彼らの内面に生じ、答を求めて荒れ狂うのである。彼らはそれを明確に認知し言語化することはできない。そこで親に対して、「お前らは本当の親ではない」とか「自分たちの楽しみから、勝手に俺を生みやがって」とかの暴言を吐いて親を苦しめる。この時、すべての親は答をもたず、子どもの荒れるままに従うより仕方がないのである。近代の合理主義は救いにはならない。このようなとき、若者の内面の嵐に対する緩衝剤として「妹の力」が作用するとき、それは極めて大きい効果を発揮するものである。

柳田國男が「妹の力」の喪失を嘆いている頃でも、今から思えば日本の家庭にはまだまだそれが温存されていた、と言えるだろう。お婆さんは孫たちに地獄・極楽の話を聞かせたり、われわれの魂を遠い過去へと結びつけ、存在の確かめを可能とする昔話を語ってくれたであろう。同居している母親の妹は、子どもにとって、母親と恋人との中間に属する存在として心をなごませ、未来への夢をはぐくんでくれたであろう。これらすべてのものが、一人の子どもが大人になってゆくために必要なものとして役立ってくれていたのである。

あるいは、「妹の力」だけでなく、伯父、叔父の存在も意味をもっていた。昔はきょうだいが多かったので、父親の弟妹たちがよく同居していたものである。第三章「親子であること」に、「二人の母・二人の父」ということを述べた。子どもにとっての父親(母親)像は時に分裂して、善い父、悪い父、となったり、天の父、土の父、となったりする。このようなとき、もう一人の父としての叔父が存在することによって、分裂した父親像を外的にも体験しながら、それを統合することが容易になるのである。あるいは、既に述べた「父親殺し」ということも、実の父に向かって戦いをいどむことが難しいとき、叔父と口論することによって、ある程度その代理としたり、「練習」を積んだりすることもできる。あるいは、父との対決の場においては、叔父はむしろ子どもの理解者として援助してくれるかも知れない。父—息子という直結した関係があまりにも凄まじいものとなりがちなとき、伯父・叔父という斜めの関係が緩衝剤として役立ってくれるのである。

何のかのと言っても同居人がいることはうるさいことが多い。核家族は気楽であるし、合理的である。しかしながら、今まで述べてきたことによって明らかなように、核家族化によって失ったものも大きく、その害は最近とみに顕在化されつつある。われわれとしては、核家族化をすすめつつも、それによって失ったものを回復することを常に考えねばならない。つまり、一見うるさく見える親類とのつき合いの中に、それを見出してゆくことも大切であろうし、核家族の成員の内面の中に「妹の力」を見出してゆくことも必要であろう。そのような努力の裏打ちによってこそ、核家族の幸福が得られるのである。

第十二章　これからの家族

一家団欒の虚像

家族について、いろいろな面からの考察を書き続けてきたが、「これからの家族」について述べることによって終わりとしたい。もっとも「これからの家族」について述べることが、どれほど難しいかを自覚しているだけに筆の勢いもにぶりがちであるが。

現在の日本人にとって、「一家団欒」というイメージは極めて大切なものとなっている。

たとえば、一九七九年の総理府による「国民生活に関する世論調査」を見ても、「充実感を感じる時」として、第一位にあるのは「家族団欒の時」である。これに「仕事にうちこんでいる時」、「友人や知人と会合・雑談している時」が続くのだが、「社会奉仕や社会活動をしている時」、「勉強や教養に身を入れている時」などはこれらよりずっと下になるのである。もっとも、三十—五十歳の男性では、「仕事にうちこんでいる時」が一位になるが、それに続いて「家族団欒の時」になっている。このような結果から見ても、家族がそろって楽しい時をすごすことが、日本人にとってどれほど大切であるかが感じとられるのである。しかしながら、現在の日本の家庭において、そのような団欒の時が、どれほどもたれているだろうか、それは果たしてそれほどの価値をもつものだろうか、ということになると、疑問を感じざるを得ないのである。

ある女子中学生がスーパーマーケットでの窃盗が見つかって補導された。中学校のカウンセラーの教師は、この少女と話し合ってみて次のようなことが解った。この中学生の父親は一家の団欒ということを非常に大切にし、日曜日には、家族そろって父親の運転するマイカーで遠出をするのを楽しみにしていた。確かに、それも彼女が小学生のときは楽しかった。特に、マイカーが欲しいとかねがね思っていた父親が――それは家族一同の願いでもあったのだが――それを手に入れた頃は、日曜日が待ちどおしいほどであった。弟は喜んではしゃぎまわる。それを口ではたしなめながらも、両親は結構楽しそうである。自分も自動車の中から外の景色の移り変るのを見ているだけで楽しかった。そして、夕食のためにレストランで食べる食事も楽しみであった。家庭で食べる食事とは少しちがって、気がきいていて、華やかな雰囲気がある。しかし、このようなことが繰り返されているうちに、彼女は日曜日のドライブがだんだんとうとましくなってきた。それは端的に言ってしまえば、父親の楽しみを家族一同に押しつけてくるように感じられはじめたのである。ドライブも結局は行くところが限られてくる。それに彼女にとって何より面白くないことは、両親とも弟とも「話が合わなくなった」という点である。弟は彼女にとって、あまりにも「子どもっぽい」感じがする。両親は別に何を話すというわけでもない、ありきたりの会話を時にかわすだけである。

こうなってくると、レストランの食事も変りばえがしなくて魅力が感じられない。彼女は日曜日には友人たちと一緒に時をすごしたいと思う。こんなわけで、彼女は父親の好きな「一家団欒」のために、自分の楽しみを犠牲にしているとさえ感じているのに、父親はそんなことに全く気づかず、娘も喜び楽しんでいるものときめてかかっている。日曜日のドライブは、ひとつの象徴的な事柄で、彼女にとっては父親の考える一家団欒のイメージが彼女自身の大切な世界を常に押しつぶそうとしているように感じられた。こんなことを誰にも言えずうつうつとしているうちに、ある日、自分でも思いもよらないような盗みをしてつかまってしまったのである。

この場合は、娘の窃盗事件という思いがけぬ現象が生じたのであるが、このような家庭で中学生の娘が自分のうつうつとした気持をうまく表現できないままに、たとえば、レストランにはいったとき、こんなまずいものは食べられないとか、いつもきまりきったもので駄目だとか、言うときがある。すると、親は娘の本当に表現したい心の内部が解らないまま、「何と勝手なことを言う」とか、「ぜいたくを言ってはいけない」とか怒ってしまう。このためにせっかくの「一家団欒」も、たちまちに崩壊してしまうことがある。こんなときに両親は、一家の団欒というものが質的に変化しなくてはならぬ時がきていることを気づかねばならない。娘は本当は食事に対して不満を言っているのではない。両親の描いている一家団欒の姿が、虚像にすぎないことを何とかして伝えたいとあがいているのである。

カーは二台、子どもなし

家族がそろって楽しい生活をおくる。このことを単純に、表層的におしすすめてゆこうとすると、家族内の成員の誰かの個性を壊してしまうことが多い。いつも楽しくしていなくてはならないので、家庭内でもヨソユキの顔を強いられることになってしまう。このような反省に立って厳しく考えると、人間は真に自分の個性を生かそうとするかぎり、家族を持たない方がよい、ということになってくる。実際、欧米の現代人のなかには、家族あるいは家庭ということについて、否定的な判断をもっている人が多く存在している。あるいは、たとい結婚するにしても、お互いの自由をできるかぎり尊重し合い、子どもはつくらないと考えている人もある。日本でカーツキ・イエツキ……というような表現がはやっていた頃、あちらで「カーは二台、子どもなし」という表現を聞いたことがある。つまり、夫婦がそれぞれ自分の車をもち、子どもをつくらないのが、新しい夫婦の生き方である、ということを示している言葉である。

家族のしがらみによって個性を殺される危険を痛切に感じるのは、男性よりも女性に多いと思われる。ある女性は高校卒業以来、親に頼らずに生き抜いてきた。大学の学資は家庭教師のアルバイトによって得た。大学時代は成績は優秀で、男性たちの人気も高かった。日本の会社では能力が生かせないと思ったので外資系の会社に就職した。そこで能力を認められ、アメリカの本社勤務になった。その間にボーイフレンドが次々と出来て、同棲したりすることもあったが、どうしても結婚する気がしなかった。家庭に縛られることによって、自分の能力が発揮できなくなるのに耐えられないと感じたからである。

彼女の生活はまったく楽しいものであった。仕事は思う存分できるし、適当に生活を楽しむボーイフレンドには事欠かない。収入が多いので旅行などもよく出来る。ところが四十歳近くなって、日本の支社に帰ってきた頃からひどい抑うつ症になってきた。会社の仕事が全然面白くないのである。はじめのうちは、自分はやはりアメリカ向きで、日本の文化に合わないためかと思ったりしていたが、そのうち、自分では否定したいと思っていた原因をどうしても肯定しなくてはならなくなった。彼女は結婚して子どもが欲しいと思いはじめていたのである。自分の心に潜在する欲求に気づくと、彼女は電車に乗っても、子ども連れの女性をみると、たまらない気持におそわれるようになった。そんな女性を押し倒して、子どもを奪ってゆきたいという衝動をおさえ難いと感じるほどになった。彼女は衝動の暴発をおそれて外出ができなくなり、職場を放棄しなくてはならぬほどになった。

このような例に接すると、家族の意義をもう一度考え直すべきではないかと思われる。

家族のパラドックス

昭和五十五年一月三十一日の朝日新聞に、米国のウイメンズ・リブの方向転換を示す興味深い記事が掲載されていた。それによるとリブの有名な指導者ベティ・フリーダンは最近の論文の冒頭に、ある中年の女性マネージャーの次のような言葉を引用しているという。「生活のすべてを、男性分野への進出に打ち込んできた私は、毎夜一人っきりのアパートに戻る。その心をすさませる孤独には、もう耐えがたい。家族が欲しい。たとえ父親なしでも子どもを持てば、もう少しましな暮し方ができましょうに……。」

この言葉は先にあげた例のように、中年になるまでは独身生活の良さを謳歌しながら、急に家族や子どもが欲しいと嘆く人たちのことを思い起こさせる。なかには、その他のことでは極めて冷静な判断力を有していながら、結婚したい気持が強すぎたのか、みすみす結婚詐欺の手口にひっかかってしまった人たちもある。このような女性たちに、家族がどんなうとましいものであるか、たとえ子どもがあっても、気苦労なばかりであって、結局は親のことなどかえりみず、自分勝手なことをするものだ、と説明したとしても、それは全く無駄なことである。彼女たちは、そんなのは持てるものの悩みであって、自分たちの孤独の苦しみはそれと比較にならぬものだと主張するであろう。

リブの指導者が家族を見直そうというところは興味深いが、もちろん、これによって彼女は「女性よ家庭に帰れ」などと主張しているのではない。人間の幸福の基盤としての家族の価値を確認し、男性も女性も平等に力を合わせてゆこうということになるらしい。筆者としては、既に述べたように、個性を確立するために、家族を一方的に邪魔者と考えるのには反対だが、さりとて、今度は急に反転して、家族こそ大切であるとか、幸福の基盤であるとかを一面的に主張するのも、どうかと思っている。ただ「家族が欲しい、子どもが欲しい」と言っても、どうにもならない。うっかり家族や子どもを持ったために不幸が倍加されることがあることも、われわれは知っておかねばならない。家族というものが、われわれに感じさせるパラドックスを、もっとはっきりと認識することが必要であると思われる。

「父親の気持がわからないのか」

Ａさんは中学校の教師である。熱心で立派な先生と評判が高い人であったが、実のところ、自分自身の子どものことには困り果てていた。中学生の息子の成績がよくないのである。それも原因ははっきりしていて、息子は中学入学以来ぶらぶらとして勉強しないのである。「教育者のくせに自分の子を教育できないのですか」と奥さんに責められて、Ａさんは息子の「家庭教師」になった。Ａさんにとってこれは随分と苦しいことであった。学校でも仕事、家でも仕事。どうしてもどちらか一方を怠けたくなってくる。それでも「教育者」であるという自覚によって、どちらもやり抜こうとした。ところが、息子の成績は一向によくならない。家で教えてみると解りがいいのだが、試験になると馬鹿なミスをする。Ａさんはたまりかねて答案を検討するのだが、そのうち、中学校の試験問題それ自身も随分と馬鹿げていると感じることもあった。Ａさんの息子の学校はいわゆる受験校なので生徒がよく勉強するためか、実に瑣末な知識を要求したり、妙に生徒のミスを誘うような問題が多い。今まで問題を作り採点する側として見ていた試験を、受ける側からの目で見直すことによって、Aさんはいろいろ反省させられるところがあった。しかし、それはそれとして息子の成績の悪いのは腹が立つ。たまりかねて、息子に説教してしまった。自分は校務に疲れているのに、お前のことを思って教えてやっているのが解らないのか……。

息子はこれに対して、お父さんは勉強が大事とばかり言うが、「自分自身は何も勉強していないじゃないか」と言った。これは父親にとって腹にこたえる一言であった。Aさんは息子を教え、その試験問題などを見て疑問に感じていたことを解決するために、自分の教えている教科の教育研究をする研究会にはいり「勉強」することにした。「お父さんが勉強するなら、僕も自分でやるよ」といったとおり、息子も自分で勉強しはじめた。不思議なことに息子は以前のような馬鹿なミスをしなくなり、能力相応の成績をとるようになった。

この話を聞いて、自分は自分の研究に専念しているから、息子の教育は大丈夫と思う人があれば単純にすぎる。研究ばかりしている父親に対しては、息子は人間として接することを求めたり、「教育者」としての在り方を正面から問いかけてくるだろう。実際、そのような例も筆者は数多く知っている。要するに、父親が高所から安易に接してくるのを息子は拒否したいのである。Aさんの最初の努力が示しているように、いくら頑張っても、それが「息子のために……してやる」という態度であるかぎり効力をもたない。Aさんが自ら研究会にはいって頑張ろうと決意するとき、今までとはまったく違った地平が開けている。

ここで特に強調したいことは、このような次元の異なる世界が開けたとき、人間は今までとは異なるエネルギー量を自分のものとして使用できるという事実である。校務にプラスして研究会活動、それに息子の勉強もちょいちょいと見てやる。それでも以前のように疲れないのである。家族、職場、社会、それらの絆のどれかを弱めることによって、エネルギーの節約をはかるのは安易な考えである。Aさんがしたように、最初は見当違いにしろ、学校とも息子ともつながってゆこうとして絆を切らずに努力していると、地平が開け、新しいエネルギーの鉱脈を発見することになるのだ。

自分のなかの潜在力

物質文明の発達と共に、人間は自分自身を何かに使われている機械のイメージにあてはめるようになったのではなかろうか。それをなるべく長持ちさせるためには、なるべく使用しないほうがいいと思っているようである。あるいは、職場でエネルギーを消費したので家庭でそれを節約する。あるいは、その逆を考える。

しかし、先の例に示したように、われわれは機械ではなく、新しい鉱脈を発見したときは、以前と異なるエネルギーを出すことができる。例によって明らかと思うが、これは無茶苦茶に頑張ることのみを善しと主張しているのではない。子どもに長時間勉強を教える努力と、子どもの「お父さん自身は勉強していない」という提言を正面から受けて立つ努力とは質が異なる。われわれは実のところ、後者の苦しさを逃れるために、前者の努力を重ねていることが多いのではなかろうか。

第一章「いま家族とは何か」に述べたように、家族はわれわれに実存的対決の場を用意するのである。個性を生かすには家族が邪魔のように思われるし、家族なしの孤独は、また個性を破壊する作用をもつ。どちらか一方に偏ることなく、その他多くの生きることに伴うパラドックスを避けずに努力を重ねていると、われわれは自分自身の中に思いがけない潜在力のあったことに気づかされる。そして、そのためになすべきことが増えても疲れないどころか、以前より元気にさえなるのである。

現代では多くの人々は、単純な機械モデルに縛られて、自分のエネルギーを節約しようとし、かえって節約疲れになっているようにも思われる。

存在の確かめ

一家の団欒が虚像であることを最初に例示したが、それは父親が自分の勝手なイメージに他の家族をあてはめようとしたために虚像となったのである。後に示したAさんの家では、一家の団欒が実像として生じてくる。つまり、Aさんは研究会で習ってきた新しい教授法を息子に示して、その意見を聞くこともあるだろう。家族の一人一人が誰かのための道具としてではなく、全人的に接するとき、一家の団欒は復活する。子どもを一個の人格として取り扱ってこそ真の団欒がある。しかし、「全人的」であることは端的に言うならば、各人の悪をも含むものである。時にはそこに衝突や争いも生じるであろう。しかし、それを通じてこそお互いに愛し合うことができるのである。

「全人的」ということが、人間の存在のあらゆることを含むという点から考え、それに現在のわが国の情勢から考えてみると、日本の家庭内に今までよりも父性原理を生かすことが、これからの家族の課題となるであろう。しかしながら、父性原理を中心とせよと言うつもりはない。父性と母性のバランスこそが大切なのである。しかも、全人的であることは、理想的には、家族の成員のおのおのが、父親、母親、子どもたちのそれぞれが、このバランスの体現者として成長してゆかねばならぬことを意味している。家族との実存的な対決を背景に養われた父性原理をもった個人が増加することは、日本の社会を改革してゆくために絶対に必要なことであろう。さもなければ、例としてあげたウイメンズ・リブの女性のように、父性原理と母性原理の間で安易なシーソーゲームを繰り返すだけの「改革」に終始しなくてはならないだろう。日本に男性原理をもたらそうとする真の改革者たちは、家庭内の問題児としてまずその姿を顕現することが多いことは、今までに何度も例をあげてきたとおりである。

ひと頃盛んとなったマイホーム主義は、日本の男性が職場の母性集団に組みこまれるよりは、自分の生活を考えようとしたと見るならば、それも一種の男性原理の導入として評価されるべきであろう。しかし、そのマイホームがべたべたの母性原理によって運営されると、今度は家庭が個性を破壊する場となってくる。一家団欒の象徴として家、マイカー、あるいは新式の台所セットなどが、手のとどかぬものとしてあるうちは、むしろまだよかったのである。経済の高度成長によって、それらが手にはいった途端に、マイホームの虚像が消えはじめたのである。いったい、家族は何を目標とし、何を中心として存在してゆくのかが解らなくなってきた。おそらく、われわれは何かの物を外に求めてゆくのみではなく、自分の内にも目標を見出さねばならなくなってきたのであろう。この世に自分が存在していることを、家族とのかかわりのなかで確かめる、いま流行の言葉を用いるなら、アイデンティティの確立ということが、家族との関係のなかで問われているし、それをどの程度までやり抜いてゆくかが、これからの家族の課題ということになろう。

永遠の同伴者

アイデンティティと言えば、われわれ日本人は「イエ」の永続性の中にそれを見出そうとしてきた、ということができる。人間がこの世に生まれ、死んでゆくということには、どう考えてみても解らない非合理性が内在されている。宇宙全体のはたらきのなかで、ほんの束の間の存在として生まれてきたわれわれは、自分自身を何とか「永遠の相」の中に定位したいと願うものである。われわれ日本人はそれを「イエ」の中に求め、永遠の同伴者としての祖霊を大切にしてきたのである。

　現代人としての日本人は、古くからあるイエや祖霊を否定しようとした。それでは、われわれは何をその代りに持っているのだろうか。これに答えられぬ不安に気づきはじめた人々は、否定した古いものにもう一度頼ろうとする。そのことは家族にまつわる通過儀礼、誕生、結婚、葬式などが、最近極めて立派に行われるようになったことにも反映されている。しかし、実際は物質的な豊かさに比例して、そこには精神の貧困が感じられ、増大された不安は人々をますます物の世界に駆りたててゆくようにも思われる。

　これからの家族は、その成員のおのおのにふさわしい永遠の同伴者を見出すことに、互いの協調と、時には争いをも辞さない家族となるべきだろう。これからの家族は、わが国においては父性原理をもっと取り入れる必要があると述べたが、これは既に明らかにしたように、父親が一番大切であると言っているのではない。父性と母性のバランスという点から言えば、家族の中心となるのは、父親でも母親でもないし、子どもでもない。それでは、中心に存在するものは何か。

　中心に存在するものは、永遠の同伴者である。家族の成員は個性的に生きるために、他の成員によって自由を束縛されることを好まない。しかし、中心を欠いた自由は崩壊につながってゆく。そこで、これからの家族はこのような不可思議な中心をいかに見出してゆくかという大変な課題と取り組んでゆかねばならないのである。このような考えの解りにくい人は、家族はそのときに応じて、父親なり母親なり子どもなりを中心として生きてゆく、つまり家族のなかに、永遠の同伴者の顕現を感じとってゆく、と考えていいかも知れない。つまり中心となる人は固定しないのである。それはあくまで仮の中心であり、本当の中心は背後に存在している。

このことは、もちろん、家族を持たないことによってこそ永遠の同伴者を得る人があることも、考慮にいれて述べている。家族の有無よりも、永遠の同伴者の方がはるかに大切である。最後に、この同伴者はわれわれに、思いがけないいけにえを強いるものであり、そのいけにえを受容する態度も必要であることを、再度つけ加えておきたい。

II

大人になることのむずかしさ

第一章　青年期のつまずき

子どもが大人になるということは、現代社会においては、なかなか大変なことである。そして、その大変な中間期間として、青年期というものが存在している。ある高校生は、自分の両親は自分に何かをやらせたいときは（たとえば、親の仕事の助けなど）、「お前はもう子どもではないのだから」というくせに、自分に何かをやらせたくないときは（単車に乗ることなど）、「お前はまだ大人ではないのだから」という、まったく勝手なものだ、と憤慨していたが、これは青年としてはもっともな気持であろう。しかし、また大人の方からいえば、もう高校生なんだから、もうちょっとしっかりしてくれなくては、という気持がはたらくときと、そんなに偉そうなこといって、まだ子どものくせに大丈夫かな、と思わされるときと、両方あることも事実である。そのような難しい時期にある青年に、大人はどのように対するといいのだろうか。

本書は親・教師、などの大人を対象としているものである。したがって、問題をかかえたり、つまずいたりしている青年に、大人がどのようにかかわってゆくか、ということが課題となっている。しかし、本書では、大人がどうすればよいか、という視点よりは、青年たちはいかに苦悩しているか、という視点にたって書きすすんでゆきたいと思っている。後者に対する深い理解がなくては、前者に対する答が出て来ないからである。したがって、本書は大人が青年をどう「取り扱うか」について述べるハウ・ツーの書物ではない。現代のわが国の青年の直面している問題を、共に考えてゆこうとするものである。そのような姿勢をとるとき、われわれは自分が完成した「大人」として、未熟な青年をどう取り扱うかなどということではなく、「大人とは何か」「自分はいったい大人なのか」などという問題が自分自身につきつけられていることを感じとるであろう。そのような問題意識をもって、「大人になること」について共に考えてゆこうというのが本書の狙いである。

筆者は心理療法家として、多くの「つまずき」を体験した青年や、それをとりまく大人の人にお会いしてきた。本書では話を解りやすくするため具体例もあげることがあるが、職業上の守秘義務のため、ある程度の変更がほどこしてあることを、はじめにお断りしておきたい。なお、青年期の課題について述べるので、一応、高校生から大学生くらいの青年を対象として考えてゆくつもりである。大学生はもう大人だという考えもあるが、後にも述べるように、現在は大人になることもなかなか大変であり、大学生を青年として考えても、あまり無理はないであろう。

青年期には誰しもいろいろな「つまずき」をする。「つまずき」をしないものは青年ではない、といってもいいかも知れない。そのような「つまずき」をどのように考えればいいのか、具体例によって述べることにする。

1　家出する高校生

「家出は非行のはじまり」などという言葉がある。確かに非行を犯す少年たちの転落のはじめが家出である、という事実は多い。少年たちは別に犯罪を犯す意志などなく、ともかく「家出」をするのだが、その結果として悪に染まってしまうことが多いのである。したがって、われわれ大人は子どもが家出をしないように、それを防止するように努力しなくてはならない、ということになるが、事実はそれほど単純なことではない。次に実際の例に即しながら、家出の問題を考えてみよう。

模範生の家出

ある時、緊急に相談したいことがあるからということで、中年の御夫婦が訪ねて来られた。御夫婦とも初対面のときから、好感のもてる人で、社会的な地位も十分にあることが察せられた。ところで、その相談というのは、高校生の一人息子が突然に家出してしまったというのである。これは両親にとってまったく予期しないことだったので、相当なショックであることが感じとられた。

その話を要約すると、次のようなことであった。この両親は「自分でいうのも変だけれど、教育熱心で理解のある親」として近所でも、学校でも評判だった。それでPTAの役員などには常になってきたといえるほどである。息子も小さいときから模範生で、勉強はできるし、品行はよいし、誰に対しても素直であって、親にとって自慢の子であった。それが突然に家出してしまったのだから、ショックでものがいえないほどだったし、今でも本当に家出をしたのか半信半疑なくらいであるという。親として反省すべき点は、よく勉強ができる子だったが、中学二年生くらいから少し成績が悪くなってきて、しかもそのときに空手部にはいりたいといいだしたので、成績がよくなったらはいってもいいということで断念させたことである。それ以後、成績はもとにもどらなかったが、自分たちは別に学校の成績がそれほど大切であるとは思わないので、勉強の無理強いをせず、自分の力相応の大学に行き、家業を継いでくれるとよいと思っている。自分たちは学校の成績よりも人間性の方が大事だと思っているので、息子が成績の上では大したことなくても、品行の上で模範生であることで、満足していた。こんなわけだから、いわゆる教育ママ的に、勉強を強制したことはない、と強調されるが、私も話をお聞きしていて、それは本当にそのとおりであろうと感じられた。

このように聞いていると、この両親はまったく「よい」両親であり、子どもも「よい」子である。それにもかかわらず、家出などということが生じてしまった。そして、この両親が私にいわれたことは、「これはおそらく自分たちの気のつかない悪いことを、子どもに対してしてきたのに違いない」「そこで、何も包み隠さずに話をするから、自分たちのどこが悪かったのか率直に忠告してほしい」とのことであった。

この御両親の話を聞いて、私は次のような二点について指摘をした。まず、第一に「子どもが悪いのは親が悪い」と単純に信じすぎていないだろうか。現在ではしばしば親がよくても子どもが悪くなることもあるし、親も子もよくても悪いことが生じることもあるのである。次に、「家出」を悪いことと決めこんでいるが、果たして家出はそれほど悪いことであろうか。家出とは何かということについて考えてみたことがあるのだろうか。このような私の指摘に対して、両親はまったくけげんな顔をされるだけであった。そこで、第一の点は後で考えることにして、この両親と共に、われわれも「家出とは何か」について考えてみることにしよう。

家出とは何か

「家出とはいったいどういうことでしょうか」という私の問いかけに対して、答に窮しておられる両親に、私は「家出とは家を出るということです」と申しあげた。「家出」というと聞こえが悪いが、「家を出る」というとそれほど悪くは聞こえない。それどころか、人間は本当に自立してゆくためには、一度は家を出ることが必要ではないか、とさえ考えられるのである。

実のところ、後で解ったことであったが、この高校生は、家で甘やかされてばかりでは駄目になると思い、早く一本立ちするために家出を決行したのであった。両親に対する甘えを棄て、一人で社会に乗り出し一人前になった暁には、両親を呼んで安楽に暮らさせてやりたいという雄大な意図をもって彼は家を出たのであった。何とも素晴らしいことではないだろうか。ただ、われわれとしてはこの素晴らしさに全面的に感嘆しておられないのは、この雄大な意図が何らの現実的裏付けをもっていない、という点にある。手放しで喜んでばかりはいられないにしろ、われわれ大人は、この青年の行為に含まれるプラスとマイナスの両面をよく認識することが必要ではなかろうか。われわれが家出＝悪、という簡単な図式に縛られてしまっていると、この高校生の家出の意図に含まれるプラスの面を見落してしまい、その後の対応を誤ってしまうのではなかろうか。

さりとて、もしこのような高校生に家出の意志を打ち明けられて、その雄図に感心して援助したりするのも馬鹿げた話である。現実の裏付けのない雄図は、まず挫折に至るものであるし、それに対する対策も考えず、一緒に喜んでいたりすると、後で取りかえしのつかないことになってしまうだろう。

何かを絶対的な善にしたり、絶対的な悪にしたりして行動することは簡単なことである。むしろ、善悪の相対化のなかで、その両面をよく認識し、それに正面から立ち向かってゆくことによってこそ、事態がひらけてくるのではなかろうか。このように考えてくると、青年の犯す「つまずき」というものは、思いの外にプラスの面を含んでいることが了解されるであろう。われわれはあらゆる事象に対して、単純に善悪の判定を下す前に、その意味について深く考える必要がある。それを見出してゆくことによってこそ、われわれの態度も決まってくるのである。

家出の意味を考えることによって、模範生が急に「悪く」なったとうろたえていた両親も落ち着きを取り戻し、どのように子どもに接してゆくべきかをゆっくり考える余裕が生じてきた。そこで、この両親がどのようにされたかについて述べる前に、もう少し一般化して、親と子の関係について考えてみることにしよう。

2 不可解な子ども

この家出をした高校生は、実は親類に立ち寄ったために、両親からの通報で家出のことを知っていた親類の人に足止めされ、両親がそこに取るものも取りあえず会いに行ったのだった。ところが、息子は一部屋に閉じこもって両親に会おうとしない。模範生と思っていた子が両親に対して、「この部屋に一歩でもはいってくるな!」と怒鳴るのを聞き、両親はなすすべもなく私のところに相談に来られたのであった。そのときの辛さを思い出して、母親が「今までは手を伸ばせば、手の届くところにいると思っていた子どもが、いくら手を伸ばしても届かない、別の世界に行ってしまったように感じる」といわれたのが、印象的であった。今までは同じ世界のなかで暮らしていると思っていたのに、息子は別の世界に行ってしまった。親子の間に断絶が生じたのである。

しかし、それは本当に「断絶」だろうか。親子の絆というものは、予想外に強いものであって、それはなかなか簡単には切れぬものである。本人たちは「断絶」したと思っていても、それは思いがけない形で、ねじれたり、まとわりついたりしているものなのである。われわれは単純に「親子の断絶」とか、「世代間の断絶」などという前に、その点についてもう少し精密に考えてみる必要があると思われる。

こんな話を、中学生の息子をもった母親から聞いたことがある。息子がめずらしく一緒に映画を見にゆこうというので喜んで行くことになった。二人で楽しく話し合いながら歩いていたのに、途中から息子が急にものをいわなくなり、映画館では離れた座席に坐って、別々に見ようという。息子の希望どおりしたものの、なぜ息子が急に不機嫌になったのかが解らない、何か変なことでもあったのかと気が気でなく、映画も落ち着いて見られなかった。帰宅後は息子の機嫌があんがい良さそうなので、夜になってからなぜあんなに態度が変ったのかを聞いてみた。すると息子は、映画館への途中で、苦手な同級生たちに出会い、彼らも映画を見にくるところであることが解った。「中学生のくせに、まだ母親とひっついている」と、後でからかわれると思ったので、急に母親から離れたのだという。

このようなことは、中学生くらいにはよくあることだ。母親と一緒に行動するのがうれしいような気持をもちながら、一方では、母親なんかまったく意に介さないことを周囲の人に見せつけたい気もある。彼らはそれをどう表現していいのか、とまどってしまう時もあるし、ここに示した例のように極端に態度が変化して、母親を驚かせるときがある。この例でいえば、母親が息子に後で事情をたずねてみたのはいいことである。もちろん、それをたずねるタイミングも少し大切であるが、このようにして確かめることによって、息子の気持が理解できるし、少しのことから、自分は子どもに嫌われていると決めこんだり、子どもの気持は解らないと悲観してしまって、それ以後の親子関係をますます難しいものにしてしまうのを防ぐことができるからである。

その点はともかくとして、しばらくの間にしろ自分の子どもの行為を「不可解」とこの母親が感じたことは事実であろう。家出少年の母親はそれをもっと強く感じたであろう。それが、近頃増加している家庭内暴力の例などであれば、母親にとって子どもの行動は不可解の一語につきるであろう。われわれ臨床家は、このような母親から、「うちの子は気がちがったのではないでしょうか」という質問を受けることが、しばしばある。母親にとって、息子はどこか「よその世界」に住んでいるように感じられるわけである。

後にも詳しく述べるように、子どもたちは成長するためには母親から離れていかねばならない。そのためには、彼らは何らかの意味で、一時的には母親とは異なる世界に住まねばならないのである。そのとき、主観的な体験としては、親子の絆が切れたとか、親子の断絶とか感じるかも知れない。しかし、その後に両者が少し努力を続け、自分自身をよく見てみるならば、一時的な切断は絆の質を変えるためのものであったことが解るであろう。この点は、家出した高校生の例によって、後にもう少し具体的に語ることになるが、親子の絆は切断と修復の繰り返しによって、前よりも深いものへと変ってゆくものである。われわれが絆の強さの方にとらわれすぎると、それは相手の自由をしばるものになりがちである。深い絆は相手の自由を許しつつ、なお絆の存在に対する信頼をもつことができる。しかし、われわれは絆を深いものとするためには、切断の悲しみを経験し、それを超える努力を払わねばならぬようである。

切れた絆を修復するというのは簡単であるが、それを行うことは実に難しいことがある。修復しようにも、既に述べたように息子が「手の届かない世界」、「よその世界」に行ってしまっていて、何とも仕方がないと感じられることも多いのではなかろうか。どうして、このように急激に不可解な現象が子どもに生じてくるのであろうか。

親の世界・子の世界

人間はそれぞれの世界観というべきものをもっている。「世界観」というと大げさに聞こえるが、われわれがこの世のことをどのように見るか、ということがすなわち世界観といってよい。はじめにあげた両親の例でいえば、この人たちにとって、子どもというものは両親の意志に素直に従うのがよい子であるし、そのようなよい子に対しては幸福な将来が約束される。そして、その幸福とは家業を継いで安定した家庭生活を送る、ということであろう。しかし、考えてみるとこれもあるひとつの「世界観」であり、子どもについて、幸福について、もっと異なる「観点」も存在するのではなかろうか。われわれは自分のものの見方を何となく当然と思っているが、それは思いの外に人によって異なるのではなかろうか。

子どもも世界観をもっている。しかし、それは成長すると共に大幅に変化してゆくものである。大人というものは、それなりに比較的安定した世界観をもっている存在ということができようが、子どもは大人になってゆくときに「自分なりの」世界観を形成してゆくために苦労するわけである。子どもは最初のうちは、大なり小なり自分を取り巻く大人——主として両親——の世界観をある程度受け容れて大きくなってくるが、子どもから大人へとなってゆく青年期にそれが大いに揺れるのである。今まで安定していたものが揺すぶられ、破壊されて新しいものができあがってくる。このときに、既成のものの否定的な面が拡大して意識されやすいのである。

子どもが大人になろうとするときは、したがって、今まで自分を守り育ててくれていた両親の否定的な面が急に見えてくる。しかも、それは映画のクローズアップのように拡大されてくるのである。それよりもむしろ、子どもは現実の親の姿を見ているのではなく、自分の心の中の親のイメージを見ているといった方がいいであろう。

現実の父親・母親ということを超えて、父なるもの、母なるもの、とでも呼びたいような超個人的なイメージが、人間の心のなかには存在しているようである。われわれ大人でも大自然の懐のなかに抱かれているように感じるときもあるし、雷に打たれたように己の非について自覚することもある。そのようなとき、われわれの心のなかではたらいているのは、個人的な母や父を超えた、もっと偉大であったり峻烈であったりする存在のイメージではなかろうか。このような心のなかのイメージは、われわれの現実の体験と呼応して起こり、その体験にいろいろな増幅現象をもたらす、ともいうことができる。たとえば、気が弱くなっているときだと、少しの親切をしてくれる女性が慈母の如く感じられたり、少しの叱責を受けただけで、相手の人間を悪魔のように感じてしまったりする。

青年期は世界観の著しい変動を経験するときであり、このため内なるイメージの影響を強烈に受ける時期である。ここで特に注目すべきことは、母なるもののイメージである。これは単純に割切ると肯定的、否定的、の二つに分けることができる。肯定的な方は、あくまで子どもを受け容れ、養い育てる慈母観音のような姿であり、否定的な方は、子どもを捉えて離さない力が強すぎて、子どもを拘束し、極端なときは、子どもを呑みこんでしまう山姥のようなイメージである。既に述べたように、子どもに自立の傾向が高まるときは、両親の悪い面が拡大されて見えやすいし、それに、ここに述べた内的なイメージが作用してくると、両親の像は現実とは相当に異なったものとして、子どもに見えてくるのである。

たとえば、母親にすれば「親切に」、雨が降りそうだから傘を持っていけばよいといっただけであるのに対して、子どもの側からすれば、自分の行動を支配し、監視する「うるさいやつ」と感じられるのである。そこで、内的なイメージが強く作用すると、母親が自分を呑みこんでしまう魔女のようにさえ見えてくる。家庭内暴力の事例などで、普通のことをしているのに、子どもが暴力をふるったと、母親から報告されることがよくあるが、それは上記のような考えによると納得されるのである。

今まで述べてきた家出高校生の例でいえば、両親や一般の大人から見れば、理解ある教育熱心な親をもつ恵まれた家庭ということになるが、子どもから見れば、それは彼の自由を拘束する牢獄のように思えたのである。だからこそ、彼はそこから脱出しようとしたのだ。親の世界と、子どもの見る世界の差について、われわれ大人はよくよく知っている必要がある。さもなければ、大人は子どもを不可解として突き放してしまうか、時には精神病などというレッテルを貼りたくもなってくるのである。

3 両親の反省

話を最初に述べた例にもどすことにしよう。前節にはやや一般的な考え方を述べたが、このことは、実のところ、家出をした息子さんを理解してもらうために、私がこの御両親に説明したことなのである。非常にもの解りのいい御両親だったので、こちらのいうことをよく理解され、いろいろと反省すべき点を自ら述べられた。（ちなみに、これはこのようにもともと話の解る人であると判断したので、私も説明を試みたのであり、もっと困難な場合では、われわれは解ってもらえる「時」が来るまで、随分と待たねばならぬことが多い。）次に、両親の反省と、その後の経過について少し述べてみよう。

よい子とは何か

この両親がまず反省された点は、「よい子」とは何かということであった。大人が子どもを「よい子」というとき、親や教師の言いつけによく従う子というイメージが強く、それは極言すると、大人にとって「都合のよい子」ではあっても、自主性と責任感をもった大人として成長してゆく上では、むしろマイナスの面をもつのではないだろうか。真のよい子は、自分自身の判断力を身につけていなければならない。

このようにいうことは簡単であるが、実際のこととなるとなかなか難しいことが生じてくる。自分自身の判断力を身につけるためには、子どもたちは、ある程度は、自分の判断によって行動し、その当否を自らの経験によって確かめることをしなくてはならない。人間は何といっても経験を通じてしか学べない面をもっているし、深い知恵をもつためには、それ相応の痛い体験をしなくてはならないのである。この例の高校生の場合だと、親に対して従順なために、「模範生」というレッテルを貼られ――「非行少年」のレッテルもつらいものだが、「模範生」のレッテルもあんがい困ることがある――それに応じているうちに、自主性の方が伸ばされなくなったのである。彼の心のなかで何かがおさえられていることが、彼の中学時代の成績低下をもたらしたかも知れない。彼が「空手をやりたい」といったとき、これは彼の自主性が何とか表面に出てきた芽ではなかっただろうか。しかし、両親はその芽をあっさりと摘んでしまった。「よい子」、「幸福」ということに近視眼的に縛られた両親は、少しでも危険なことは子どもにさせたくなかったのだ。

抑えられていた自主性はとうとう爆発し、家出という形に顕われてきた。長年抑えられていたものが顕在化するときは、どうしても危険性の大きい形をとるものである。これは好ましいことではないが、反面からいえば、子どもがこれだけの力を出してきたことを、喜ぶべきだともいうことができる。「よい子」が真によい子になるためには、「よい子」の殻をどこかで破らねばならない。そのことに両親は気づき、反省されたのである。

悪の役割

子どもが自主性を獲得するためには、時には親の言いつけに反してでも行動してみることが必要だ。これをやってみて、子どもは親のいっていることの正しさを身をもって知ったり、深い悔恨の念にとらわれたりして、現実とぶつかりながら自主性を育ててゆくことができるのである。このような「練習」を適当に行なっていないと、抑えられていた自主性が急に顕在化したとき、家出をして一人前になろうとするなどと、現実とかけ離れた形をとってしまうことになる。いうならば、子どもが真のよい子になるためには、適切な悪の体験を必要としているのである。だからといって、大人は子どもに「悪のすすめ」などする必要はない。われわれはやはり、悪は悪として禁止しつつ、子どもの自由を適切に保障していると、彼らは自分の力で、うまく善と悪の相対化という難しい課題を、「自然に」やり遂げるものである。

しかしながら、ここに「自然に」と述べたことが、最近では難しいことになってきているという自覚が必要である。昔は、大人が必死になって子どもの悪を禁止しようとしても、子どもの数が多いし、両親ともに忙しいので、それほど子どもを監視していることができないため、子どもは適当な自由をもち、適切な悪の体験が自然にできたのであった。しかし、今は一般に子どもの数が少なく、母親の家事労働が少なくなってきている。両親の子どもに対する期待度ははるかに高くなっている。これらのことのために、大人は子どもに対する監視を知らず知らずのうちに強め、「自然」の良さを失っているのである。このために人工的なよい子とでもいいたいような子どもが、最近では増加してきたと考えられる。

ここに述べてきたことで解っていただけたと思うが、大人は子どもに悪をすすめる必要などまったくない。しかし、彼らに悪の可能性も含めた自由度を与えつつ、彼らを信頼することをしなくてはならない。そこには常に危険性がつきまとうので、これは親にとって難しく感じられるかも知れない。しかし、人工的なよい子をつくってみても、結局はそのお返しとして、より強い危険性に見舞われることを知れば、子どもたちの少々の「悪」に耐えられるのではなかろうか。

子どもを「よい子」にしようとする親は、子どものことを思って一所懸命のように見えて、自分が危険に会うのを恐れている利己心を内に隠していることが多い。この両親もこの点を反省して、子どものためを思ってよい子にしたいと努力してきたつもりだったが、実のところ、自分の敷いた路線に子どもを走らせることによって、自分はいつも安心していられるという気持があった、といわれたのが印象的であった。この両親は立派な方だったので、この点に気がつくや否や、息子のところにかけつけ、以上の点についての自分たちの反省を述べ、息子の自由を前よりももっと許し、自主性を尊重すると約束した。怒っていた息子も、これを聞くと喜んで、家に帰ってくることになった。

対　話

これですべてがうまくゆくほど、物事は単純ではない。この高校生は家出を断念して、今までどおりの高校生活にもどったものの、家での態度が変化して、前ほど「よい子」でなくなってきた。それどころか、以前と比較すると、勉強はほとんどしなくなって、ゴロ寝ばかりしている状態で、両親にとっては耐え切れぬものとなってきた。しかし、両親は「自主性」を許すと約束した手前、簡単に叱るわけにもいかず、これには困ってしまって、また私のところに相談に来られることになった。

これはよくあることである。今までは自分は子どもを束縛し過ぎて失敗した、だから、これからは放任主義でゆこう。こんなに考えても、うまくゆくものではない。子どもに対しては、叱るのがいいのか悪いのか。管理するのか放任するのか。このような単純な二者択一的な議論は、およそ意味がないようである。それほど簡単に「よい方法」が見つかるのなら、誰もがそれをしているだろう。教育学や心理学の専門家といわれる人でも、自分の子どものこととなると困っているところをみると、おそらく誰にでも通用する「よい方法」などないと考える方がいいだろう。

子どもの自主性を尊重するということは、親の自主性も尊重するということである。親は、子どもの態度が悪いと判断するかぎり、やはりそれを子どもに伝えねばならない。しかし、これは、今までのように、親が絶対に正しくて子どもはそれに絶対に従えというのではない。子どもの自由を奪いたくはないが、さりとて、いつまでも怠けているのは困るのである。こうなると、親も一方的に押しつけるのではなく、自分の人格をかけて子どもにぶち当らねばならない。自分の今までの子育てに対する反省や、自由に対するジレンマを意識しつつも、やはりいうべきことはいわねばならないのである。

再度の私との話し合いによって、このようなことに気がついた父親は、思い切って息子と対面し、自分の気持をぶつけてみた。そうすると、息子は案に相違して、むしろうれしそうに聞いてくれたのみならず、思いがけないことをいい出した。それは、父親は息子の自由を尊重するなどといいながら、その約束をして以来いらいらとしていて、母親に対して大したこともないのに叱りつけたりすることが多くなっていた。それは、父親が表面的に息子の自由を尊重しているようにしているだけで、本当に心のなかで納得していないことを表わしている、というのである。これには父親も驚いてしまった。今まで子どもだ子どもだと思っていた息子が、ちゃんと父親を観察しており、それを的確に表現してみせたのである。

父親は少し腹も立ったがうれしくもあった。ここまで息子が成長したのかと感じたからである。父親もそこで率直に意見を述べ、父母と息子の間で互いに思っていたことを話し合うことができた。この時になって、子どもは以前よりも自主的に行動し、両親もそれによって不安をかきたてられることもなくなったのである。

家族の対話、大人と子どもの対話は、それが意味深いものであるかぎり、何らかの意味で対決の様相を帯びる。

甘い話し合いばかりではどうにもならないのである。しかし、この対決は相手に勝つことを目標としているのではなく、互いの成長のためになされていること、および、その対決の姿勢は相手に対してだけではなく、自分の内面に対しても向けられていること、に特徴点をもっている。最後のところは詳しくは述べられなかったが、この対話によって、息子のみならず、両親にとっても成長がもたらされたのは事実である。

4　つまずきの意味

先にあげた例によって、息子の家出という一種の「つまずき」が、当人にとってのみならず、両親にとっても、成長への契機となったことが理解されたと思う。確かに、つまずきは飛躍へのステップなのだ、といいたいくらいに感じられることが多い。このようにいっても、それはむしろ少数で、つまずきはやはり損失だといいたい人もあろう。確かに、ここにあげた家出の例は、つまずきともいえない軽い例で、私のような臨床家は、つまずきを克服するのに数年も必要とするような例に接している。しかし、そのようなときでも、つまずきを取り巻く現象の全貌が見えてくると、「つまずきの意味」も明らかになってくることが多い。したがって、私としてはそれ相当の経験に支えられて、つまずきの意味ということを述べているつもりである。ところで、そのような意味について考える前に、いったいどのようなつまずきがあるのか、見てみることにしよう。

さまざまなつまずき

子どもが大人になるとき、そこにはさまざまなつまずきが存在している。いわゆる反社会的行動、非社会的行動として分類されるようなこと、それに病気があるし、失敗とか事故などもある。そして、それはどう考えても自分に非はなく、なぜそんなことになったのか、運命としかいいようのないときもある。これらについて詳細に語ることはできないが、一応の概観をしておこう。

窃盗とか傷害、時には殺人にまで及ぶような反社会的行為は、青年期の前半に多い。既成のものは一度破壊して、新しいものを創り出そうとするために、青年の心のなかに生じる強い破壊傾向が、内面化されずにそのまま外に出てしまうわけであるが、年齢がすすむにつれてコントロールする力が強くなるので、青年期後期になると、そのような行動が減少してくるのも当然である。青年期後期になると、心理的には未成熟であっても法律的には成年に達しているので、この時期に生じる反社会的行為は、対処することが難しくなってくる。あるいは、その人のかかえている課題がなかなか大きいものだといってもよいだろう。

反社会的行動に走るようなことのない人にとっては、つまずきは、非社会的なノイローゼなどの姿をとって生じてくることがある。次章にそのような例をあげるが、青年期にはいろいろとノイローゼの症状に悩まされる。これはごく一過的に生じてすぐ消え去るときと、相当長期にわたって続くときがある。青年期においては、ある程度一過性のノイローゼ的症状を経験するのが、むしろ普通くらいではなかろうか。そんなときに周囲が騒ぎすぎて、かえって問題を大きくしてしまうこともある。症状としては似ていても、軽いときと重いときがあり、その判断は専門家によらないと解らないときもある。

女性に比して男性の方が反社会的行為をする率がはるかに高い。また一般的にいって、ノイローゼの重い症状は、女性の場合は青年期前期に多く、男性は青年期後期に多いことが指摘されている。ごく割切った言い方をすると、男性は大人になることを獲得するという形をとり、女性は大人になることを受け容れるという形をとるといえる。そのような受け容れは、女性の場合、身体的変化と共に青年期の前期に必要となるのに対して、男性はむしろ青年期の後期になってから、職業や配偶者を「獲得する」課題として、大人になることが体験される。このため、それに伴うつまずきが、女性の場合は青年期の前期、男性の場合は青年期の後期に生じやすいのである。もちろん、これはごく大まかな一般論としていえることである。

次に、つまずきが身体的な病気として生じることもある。現在は医学の進歩によってほとんど無くなったが、かつては、青年の結核は極めて深刻な問題であった。このために多くの有為の青年が命を失ったのである。しかし、その反面では、この病いによって深い内省体験をもち、それを大人になってゆくための大切なステップとして生かしていった人も多かったのである。病気は「身体」のことと、割切って考えられがちだが、その人の生き方全体とあんがい強い関係をもっているものである。われわれは病気の意味ということについて、もっと考えてもいいのではなかろうか。

大人になることへのつまずきとして、いろいろな失敗や事故などが生じる。試験、就職、恋愛などにおける失敗は、それらのなかの大きいものであろう。これらのことが、既に述べたノイローゼや病気などと関連して、どちらが原因とも結果ともいいかねる形で生じてくることもある。あるいは、それはまったくの「不運」としかいいようのないときもある。

問題提起

既に述べたように、子どもが大人になろうとするとき、いろいろなつまずきを経験する。しかし、家出の高校生の例で示したように、それはその背後に何らかの問題提起を持っているものである。単につまずきが生じてそれを解消したということだけではなく、もっと大きい課題をやりぬいているのである。しかも、その問題提起は本人に対してのみならず、周囲の大人に対しても向けられていることが多い。両親や教師に対してのみならず、それは社会一般に対して向けられているとさえ感じられる。極言すると、一人の青年が、家、社会、文化などの代表として問題提起を行なっているとさえ考えられるのである。たとえば、これまで一人の家出した高校生について述べたことは、わが国の現在の問題として多くの家に通じることではないだろうか。深く考えれば考えるほど、われわれは他人事としてすましておられないのである。

こんなふうに考えて人間の成長の過程を見ていると、つまずきの必然性、あるいは必要性などということさえ主張したくなる。人間の成長につまずきはつきものだと考えるのである。確かに、外から見ていると、何のつまずきもなく成長してゆくように見える人がある。しかし、よく確かめてみると、それ相応のつまずきを体験しているものである。それが内面的な過程であったり、小出しに継続的に続いていたりして、他人の目には見えないだけのことである。私は職業上、多くの人の秘密の話を聞くことが多いので、ますますこのように思わされるのである。他人から見て何の苦労もなく大人になっているように見える人でも、よく話をきくとそうではないことが多い。

大人の中には自分の体験としては、このことを知っていながら、自分の子どものこととなると、つまずきをできるかぎり経験させないようにしすぎて、子どもが大人に成長してゆく、せっかくのチャンスを奪ってしまう人がある。あるいは、子どものつまずきが親に対する重要な問題提起を意味しているのに、子どもを責め、教師を非難し、社会の在り方を嘆いたりして、せっかくの子どもの問いかけにこたえない人もある。こうなると、子どもはそのつまずきから抜け出せないのも当然のことである。

問題提起としてのつまずきは、したがって、「悪い子」や「悪い親」のところに生じるとはかぎらないことをよく知っていてほしい。よい親とよい子がそろっても、それをよりよくするためには、あらたな問題提起が必要となってくる。子どものつまずきに対して、いったい誰が悪いのかと考えるのではなく、これは何を意味しているのかと考える方が、はるかに建設的なのである。

意味を探る

ある大学生が登校もせず下宿にひきこもって、外に出なくなってしまった。このようなことが起こると、大人はすぐに「原因は何か」と考えたがる。そのときにどうしても問題を早く片づけたいという焦りがあるだけに、原因―結果の鎖を見出すのに短兵急になりがちであり、「子どもの意志が弱すぎる」ことが原因と考えて叱責する。あるいは、「大学の教官が学生に冷淡すぎる」ことが原因と考え、教官を非難する。ところが、一方、大学の教官の方では「親の過保護が原因」と考え、親を攻撃するかも知れない。原因探しはしばしば「悪者探し」となり、それも大人たちはとかく自分以外の者を悪者に仕立てようとするので、互いに攻撃し合ったり、一緒になって子どもを責めたてたりするが、問題はなかなか解決しないのである。

そこで、この学生が登校せずに下宿にひきこもっている「意味は何か」という問いを発すると(その答はそれほど簡単には出て来ないであろうが)、焦って悪者探しをする態度からは皆が解放され、その事象が早く片づけねばならぬ嫌なこと、という見方ではなく、そこから何かプラスのことを引き出せる可能性のあること、という見方に変るであろう。このように考える方が、はるかに建設的となってくる。原因―結果の連鎖を探り出そうとする態度は、ややもすると目を過去にのみ向けさせ、そこに存在する悪を見つけて攻撃したり、後悔の念を強めたりするだけで、そこから前進する力を弱めることが多い。意味を探ろうとする態度は、むしろ未来へと目を向け、そこからどのように立ち上ってゆくかという建設的な考えに結びつきやすいのである。

このようにいっても、人間は因果関係によって事象を見ることがあまりにも好きであることと、そのような見方は自分を局外者において、安全地帯から他人を批判できやすいこととのために、なかなかこのような思考パターンから逃れられないのである。これに対して、意味を探る態度で事象を見ていると、知らぬ間に、自分が局外者でなくなっていることに気づかされるであろう。「意味」というものは周囲にある多くのものを関係づける作用をもっている。因果の場合は直線的に——そしてそれはしばしば実状とは異なるものなのだが——何かと何かを結びつけるだけで終ってしまう。意味の場合は二つのものを直線で結びつけるだけではなく、多くのものが関連し合って、ひとつの全体を形成しているのである。

下宿にひきこもる大学生に対して、その親は、親子関係の改変を迫る警鐘として、それを意味づけるかも知れないし、大学の教官はもっとひろく、日本の青年のアイデンティティの確立という点に意味を見出し、自分自身のアイデンティティのことにまで考え及ぶかも知れない。それらの意味づけの糸がからみ合って、そこから、すべての人々にとっての生きることの意味が探索され、それを通じて、その学生も生きる方向を見出そうとすることになるだろう。

ところで、青年期においても年齢が低くなるほど、ここに述べたような問題提起とか意味の探求などということは、本人には何ら意識されることなく、本人としてはつまずきの現象のなかでただ困り果てていることが多い。このような青年に「意味を見出せ」などといってもはじまらない。われわれ大人としては、彼をまず実際的に立ち直らせるように、慰めたり、援助したり、励ましたりしてやらねばならない。しかし、そのような実際的援助に終始していても、われわれ自身が意味を見出そうという姿勢をもっていると、青年たちは自分が単純に悪者扱いをされたり、軽蔑されたりしていないこと、そこに何らかのプラスの意味が内在しているらしいことを感じとって、無用の悔恨に悩まされることなく、早く立ち直ることができるのである。

第二章　大人になること

前章においては、大人になる前のいろいろなつまずきについて述べ、それは大人になるための必然的なことであるとさえ強調した。いったいそれはどうしてなのか、そのことをもう少し異なる角度から論じてみたい。

未開社会においては、子どもと大人の区別は、はっきりとしており、成人式《イニシエーション》という通過儀礼によって子どもは大人になるのである。現代社会においては、既に述べたように、子どもと大人の境界は極めてあいまいであり、青年たちはどちらに属しているのか明白ではない。このためにいろいろと社会的混乱も生じているのであるが、いったいどうして現代は大人であることとか、大人になることとかがあいまいになってしまったのだろうか。このような点について考えてみるが、ここでもまず、ひとつの解りやすい例をあげることにしよう。

1　対人恐怖の大学生

学校をやめたい

A君は大学一年生である。そろそろ学年末も近づいてきたが、憂うつで仕方がない。学校もずっと欠席のままである。A君が学校へ行かないのは、人前に出るのが何となく怖いからである。怖いというのはぴったりの言い方ではないが、そのようにでもいうより仕方がないのである。人のなかにいると落ち着かないというか、不安というか、ともかくじっとしておられない。特に同級生などが話しかけてくると、どう返答したらいいのか困ってしまうのである。何かいっても、われながらトンチンカンなことをいったような気がして話が続かなくなってしまう。そして、そのような自分のことを同級生たちがもの笑いの種にしているようにさえ思えてくるのである。実は、A君は高校三年のときも、同じような状態になって、学校を休んだことがあった。父親はA君が怠けているとしか考えないので、登校せよと怒るのだが、A君はどうしても出てゆけない。さりとて、自分の状態などうまく説明できないし、恥かしいと思うから誰にもいいたくない。

仕方なくなって、高校三年で退学したいと担任の教師に申し出ると、この先生が親切な人で、退学などしては損だから何とかしてやろうと他の先生をいろいろと説得してくれ、A君はやっとのことで卒業したのであった。そして無理をして受験した大学に合格し、大学でこそは頑張ろうと思って入学したのだが、大学は思っていたよりも相当厳しいし、またもや高校のときの症状がぶりかえしてきた、という次第であった。父親は再び息子が怠けだしたと思っているので、叱責を繰り返すばかり。A君はまったく困り果ててしまった。そこで、その大学では担任制がとられていたので、担任のところにゆき、退学したいと申し出ることにした。ここで、彼が退学を申し出ることを思いついたのは、やはり高校時代の思い出が関係していて、大学の担任の先生も学年末に迫ってきた試験に対して何とか恩典を与えてくれるのではないか、という期待がひそかに心のなかに生じていたからであった。ところが、大学の先生はA君の申し出を聞くと、むしろ、うれしそうな顔をして退学届を出すことに同意したのである。勉強する気のないものは、さっさと大学など止めるべきだというのが、この先生の持論だったのである。案に相違してがっかりしたA君はどうしたかについては、後に述べることにして、ここに簡単に対人恐怖症のことについて触れることにしよう。

対人恐怖症

ここにあげたA君の症状は、軽いものであるが対人恐怖症と言われるものである。他人と同席すると、強い不安と緊張が生じてきて、他人に不快感を与えていないか、他人から軽蔑されていないか、などが心配になって、そこにいたたまれなくなる。このためできるだけ対人関係から身を避けようとし、重くなると外出もできなくなるようなノイローゼである。普通は家族や特に身近な人や、逆にまったく見知らぬ人のなかにいるときは強い不安を感じることがない。苦手なのは同級生とか近所の人、親類の人などである。これがもっと重くなると、自分の目が鋭いので人に災難をもたらすとか、変な体臭があるので(実際は無いのだが)嫌われているとか思いこむようなのもある。

このようなノイローゼは欧米人に比して日本人に特に多いことが指摘されており、後にも述べるように、比較文化的な観点からも注目すべき症状である。事実、日本人では青年期にごく一過的にこのような体験をする人は多く、普通は「他人の視線が気になって」、何となくぎごちなくなるというような感じとして体験される。あるいは、今までは何ともなかったのに、青年期になると急に親類の人に会うのが面映ゆく感じたり、近所の人と顔を会わすのを避けたりするようなことにもなる。こんなことは「普通」の人でも、青年期に経験したことのある人は多いことと思う。

ただ、先に述べた対人緊張感が強すぎて、人前で話ができなかったり、いつも引っ込んでばかりなどして、そのような状況が何年も続くと、これははっきりとした対人恐怖症というノイローゼということになる。しかし、このような人でも大人になってしばらくすると自然によくなる人が多く、このノイローゼが青年期の心性と相当関連しているものであることが解る。A君の場合は、ノイローゼというほどのことはなく、軽い症状がある程度一過性に生じたと見るべきである。

死の決意

A君は多少なりとも同情を得られると思って担任教師を訪ねたのだが、まったく予想外にあっさりと退学に賛成されてしまったのである。すぐに帰宅する気にもなれず、あちこちとうろついて遅く家に帰ったが、父親も母親もじろりと見るだけで、どこへ行っていたともいってくれない。A君はまったく世界の誰からも見棄てられたように感じたのであった。自室にはいっていろいろ考えたが、よい解決策など見当らない、退学すると父親はすぐに働けというだろう。しかし、今の状態で人前に出て働くことなど到底できない。そうなると両親は絶対に自分などかまってくれないだろう。家を出て行けというのではないだろうか、とさえ思われた。大学の担任も憎らしかった。まるで出来の悪い学生が一人でも少なくなるのを喜んでいるような感じだった。頭から軽蔑し切って自分を見ているようだった。考えるほど、お先真暗になってしまって、A君は自殺を決意した。首を吊るのは嫌なので、睡眠薬にしようと思った。大分夜も更けていたが、まだ薬局は開いてるだろうと、薬を買いに外出しようとした。部屋を出てゆこうとしかけると、父母はすでに眠っていたが、母親が目を覚まして「今頃どこにゆくの」とたずねた。別に何もないからと自室に引き返したところで、A君の考えがガラリと変ってしまった。死ぬことが急に馬鹿らしくなったのである。あんな教師に馬鹿にされたくらいで死んでたまるか、と思った。

今からがむしゃらに勉強して、あの冷淡な教師や父親を見返してやりたい。こう考え出すと、何ともいえぬ怒りがわきあがってきて、「畜生！」とA君は何度も怒鳴った。教師と父親の頭をガンガンとなぐりつけている光景が目に浮かんできて、興奮はとまらなかった。A君はそのうちにいったい誰に何のために怒っているのか解らないくらいになった。不甲斐のない自分に対しても怒っているようにも感じた。つぎつぎと空想がわいてきた。A君はとうとう学年末の試験に満点をとり、担任が平身低頭して詫びているところを思い浮かべている間に眠ってしまった。

翌日からA君は勉強をはじめた。人前に出るのはやはりつらかったが、大学へも行った。担任の講義にも出席した。空想のときのように担任を怒鳴りつけたりはできなかったが、しばらくしてから、退学を中止して試験も受けるつもりだと告げた。A君にとって意外だったのは、担任はあのときに感じた冷淡な人ではなく、退学中止を喜んでくれ、今まで欠席していたために解らないところがあったら聞きにきなさい、といってくれた。A君はふりあげたこぶしのやり場がないような、変てこな感じを受けたが、もちろん、悪い気はしなかった。不思議といいえば、父親の態度まで変ってきたことだった。「お前のような怠け者は大学など行く資格はない」といっていた父親が、「試験はいつあるのか」などといったりして、A君の勉強に関心を示し出したのである。A君は満点を取って教師に平身低頭させることなど、もちろんできなかったが、ともかく学年末の試験を乗り切ることができた。それよりも、教師や父親を見返してやるとか、頭を殴ってやるなんていう気持はまったく消え失せていた。それと共に、A君の対人緊張感も知らぬまに薄れてしまっていたのである。

ここに示した例は対人恐怖症のノイローゼなどではなく、むしろ、一般の学生がよく経験しそうなことを少し劇的な形で示したといっていいだろう。基本的なパターンは同じにしても、ノイローゼの人がそれを克服してゆくためには、もっと時間と努力を必要とするし、治療者の配慮ももっとキメ細かくないと駄目である。これを読んでノイローゼの人には退学をすすめるとよいなどと速断しないでいただきたい。また、高校の担任が親切だったこともよかったのではないかと思われる。高校のときに、暖かい体験をして、その後に厳しい体験をしたのも、ちょうどうまくできていたというべきだろう。高校の担任が冷たく退学を迫っていたら、A君は本当に挫折してしまったのではなかろうか。

その点はともかくとして、A君が体験したこと、つまり、一度は死のうとまで思い、そこから立ち上ってきたことは、大人になるために必要なことと思われる。このようなプロセスを、社会的制度として行なっていたのが未開社会における成人式なのである。そこで、次に未開社会における成人式がいかに行われていたかを、簡単に見てみよう。

2 イニシエーション

未開社会においては、イニシエーションの儀式は必要欠くべからざるものであった。後にも述べるように、このイニシエーションの儀式を無くしたことが近代社会の特徴なのであるが、そのことの意味についてわれわれはあまりにも無知であったので、既に述べたような青年期の問題をかかえこむようになった、ということもできる。イニシエーションは通過儀礼なども訳されているが、未開社会において、ある個人が成長して、ひとつの段階から他の段階へと移行するとき、それを可能にするための儀式である。宗教学者のエリアーデは『生と再生——イニシエーションの宗教的意義』（堀一郎訳、東京大学出版会）という著書において、イニシエーションについて詳しく論じている。彼は「イニシエーションという語のいちばんひろい意味は、一個の儀礼と口頭教育群をあらわすが、その目的は、加入させる人間の宗教的・社会的地位を決定的に変更することである。哲学的に言うなら、イニシエーションは実存条件の根本的変革というにひとしい」と述べている。つまり、イニシエーションによって、ある個人はまったくの「別人」となると考えられるのである。彼はイニシエーションを三つの型に分けている。第一は少年から成人へと移行させる、いわゆる成人式、部族加入礼である。第二は特定の秘儀集団、講集団に加入するためのものであり、第三は神秘的なもので、未開宗教における呪医やシャーマンになるためのものである。ここでは、これらのなかの成人式がわれわれの関心のあるところなので、それについて述べることにしよう。まず男性の場合の成人式について述べ、つづいて、女性の成女式について述べることにする。

成人式

未開社会において行われる成人式は、一般に次のような要素から成り立っていると、エリアーデは述べている。1「聖所」を用意すること。俗世界と区別された聖なる場所を準備し、男たちは祭儀の間そこに隔離されてすごす。2 修練者《ノヴィス》たちを母親から引き離す。あるいは、もっと一般的には全女性から引き離す。3 修練者たちは隔離された場所で、部族の宗教的伝承を教え込まれる。4 ある種の手術、あるいは試練が与えられる。割礼、抜歯、などであるが、皮膚に傷跡をつけたり、毛髪を引き抜いたりすることもある。この間、修練者たちはその痛みにぐっと耐えねばならないのである。イニシエーションの期間には、いろいろなタブーや試練に従わねばならないことが多い。

ここにあげた四つの要素について、次に簡単に説明するが、これを実際に儀式として行うときは、そこにそれぞれの部族、社会において細かく定められた規則や方法があり、それが忠実に施行されるのである。詳細には語ることはできないが、そこに行われるひとつひとつの行為が象徴的な意味を持ち、子どもが大人へと変容する過程に必要な、深い宗教的意義を与えるのである。

まず、「聖所」を用意することについて、これは単に俗世界と異なる場所という意味ではなく、この世界が「そのかみに」神によって創造されたときと同じ場所、空間を再現するという意味をもっている。イニシエーションということが本来的な意味において成立するためには、その社会に属する成員が、彼らの住んでいる世界というものは、「そのかみに」神によって、全きものとして創造されたと信じていることが必要である。子どもたちはそのような完成された世界へと入れてもらうために儀式に参画するのである。したがって、このような「聖所」において、修練者たちは「事物の始めの聖なるとき」を再体験し、そこで神話的人物と交わり、その世界へと入ることが可能となるのである。

次に、修練者たちを「母親から引き離す」ことは重要である。すべての子どもはそれまでは母親の庇護のもとで暮らしている。大人になるまでのこのような母親との強い結びつきは、子どもが成長してゆくために必要なことであるが、大人になるときは母親との結びつきを断たねばならぬのである。このことは極めて劇的に行われることが多く、母親よりの分離はすなわち、「死」の体験として受けとめられるような仕組みになっている。たとえば、エリアーデによると、「ほとんどすべてのオーストラリアの部族の例では、母親はその息子が、おそろしい、神秘的な神、名は知らないが、その声はブル・ローラー(うなり木＝振り回して音をたてる木片)の胆をつぶすような響きで聞くことができる神によって、殺され食べられてしまうのだと知らされる」のである。このようにして、子どもは神によって殺され、次に成人として神によって生き返らされるのである。このときに、子どもは成人として今までと異なる名前を与えられるところもある。母からの分離のときに、子どもたちは「死」を体験し、あらたに大人として再生してくるのである。

第三の宗教的伝承を教えられることは、「父祖見参」とも呼ばれており、ここで修練者たちは原初のときにかえり、父祖あるいは原初の神の姿に接し、その部族に伝わる宗教的伝承を教えられるのである。このように創造のわざの再現を通じて、修練者たちが大人になるのにふさわしい伝承を受けるのみならず、彼らの住む世界がここにあらたに更新されると考える。

第四の要素である試練は、イニシエーションの儀式にはつきものといってよいであろう。割礼が行われたり、門歯がたたき折られたりするが、修練者はそれらの痛みに耐えることが要請される。断食、沈黙、視覚の遮蔽などの多くの禁止が課せられることもある。これらの肉体的試練にはすべて精神的意義が含まれており、修練者はこの試練に耐えることによって、大人になるのにふさわしい精神力や意志力を示すことになるのである。

以上、簡単に示したような方法で成人式が行われ、子どもが大人になるのであるが、このような儀式によって、修練者の宗教的・社会的地位が決定的に変更され、エリアーデの言うように、「実存条件の根本的変革」が行われることを、われわれは認識しなくてはならない。このような社会においては、子どもと大人の境界があいまいになることはなく、成人式という凄まじい儀式によって、子どもはまったく「別人」になったように、社会の成員としてふさわしい大人になる。彼らは大人としての自覚と責任をそなえた人間となるのである。

成　女　式

文化人類学者によって、成人式についてはよく調べられているが、成女式についてはそれほどに研究されていない。このことはエリアーデが述べている次のような成女式の特徴が関係していると思われる。彼は、「第一に、成女式は、文化の古い層にも記録されてはいるが、男の成人式ほどひろく分布してはいないこと、第二に、男の成人式ほど発達していないこと、第三に、成女式は個人的なものだということ」の三点を、成女式の特徴としてあげている。

成女式は初潮とともに始まる。したがって、男子のように集団で行われるのではなく、個人的に行われることになる。初潮とともに、あるいは、そのきざしのみえたときに、女性は社会から隔離される。そして、男子の場合のように、性と豊饒の秘儀や、部族の習慣などが教えられる。あるいは、女性も知ることを許されている宗教的伝承が教えられる。その後に、彼女は隔離所から部族のもとへと帰ってきて、公衆の面前に披露され、成人の女性として受け容れられるのである。このときに、集団での舞踊が行われたり、成女となった女性が村の家々を訪ねて贈物を受けたり、いろいろな祭儀が行われることもある。

成女式が成人式ほどもひろく行われず、あるいはあまり発達していないことには、次のような理由が考えられる。つまり、女性の場合は初潮という、言うなれば自然の秘儀によって成女になるので、男性の場合のような手のこんだ儀式を行う必要がないと考えられる。ある部族においては、成女式は初潮にはじまり、初生児の誕生をもって終結するところもあるが、初潮、妊娠、出産というような自然によって与えられた秘儀は、それ自体が宗教体験であると考えられ、それは男性の用語には翻訳し難いものである。エリアーデは成女式が男の成人式ほど研究されていない、と述べているが、成女式の本質は学者による「研究」によって言語的に明らかにされるようなものではない、とも考えられるのではなかろうか。

エリアーデは成人式と成女式の特徴について、「女性とは違って、男性は成人式の訓練期間中、「見えざる」実在者を意識させられ、あきらかならざる、すなわち直接経験として与えられない、聖なる歴史を習得する。……少年にとって成人式は直接でない世界——精霊と文化の世界——に導き入れられることである。少女にとっては、逆に、成女式は、表面的には自然な現象——性的成熟のあらわなしるし——の秘儀に関する一連の啓示を含む」と述べている。つまり、女性にとっては「表面的には自然な現象」を通じてイニシエーションが行われるのに対して、男性はそのような自然現象に頼ることができないので、「見えざる」実在者を意識することを通じてイニシエーションが行われねばならず、したがって、いろいろと手のこんだ儀式が必要となってくるのである。このことは、大人になることの男女差を考える上において、現代においても考慮すべき、ひとつの重要な点である。

ともあれ、男にしろ女にしろ未開社会においては、イニシエーションの儀式によって子どもがはっきりと大人へと変革されるので、「大人になることの難しさ」など存在しないのである。あるいは、そのときの試練に耐えられないものは殺されてしまって、中途半端な大人など存在しないことになる。このようなことから、現代においてもイニシエーション儀式を復活せよ、などということを私は主張しようとしているのではない。次節に述べるように、近代社会というものは、その世界観にもとづいて、イニシエーション儀式を無くしたことに、その特徴をもっているからである。では、それはいったいどうしてなのか、そして、イニシエーション儀式を無くしたわれわれが大人になるときには、どうすればよいのか、という点について、次に考察してみることにしよう。

3　現代のイニシエーション

近代社会の特徴

エリアーデは先に紹介した彼の著書『生と再生』の冒頭に、「近代世界の特色の一つは、深い意義を持つイニシエーション儀礼が消滅し去ったことだ」と述べている。いったいこれはどうしてなのか。それは近代人の世界観がかつてのそれと根本的に異なるものとなったためである。既に少し触れたように、イニシエーション儀礼が成立するためには、その社会が完全な伝承社会であることを必要としている。古代社会においては、極言すれば、すべてのことは原初のとき(かのとき)に起こったのであり、この社会(世界)は既に出来あがったものとして存在し、後から生まれてきたものは、その世界へと「入れてもらう」ことが最も大切なことなのである。したがって、子どもたちが大人になるためには、その世界へと入る儀式としての、イニシエーション儀礼が決定的な意味をもつのである。つまり、そこには「進歩」という概念が存在せず、この世はできあがった世界、閉ざされた世界としてあり、子どもは大人になるときにそこに入れてもらうことになるのである(図1)。

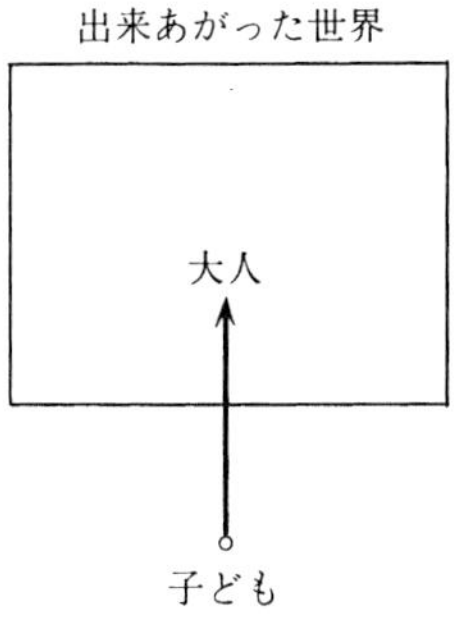

図1　古代社会の構造

それに対して、近代社会のあり方を図2に図式的に示したが、近代人の特徴は社会の進歩という概念を持ち、自分自身をその歴史的な進歩の流れのなかに位置づけようとする点にあるということができる。極めて図式的に表現すると、子どもaがAという社会の大人として、そこに入れてもらったとしても、社会が進歩して、社会Bへと変ってゆくと、a自身も変化してゆかないかぎり、彼は子どもと同じように、社会Bから取り残されてしまうことになる。あるいは子どもcは、大人になって社会Cへと入ってゆくにしろ、既

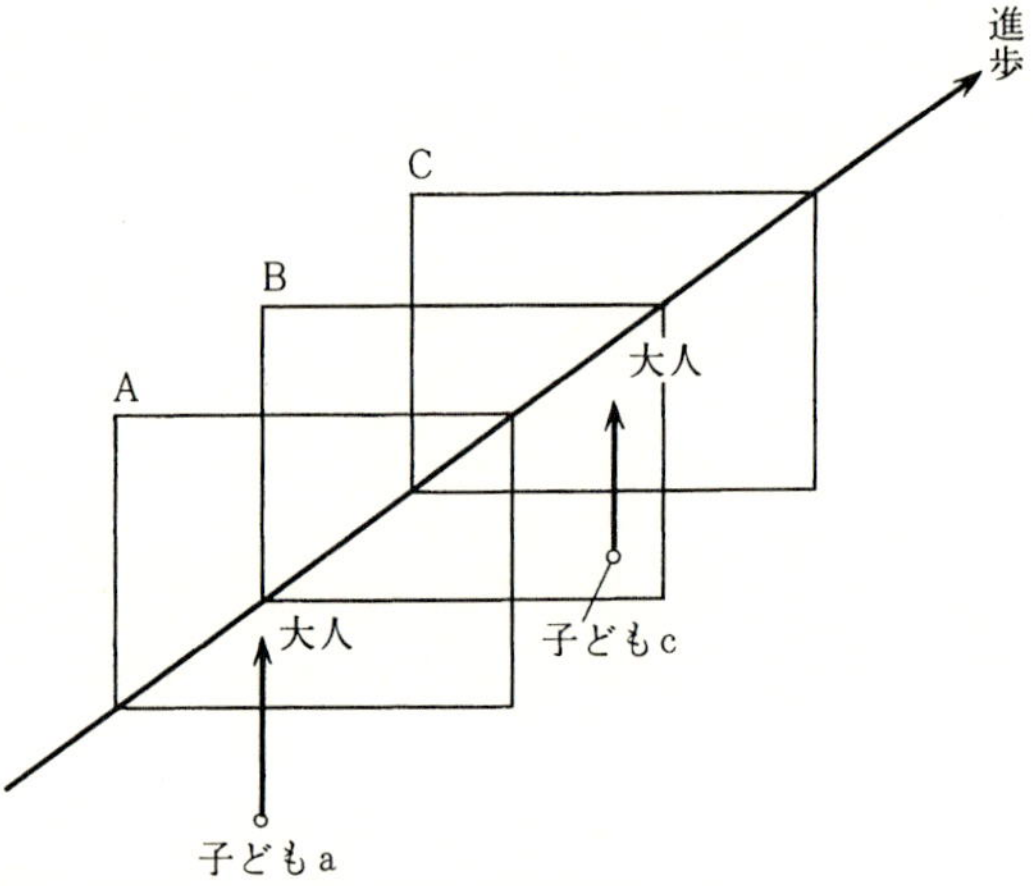

図2　近代社会の構造

に彼は社会Bの大人たちと同じくらいのレベルに達している、ということもありうるのである。

古代社会においては、一回のイニシエーションによって、子どもははっきりと大人になり、それで安心していられるわけであるが、社会の進歩ということを考えはじめた近代人にとっては、そのようなイニシエーション儀礼というものが、既に示したように、意味を持たなくなったのである。子どもaがAという社会の大人となったとしても、社会Aが進歩して社会Bへと変化してゆくとき、彼がそのままでいると、大人としては認められない存在となってくる。ここには極めて図式的に示したが、社会の進歩はこのように単純に図示できるものではないので、ある個人が子どもと大人の境界において、どちらともつかぬ状態になることが、近代社会において多くなるのも当然のことなのである。それでは、近代以後に生きるわれわれにとって、大人になるということを、どのように考え、どのようにすればいいであろうか。

個人としての儀式

近代社会になって、制度としてのイニシエーション儀式は消滅してしまった。しかしながら、個人の生き方をよく注意して観察してみると、現代人においても個々人にとって、大人になるためのイニシエーション儀礼とでもいうべきことが、個人として生じていることがわかってきたのである。たとえば、既にあげた対人恐怖症の大学生の例について考えてみよう。彼が大学の担任教師に退学を賛成され、自殺しようと決意し、その後にやはり頑張ってみようと思い直す過程は、彼にとって個人としてのイニシエーション儀礼の体験をしたといえないだろうか。それは未開社会において修練者が体験する「実存条件の根本的変革」とまではいえないにしても、ある種の「死と再生」の体験をしたということができる。このことは、彼個人にとってのイニシエーションの儀式であったのである。

社会の進歩ということを考え、人間の個性ということを大切にするかぎり、われわれは集団として制度的なイニシエーション儀礼を行うことはできない。もっとも、現代においても、一応「成人式」は存在しているが、そこに生じる本質において、既に述べてきたようなイニシエーション儀礼とは異なったものとなっていることを、認めねばならない。したがって、個人としてのイニシエーションは、個々人に対して思いがけない形で生じてくることになる。ただ、その本人もその周囲の人も、せっかく生じてきたイニシエーションの儀式を、それと気づかずに、馬鹿げたこととか、不運なこととか考えてやり過ごしてしまうことが多いのである。

最初にあげた家出した高校生の例にしても、あの「家出」はイニシエーション儀礼のはじまりではなかったろうか。そこで両親が筆者のところに相談に来られ、その「意味」を把握されたので、その後の経過はイニシエーションにふさわしいものとなっていったということができる。ここでもしそのような意味の把握と親子のその後の努力がなかったならば、模範生の高校生が家出によって堕落していった、ということにもなりかねないのである。現代のイニシエーションには、常に相当な危険性がつきまとっているのである。

現代のイニシエーションの特徴のひとつとして、それは一回で終らないことが多いことを知っていなくてはならない。現代においても、一回の経験が「実存条件の根本的変革」に値するものであることも可能である——そのときは文字どおり命がけの事柄である——が、一般にはイニシエーション的状況が何回か繰り返されて、大人になってゆくと考える方が妥当であろう。たとえば、最初にあげた高校生の例にしても、彼があの一回の家出の体験によって、「大人」になりえたとはいえないであろう。以後におそらく類似の体験を重ねることによって、大人となっていったと思われる。このような繰り返しが必要であることは、子どもたちを指導したり援助したりする人が特によく心得ておくべきことである。さもなければ、イニシエーションということを生半可に知っているために、指導者が、子どもと接するときに、「一丁上り」式の変化を期待し過ぎて失敗してしまうからである。

現代は未開社会に比べて、あらゆる点で複雑になっており、われわれ人間の意識もそれほど単純ではない。われわれはそれ相応にその複雑さを楽しんでいるわけであるが、それだけに、子どもが大人になるということも、簡単には成就しないのである。それにしても、未開社会において行われるあれだけ手のこんだ儀式をまったく放棄したのだから、現代のイニシエーションに、相当な繰り返しがあるのも当然と言えるだろう。

権威の意味

イニシエーションの儀礼においては、権威者の存在が不可欠である。修練者が死と再生の体験をするときに、彼に対して死を与え、再生を助ける役割を演じるのは権威者である。といっても、もう少し厳密にいえば、イニシエーションに立ち会う長老たちは、原初の神の仲介者、あるいはそれの代理者として、絶対的な権威者として、そこに存在するのである。つまり、彼らの権威の背後には、原初の神という絶対者が存在している。

現代のイニシエーションにおいても、権威者の存在が必要である。しかし、それがいかなる形で存在するのか、ということに関しては、相当深く考えてみる必要があるようである。というのは、現代では「原初の神」の存在をそれほど簡単に信じるわけにゆかないので、権威の問題がなかなか難しくなっているからである。

現代、特に日本においては「権威」というのはあまり評判のよくない言葉である。権威を持つべきはずの人が、自分は権威など一切ないとか、誰とも同等であるなどと広言し、それによって人気を得られると期待している。ところで、本章の最初にあげた大学生の例の場合、大学の先生が権威者として、勉強をする気のないものは学校に来ない方がいいとはっきりと宣言したことは、——危険をはらむにしろ——結果的には良い効果をもたらしたことを想起してみよう。この大学生に対して、いわゆる「理解のある」教師ばかりが接していたら、彼が大人になるためのイニシエーションの儀式を体験することは、あいまいな形でのびのびにされてしまったことであろう。

ここで、教師や親が子どもに対して、甘い方がいいのか、厳しい方がいいのか、というよくある二者択一的な議論の結論として、筆者が後者の方を支持しているなどと考えないようにしていただきたい。真の権威は甘い方がいいかとか厳しい方がいいかとか、そのような単純な二者択一的な思考を超えて存在しているものである。どちらの方が子どもの役に立つとか立たないとかいうのではなく、あるべきことをあるべきこととして指し示すだけのことである。

権威ということは最近では評判の悪い言葉であるといった。しかし、筆者が心理療法家として、教師として多くの若者に接してきた経験からいえば、若者は真の権威に対しては反抗しないといい切れるように思う。彼らは真の権威と偽の権威との差に極めて敏感であり、後者に対しては相当な抵抗を示すといっていいだろう。真の権威と偽の権威との差は、その権威の発してくる根源が、どこまでその人の存在とかかわっているかによって区別できるであろう。地位や名声や金力などに、その権威がよりかかっているときは、それは偽ものである。環境の変化によって取り去られる可能性のあるもの、それらをすべて取り去ったとしても残る権威、それが本ものである。

4　死と再生

イニシエーションの儀式においては、「死と再生」の過程が生じることが必要であると述べた。しかし、「進歩」を必要と考える現代においては、修練者の死と再生のみならず、親の方の死と再生の体験が必要となってくるのである。つまり、親も一度大人になったからといって、いつまでも安閑としてはいられない。彼自身も時に、ドラスティックな変化を体験しなくてはならないのである。

親殺し

子どもが大人になるためには、子どもが母親から分離されることが、まず必要であった。未開社会においては、イニシエーションの儀礼を通じて、それが集団的に行われたが、現代においては、個々の人間がそれを行わねばならない。このことは象徴的には、子どもによる親殺しという形で表現される。もちろん、ここで「象徴的に」とわざわざ断っているように、親殺しなどということを、実際に行うことが必要だというのではない。

ある父親は先祖から伝統のある菓子製造の仕事につくしてきた。彼にとって、息子がその名誉ある仕事を継いでくれることは、むしろ自明のことであった。また実際に、息子の方も小さいときから父親の仕事に興味をもち、父親が菓子つくりの難しさを語ったりすると、興味深く耳を傾けたりしていた。ところが、息子が大学を受験するときになって、急に自分は法学部に入学して官僚になる、といいだしたので驚いてしまった。そんな馬鹿なことがあるかと父親は怒ったが、息子の言い分にも筋の通っているところがあった。というよりも、息子の言い分を聞いて、父親はものがいえなくなった。息子にいわせると、父親は口を開くと税金が高いとか、政治が悪いとか、いつもいっている、そんな文句をいいながら菓子つくりをしているよりも、日本の政治や役所の在り方を変えてゆくように努力する方が本当ではないか、というのである。父親は「先祖代々の仕事」などと偉そうにいっていながら、結局は税金だとか、役人の統制とか愚痴ばかりこぼしている。それは本当に自分の仕事に誇りをもっていないからだと思う。父親は息子に完全にいい負けてしまった形になり、不本意ながら、息子の法学部受験に賛成しなくてはならなかった。

これなどは、典型的な「父親殺し」であるということができる。父親が自分の敷いた路線の上を息子が走ってゆくものと決めこんでいたとき、息子は自分自身の固有の道をもっており、それは父親と異なることを宣言したのみならず、父親の生き方そのものを真向から批判したのである。

危険性

ここに示したような「父親殺し」は、現代のわが国において、あちこちに生じているといっていいだろう。子どもにとって、象徴的な親殺しは、成長のために必要なことである。しかし、それが、いかになされるか、ということによって極めて重要な差が生じてくるのである。

たとえば、先にあげたような例においては、息子が法学部に入学する。ところが、彼は勉強を始めてみると、法学の勉強は思いの外に難しく、面白くもない。父親の方は父親の方で、息子が跡を継いでくれないのでさびしくてたまらないが、それもいい出すことができず、面当てのような気持もあって、長女の婿に店の跡を継がせると宣言してしまう。息子の方は、ますます勉強に身がはいらず留年を重ねているうちに、下宿にとじこもってしまって、何もしなくなってしまった。このように話が展開してゆくことも珍しくないのである。いったい、これはどうしてなのだろうか。

「親殺し」にしろ、それを親の立場から受けとめた「子殺し」にしろ、いかに象徴的になされるとはいえ、そこに相当な危険性を伴うことは当然である。すべていいことには危険性が伴う。一人の子どもが大人になるということは、なかなか大変なことである。特に、その子が既成の路線の上にのっかって、大人になる(これが、本当に大人かどうかは問題だが)ときは、あまり危険性も生じないだろう。しかし、子どもが個人として、個性をそなえた大人となろうとするかぎり、そこに何らかの「殺し」が必要となってくる。ここで、極めて大切なことは、それが意味あるものとなるためには、その死が再生へとつながらねばならないという事実である。

先の例をとって、再生への道を説明してみよう。父親は息子の批判を聞いて怒り、勝手にしろ、と叫ぶかも知れぬし、息子も息子で、誰がこんな菓子つくりなどやるものか、と怒鳴り返すかも知れない。なまの感情をぶつけ合うことができるのは、家族関係の特徴かも知れない。しかし、その後で、父親が「息子も思いの外にしっかりしたことをいうようになったな」と思ったり、「子どもたちに気を許してしまって、愚痴をいいすぎたのだな」と反省したりするなら、それは再生への道がひらけかかっていることを意味している。息子の方は息子の方で、法学部に行ったものの、「おやじは近頃さびしそうな顔をしてるな」と感じるかも知れない。お互いに殺し合いを演じつつ、なおかつお互いの関係を切らずにいること、あるいは相手の気持を察して関係をあらたにしようと努力すること、それを「愛」といっていいかも知れない。しかし、死は時に突然に訪れるにしろ、再生への道は長いことが多い。それは相当な長さと紆余曲折を必要とするものである。その長くて苦しい道を、他ならぬ殺し合いを演じた当人たちが共に歩もうとするところに、家族の愛が存在しているのである。

「親殺し」や「子殺し」が象徴的に実現されないとき、そのエネルギーが爆発し、大変な事件が生じてくる。それは時に実際の殺人事件にまで至ることがあるのは、周知の事実である。われわれは、子どもが「大人になる」過程において、大きい危険性が常に存在していることを、よく認識していなければならない。

「親殺し」、「子殺し」といっても、それが象徴的に行われるという意味において、それはいつも実の親子の間で行われるとは限らない。それは教師と生徒、上司と部下、先輩と後輩などの間で行われてもよいのである。したがって、教師にしろ、上司にしろ、若者を真剣に指導しようとするかぎり、そこには「殺し」の危険性が存在することを知っているべきである。安易な姿勢ではそれは成し遂げられないばかりか、時に回復の極めて困難な傷をお互いに与え合うだけになってしまう。教師や指導者は、自らが若者に殺されることによって、その真の指導がなされることを知るべきである。と言って、安易に死んでやってみてもつまらないことであり、時には若者に死を与えることも必要なのだから、その対決はあくまで真剣になされねばならない。

自立と孤立

子どもが大人になってゆくためには、親離れや子離れが必要だ、ということは、現在では多くの人が知っている。しかし、そこにはいつも大きい誤解の可能性が含まれている。そこでは「離れる」ことに重点がおかれすぎて、その次に生じるべき両者の関係についての配慮が欠けてくることが多い。たとえば、先にあげた菓子つくりの親と子の例において、子どもが法学部で熱心に勉強して、卒業後もどんどん出世し、偉くなったものの、父親との関係が薄くなってゆくばかり、という場合に、われわれはその息子を「自立した」人間であるといえるだろうか。父親のところに会いにくることが皆無となり、「偉くなった」自分が、菓子つくりという職人の子どもであることを恥かしく思い、そして、父親が死んで後に葬式にだけ参列するような人間を、われわれは「自立」した人というわけにはいかないのである。

筆者自身も若いときには、自立についての誤解をしていたことを思い知らされたことがあった。二十年も以前のことだが、スイスに留学したとき、あちらの人たちの親子間の交流が多いのに驚かされたのである。最初のうち、自立ということを浅く考えていたので、ヨーロッパの人たちは日本人よりはるかに自立しているために、親子間のつき合いなどは、日本よりはるかに少ないだろう、と予測していたのに、事実はまったくその逆であった。親子が離れて生活していても、しょっちゅう電話で話し合ったり、何か珍しいものが手に入るとおくり合いをしたりしているのである。予想がはずれて最初は驚いたが、すぐに解ったことは、彼らは自立しているからこそ、よくつき合っているのだ、ということであった。この線に沿っていうと、日本人は自立していないからこそ、関係を持つことをおそれて孤立している人が多いのではないか、ということになる。自立と孤立はまったく似て非なるものである。

親から本当に自立した子どもは、自立した人間として親とつき合えるはずである。親から離れて自分だけ勝手に生きている子どもは、むしろ、そのようなことが許されると考えている点において、親に対する抜き難い甘えをもっているといわねばならない。ただわれわれとしては、後にも述べるように(二一七頁参照)、西洋のモデルを絶対的に善しとしているわけでもないので、西洋との単純な比較から、日本は駄目だという気はないが、「自立」を望ましいことと考えるならば、それが真にどのような意味をもっているのか、それは孤立と混同されていないか、などについて深く考えてみることが必要と思われる。わが国の子どもたちは、孤立を自立と錯覚することが多いのである。

第三章　こころとからだ

人間にとって、こころとからだの問題は、永遠の謎といってよいほどのものであろう。こころとからだをわれわれは一応、区別して考える。しかし、それが相当に関連し合っていることを、われわれは経験的に知っている。身体の調子が悪かったり、病気になったりすると、気が弱くなったり、ものごとを論理的に考えられなくなったりする。あるいは、こころがふさいでくると、身体の動きがにぶくなったり、食欲がおちてきたりすることもある。このようにこころとからだは関連し合っているが、後にも述べるような心身症などという病気になってくると、その関連の在り方は簡単には把握できない。

大人になるときに、大きい問題となってくることにセックスというコントロールの難しい現象がある。精神分析の創始者であるフロイトが人間の性欲ということを重視したのは周知のことである。このことについて、ユングが、フロイトは人間の基本的な欲求として、食欲や睡眠欲などがあるのに、どうして性欲を重要視したのかと考えて、それは食欲や睡眠欲がより身体的なことに結びついているのに対して、性欲は身体的であり、なおかつ、心理的なものである点に、その重要性があるからだと推論したという。こころとからだをつなぐものとして、セックスということは深い意味をもっている。あるいは、ユングがセックスは天国から地獄に至るまで存在している、といっているのも示唆深いことである。それは至高の善にも、限りない悪にもつながっているのである。

子どもは大人になるとき、自分のからだということを、はっきりとわがことととして引き受けてゆかねばならない。自分では勝手にコントロールできない、自分のからだのもつさまざまのはたらきを、わがことととして引き受けてゆくことによって、子どもは大人に成長してゆくのである。この章においては、いわゆる身体的な発育についてではなく、人間が自分のからだを自分のこととして、どのように生きてゆくのか、という観点から、からだの問題について考えてみることにしよう。

1　異性との交り

大人になることの条件のひとつとして、異性の伴侶を見出すということがある。このことが大人になるために「絶対に」必要なこととは、筆者は考えないが、やはり、一般的に言って、結婚をして家庭をつくり、子どもを養うことが、大人になるための条件のひとつと考えていいだろう。このためには、子どもは異性と接することを学んでゆかねばならないが、そこには、こころだけではなくからだの接触ということが生じてくるので、なかなか困難を増してくる。しかも、性に関する倫理観は、現代になってから急激に変化してゆく様相を見せているので、大人の方が性に関する自分自身の考えにどの程度信頼をおいていいのか解らなくなっているような点もあるために、この点についての指導の困難さが増大するのである。ここでも、ひとつの例をあげて考えてみることにしよう。

「不純異性交遊」

青年期になれば、二十歳を越えると法律的には成人と考えられるので、その人がどのような異性関係を持とうとも、別に罪と考えられないが、未成年の非行のひとつとして、「不純異性交遊」と名づけられているものがある。これも考えてみると奇妙な命名だと思われるが、未成年者の異性関係が常軌を逸している場合に、非行のひとつと考えられるのである。ここでは問題の本質を考える素材として、ひとつの例を取りあげる。

ある女子高校生は、家庭の経済状態は中流の上くらい、両親は健在でよそ目には何の不自由もなく、中学生のときに級でも上位の生徒で、むしろ優秀な生徒とみられていたが、高校生になってから異性との交遊関係が急に乱れはじめ、不特定多数の相手と性関係をもつようになった。そこで、担任教師が呼び出して指導しようとすると、自分のしていることのどこが悪いのかと逆に抗議をしてくるのである。自分は自分の意志で楽しんでしていることであり、相手もそれを喜んでいる、そして、そのために誰も苦しんでいる人がいるわけではない。どうしてそれが悪いことであるのか、というのである。この生徒は知的にも高いので、いうことがなかなか鋭く、担任も少したじたじとしていると、ますます追い打ちをかけてきて、自分の行為がどうして「不純異性交遊」なのか、不純といわれる理由を説明してほしいという。愛し合っているものが性関係をもつのは当然であり、自分はそれを行なっているので、何ら不純なことはない。むしろ、不純なのは大人であって、「愛し合ってもいないのに、夫婦だからといって性関係をもつのこそ不純ではありませんか」と彼女の舌鋒は火を噴かんばかりである。これには、担任教師も簡単には答えられず、絶句してしまった。

彼女のいっていることは確かに一理あることだ。それに彼女が最後にいったことなど、現代の日本の多くの夫婦に対する批判として、むしろ当を得たものといってよいかも知れない。さて、このような手強い女子高校生が筆者のところに連れて来られた。いろいろと彼女のいうところに耳を傾けた後で、私は彼女に、「あなたのしていることは、悪いことだから止めなさい。それがなぜ悪いかなどというのではなく、理屈抜きで悪いから駄目です」と厳しくいった。有難いことに、彼女は私のまったく無茶な指示に従ってくれた。あれほど鋭く論理的に舌戦をいどんできた彼女が、私のまったく非論理的な指示にあっさりと従ってくれたのである。

当然のことだが、ここに述べたのはうまくいった一例についてであり、これが不純異性交遊に対するおきまりの「よい指導」などというのではない。こんなことをいってみても一笑に付されることもあるだろう。そもそも、このような言葉が私の口にのぼってきたというところに、この高校生のもつ自己治癒の力の表われがあったというべきだろう。指導が「うまくゆく」ときは、指導される側に「とき」が熟していることが必須の条件なのである。

それはともかくとして、この例をもとにして、異性交遊のことについて、もう少し考えてみることにしよう。

身体接触

人間がこの世に生まれて育ってくるとき、まず、新生児から乳児期に至る間に、母子一体感とでも言うべき感情を十分に体験することが極めて大切である。このときの母子一体感は必ずしも、実の母との間とはかぎらず、適当な母親代理の存在であれば、誰とでもいいのであるが、そのような一体感を基礎として、人間は育ってくるものである。このような母性的なものによって包まれている感情は、文字どおり肌の触れ合う体験を通じて得られるものであり、理屈抜きの感情として存在している。その後、乳児期から幼児期へと発達してくるにつれて、母親との身体接触は少なくなるが、家全体としてもっている、子どもを包みこみ外界から守る雰囲気は、子どもの発育を支えているものである。これは子どもの発育に必要な基本的安全感と呼ぶべきものである。

思春期から青年期にかけて、人間が急激に成長してゆくときに、この基本的安全感が乳幼児期とは異なるレベルで必要となってくる。このときに、それに必要なものを家庭内に得られない者は、どうしてもそれを他に求め、しかも、そのレベルが心理的に低下して、「身体接触」を求める欲求が強まると共に、一方では身体的には大人となってきているため、相手を選ばずに性的関係を持ってしまうことになる。そのような行動のなかで、彼らは一時的な快感や安心感などを体験すると共に、深い孤独感や悲哀感も味わっているのである。多くの場合、彼らが大人に対して自分の行為を弁護するために、極端に攻撃的になるときは、後者の感情を悟られないように防衛しようとしているのである。

筆者が先に述べたように、ある女子高校生に「あなたのしていることは理屈抜きで悪い」などといって、彼女を納得させたのも、結局は、私の理屈抜きの感情を彼女が評価してくれたからであろう。彼女にしても自分の行為に対してどこか納得できないものがあることは、既に感じとっているのだ。それがよくないことだなどと、くどくどいわれると余計に腹が立ってきて反撥したくなるだろう。彼女が本当に求めているものは、親と子との間の身体接触に等しいほど、理屈を超えて自分に向けられてくる感情だったのであろう。それに対する私の無茶苦茶な言葉はかえって彼女の心に響くものがあったと思われる。

性への恐れ

現在では性の解放がすすみ、性的に相当自由になっていることも事実であるが、その逆の現象も結構多くなっている。われわれ臨床家は、青年男子のインポテンツによる相談が増えてきたと感じている。結婚しても性的関係がもてぬために、われわれのところに相談に来られるのである。

男性が異性との性関係をもてない心理的原因としては、母親から心理的な分離ができていないことがある、といわれている。人間が赤ちゃんから大人へと成長してゆく過程について、これまでに述べてきたが、それを性心理学的観点から述べると、母子一体の、母子近親相姦的な状態から、子どもが分離・個体化し、異性との性関係をもてることができるようになる過程ということができる。このようなことを知っている人々は、現在の青年男子のインポテンツの増加現象を見て、すぐに、近頃の若者は母子分離ができていないものが多いからだ、と断定したりするが、事態はそれほど簡単ではない。母子分離と言い、異性関係といっても、そこにはいろいろな次元があると筆者は考えている。

子どもが母親の身体と自分の身体とは異なることを知るのも、母子分離のひとつの大切な段階である。思春期になって母親に反抗し、母と異なる意見を主張したりするのも、また大切な段階である。しかし、母というものは心理的には「母なるもの」として、実にひろい存在にまで拡張されてゆくもので、個人としての自分の母というものを超えるものである。したがって、一人で生活し、社会のなかに住んでいても、ただ他人と同じく、他人のいうままに生きているとすると、それは広い意味では、まだ母子分離ができていないともいえる。つまり、自分の属している集団を母なるものとして、それにかかえこまれて、ただその集団の生き方に従ってゆき、自分の個性というものを生かそうとしない。したがって、誰もが結婚するし、誰もが性体験をもつのだから、というので結婚生活をしていても、それは拡大された「母なるもの」、つまり、家とか村とかとの同一化によって行為しているだけなので、それはある意味では、まだ母子分離が十分ではないということもできるのである。結婚とか異性とか、性ということをどのように受けとめているかによって、その人の母子分離段階の在りようが異なってくるのである。

ひとつの例をあげて説明しよう。インポテンツの悩みで相談にきた青年は、新婚旅行の際に、性的関係がもてずに相談に来たのであるが、彼が不思議に思うのは、彼は新妻以外の女性と既に性的関係が何度もあり、そのときはまったく問題がなかったという事実である。彼と話し合ってすぐ解ったことは、彼の女性関係がそれまでと、新妻に対してとは変化しており、その点を彼が明確に認識していないということであった。

彼はいわゆる荒っぽい性格であり、女性に対しても衝動のおもむくままに接してゆくようなところがあり、結婚までの性関係はそのレベルで成立していたのである。ところで、見合いをした相手がたまたま美人であったため、彼にとっては今まで体験したことのない女性に対するいたわりや、やさしさの感情が生じてきた。その上、このような男性によくあることだが、彼女が彼よりも数段上の人のように感じられてきたのである。少しくらいの美人だからといって、それほど感じることもなかろうと思われるが、女性に対するそのような感情が今まで開発されていなかった男性にとって、このようなことはあんがいよく生じるのである。

新婚旅行のときに、彼の気持はもちろんうれしさでいっぱいであったが、彼の気づかないところで、彼のこころとからだは乖離現象を起こしてしまい、彼が焦れば焦るほど、性関係をもつことはできなかった。人間の性というものは、意志の力だけでは何ともならないところに不思議さがある。彼は女性とからだで接することなら、今までよくやってきていた。今、こころもからだも共に接するとなると、どうもうまくゆかないのである。性関係は、それが次元が高まるほど、多くのパラドックスを内包させながら成立するものである。そして、低い次元になるほど、単なるからだの関係となり、それは別に難しいことでもなんでもなく、すべての動物が行なっている。彼はいうならば、動物的なレベルで性関係をもつことができたが、そこにこころが関連してくるとき、あるいは、猛々しく女性に関係することはできたが、そこにやさしさが含まれてくるとき、女性に対してどのように接していいのか、解らなくなったのである。

このような例に接して考えられることが二点ある。まず第一点は、現在においては、昔に比べて男女の在り方が変化しつつあり、青年たちはお互いがどのように接していいのか解らなくなり、性的関係ということに、あんがい困難がつきまとっているということである。第二点は、これと関連しているが、昔から若者たちがもっている性への恐れの感情を大切にするべきだ、ということである。性はその衝動の強さの方が実感されることが——特に男性の場合——強いので、性への恐れなどというと変に聞こえるかも知れない。しかし、強い衝動に見合うだけの恐れが存在し、その微妙なバランスによって、われわれの行動はうまくコントロールされているのである。このような発言は、時代錯誤的に聞こえるかも知れないが、あんがい実状に合っているものと思われる。第一点についてであるが、このことは現在において週刊誌などによく書かれる性情報では、むしろ、性にともなう生理的な快感に重きがおかれ、それに対する抑圧が強いのは「現代的」ではないような錯覚に陥らされる。しかも、その一方では、既に述べたように男女の間の心理的関係に変化が生じてきており、男性は女性の存在を昔よりはより対等にみようとし、精神的存在としてみようとする態度は知らず知らずのうちに強化されてきている。相手を精神的存在として、かぎりなく高く評価しつつ、なおかつそこに肉体的な結合を願うことには、人間存在のもつ必然的なパラドックスが存在しており、それは簡単には成就し難いことといってもいいのである。

このようなことを可能にするためには、やはり相当な猶予期間を必要とするし、人間を鍛えるために必要な苦悩が存在しなければならない。そこで、若者は一方では生理的な欲求として、自分の意志ではコントロールし難い性衝動に襲われつつ、一方では自然にそなわっている一種の恐れの感情との板ばさみになって、簡単には性的関係をもつことなく苦悩することになる。このことは必要なことであるにもかかわらず、現代では性の解放という点が浅薄に解釈され、性関係に何らの恐れももたないことや、早くから性関係をもつことが望ましいと考えるような傾向があり、青年期の性の問題をますます難しくしているように思われる。

性には多くのパラドックスが含まれると述べたが、性に対する恐れにしても、それはある程度無ければならないが、強すぎても困ることは事実である。しかし、現代の風潮が、性への恐れをあまりにも蔑視する傾向が強すぎるために、本来的にそなわっている恐れの感情を無理におさえつけてしまったり、恐れるのはおかしいことだと決めこんだりして、そのために失敗をしたり、問題を大きくしたりしている人も多い。性関係をもつことは、動物も行なっていることだから、別にそれ自体は大したことでもないし、誇りにするべきことでもない。ただ、人間として多くの文化的な要因を背負いながら、そのなかで性関係をもつことによって、その在りようが変化するのである。性ということを、なんでもないように考えて——実際は、どこかに無理を感じさせるのだが——多くの性関係をもつ若者たちに会って話を聞くと、彼らはそれを本当の意味で、どれだけ「体験」しているのか疑問に思うことが多い。フリーセックスという言葉があるが、ややもすると、それは人間が「性」の力によって自由にあやつられることを意味してしまい、人間が性を自由にすることとは程遠いことになるのである。むしろ、性に対する恐れの気持を受け容れて、大切にもちこたえていると、適切な時の訪れと共に、それは望ましい性関係へと開花してゆくものであることを知っているべきであろう。

性に対する恐れの背後には、既に述べたように、母子分離に伴う不安が存在していることも事実であるが、そのことを直ちに、マザー・コンプレックスの問題として切り棄てるのではなく、それがどのような次元における母性との関連においてなのか、よく考えてみる必要があろう。母からの分離と言っても段階があり、母子一体の世界観に安住していても、人間は身体的には、結構、性的関係をもてるのである。ただ、そこでは性的関係における身体的要素の方が大きいウェートを占めるであろう。何度も繰り返すようだが、そこにどの程度の精神性が関与してくるかによって、関係の次元が異なってくるし、母からの分離という際の「母」の意味合いも、より深いものへと変ってくるのである。このことをよく知っていないと、現在の青年男子のインポテンツの問題を解決することができないであろう。

2　からだの拒否

思春期になってくると、身体が急激に成長してくる。それにともなって第二次性徴があらわれ、青年期には身体的にはまったくの大人になる。このように急変化を遂げてくる身体を「己のもの」として受け容れることは、あんがい、難しいことなのである。この際に、一般的にいって男女差があり、女性の場合は、それを受け容れるときに多くの問題が生じるのに対して、男性の場合は、自分の身体を己のものとして積極的に行為させてゆくときに問題が生じる。したがって、先にも述べたが青年期における重いノイローゼは、一般に女性の場合は初期に、男性の場合は後期に多いように思われる。ところで、「己のもの」として受け容れるべき自分の身体を拒否しているかのように思えるノイローゼの例をあげて、こころとからだの問題を考えてみることにしよう。

思春期拒食症

ある女子高校生が肥っているのが嫌だから、といって減食をはじめた。他から見て別に肥っているわけでもないのだから、減食などしなくていいのではないか、と両親はいったのだが、意志が固く、減食を続けてだんだんとやせていった。ところが、そのうちにほとんど食べることをしなくなって、やせ細ってきた。たまりかねて両親が何かを無理に食べさせると、嘔吐してしまうのである。はた目には、痛ましくて見ておられぬほどのやせ方なのだが、本人はそれで結構よいと思っているらしい。そして、そんなにやせて食べずにいるのにどうしてだろうと思うほど頑張り屋で、学校を休まないばかりか、体育の時間には、皆を驚かすほどに活動するのである。

このような症状を思春期拒食症とか、思春期やせ症などと呼んでいるが、減食による栄養不良のため、極端なときは死に至ることがあるので、よく注意しなくてはならない。命を保つために入院することも必要であり、素人療法をすることとは危険である。思春期拒食症は、以前はあまり多くなかったが、最近では、日本全国にひろがり、数も多くなっている。大体、思春期の女性に特徴的なノイローゼであるが、時に、思春期以外の女性も拒食症になることもある。時には、減食をやめて喜んでいると次に過食症となり、肥満体になって困るときがある。したがって、やせと肥満の交代になるような事例もある。最近では、男性にも拒食症が少数ながら発生してきたが、これは女性の場合と同様のものとして考えていいのか、問題があり、ここでは取りあげないことにする。

思春期拒食症は、自分のからだの成長、あるいは、存在そのものを拒否しているように思われる。大人になりたくないのだ。男性に比して女性は、こころとからだの関連がはるかに密接である。自分のからだをどう受けとめるかということと、自分自身をどう感じるかということは、女性の場合は分ち難く結びついているのである。

大人になるということは、男にとっては男になることであり、女にとっては女になることである。つまり、人間は大人になるときに自分の性を受け容れねばならない。思春期拒食症の人は大人になりたがっていないといえるが、それはすなわち、女になることを拒否しているのである。それははっきりと、女という性に対する嫌悪感として示されるときがある。

女性が初潮をどのように経験するかは、大変に重要なことである。ある思春期拒食症の人は、生理についてまったく誰からも(母親がいるのにもかかわらず)教えてもらっていなかったので、初潮のときには、ひどい病気になったと思って心配したという。こんなのは特別な場合であるが、たとえ母親から生理のことを教えてもらうにしろ、そのときの母親の態度によって、子どもの受けとめ方もずいぶんと異なってくる。日本の古来の風習として、娘に初潮があったときは、赤飯を炊いて祝うところがあるが、そのときは、自分が女性として生まれてきたことを誇らしく感じた、と語った女性もいる。つまり、女になるという事実を、彼女をとりまく人々がどのように受けとめるか、ということは実に重要なことなのである。

最近では、学校での保健衛生の授業がきっちりとしているので、娘たちは学校で「科学的な知識」を教えられるから、別に母親が娘にとりたてて生理の話などしなくてもいいと思っている人があれば、それは間違いである。娘たちに伝えるのは「科学的知識」のみではなく、いかに生きるかということに関連する、生きた知なのである。母親が女として、母として、そして人間としていかに生きて来たかということにもとづいて述べることは、娘にとって他に代え難い支えとなるであろう。「知」というものが、こころだけではなく、からだにも根ざしたものとして伝えられなければならないのである。

母とのつながり

母親と娘とのつながりは、極めて大切なものである。しかも、それは母子一体感を基礎とした深いものでなければならない。子どもたちは母親から離れてゆくのだが、特に分離を必要とするときには、母親とのつながりを確かめた上で離れてゆくようなところがある。時には、その確かめの程度が非常に強く、青年期の子どもがまるで幼児のように母親に甘えるときがある。これは息子でも娘でも同じであり、外見的には大人になった子どもが、母親の体にそっと触れたりして甘えるときさえある。このようなときに、母親がそれをいやらしいこととして強く拒否したりして、そのために子どもの自立へのはたらきが歪んでしまうこともある。

母親と子どもの結びつきは、このように極めて大変であるが、その母親を支える父親の力が弱いときは、親子関係の在り方が歪んでくるのである。父親の家庭での態度が弱いと、母親はそれを感じとって、知らず知らずのうちに、母親が父親役を演じるようになってくる。そのために、それを補償しようとして父親が母親役をとるようになると、親子関係が混乱してくるのである。つまり、家で子どもに対して叱責したり、方針を決めたりするのは、もっぱら母親の役となり、父親は子どもに同情してかばってみたり、妙に甘やかしたりするようになる。このようなパターンは、わが国においては生じやすいように思われる。

もちろん、父親と母親はテニスの前衛と後衛のようなものであり、時により、状況に応じてその役割が入れ代ることも必要である。あまりにも固定した観念に縛られていては、動きがとれなくなってしまう。しかし、父親と母親の役割がまったく逆転してしまうのは、やはり問題のようである。時には、一人で父親と母親の両方の役割をやり抜くような例外のあることも事実であるが。

母との結びつきに相当することは、母親とのみ生じるとはかぎらない。その相手は母親でなくとも他の人でもいいのである。それは教師であったり、親類の誰かであったり、あるいは何らかの集団であったりするだろう。それがうまくゆくときは、それで真に結構である。しかし、青年の母とのつながりを求める態度が強すぎるときは、母親代理となったものは、しばしばその重荷に耐えかねると感じさせられるであろう。

青年期におけるアルコール飲料や薬物に対する耽溺も、このような観点から見ることができるであろう。強い酩酊状態は、彼らに母子一体感に相応する安心感を与える。そのようなことも時には必要であろうが、その耽溺から抜けでることのできない人は、自立の難しい人である。大人がそのような青年を立ち直らせようとするとき、単に酒や薬物を止めよと忠告するだけで、それに代るべき母性的存在を与えないときは、なかなか成功するものではない。薬物依存などがあまりにも強くなり、生命の危険まで感じるときは、彼らが土なる母との一体感、つまり、死を願っているのではないかとさえ感じられる。このようなときの援助者がしばしば大変な困難に会うのも、よく了解できるところである。

3　己を超えるもの

からだというものは不思議なものである。私のものであって、私のものでないところがある。たとえば、手術によって私の腕が切り離されたとき、それは私の一部としてではなく処理されてしまうだろう。私は私の心臓の動きや、胃のはたらきなどをコントロールできない。といっても、それはまったく勝手に動いているわけではない。私のおかれた全体的状況にふさわしい動き方をしているのである。私は私の腕を自由に動かせると思っているが、それにしても、時には緊張のためにふるえたり、硬くなってスムーズに動かなかったりする。こんなふうに考えると、からだという存在は、人間存在そのものについて考えさせる要素を多くもっている。

家庭内暴力

いつだったか、自分の両親を金属バットで殺してしまった青年があった。もちろん、これは彼のしたことではあったが、彼にとっては、まったく思いがけぬことであったろう。いったい誰の意志でそれが行われたのか解らない、といいたいくらいの心境であっただろう。最近になってわが国において増加してきた家庭内暴力の事例において、その子どもがよくなってから、なぜあんなことをしたかを聞くと、本当のところは自分でもはっきり解らないと答えることが多い。一度、親に暴力をふるいはじめると、自分でもコントロールのきかない状態になってしまい、とめようがないというのが実状であろう。言葉でのやりとりでは駄目で、どうしても身体的な攻撃を加えないと、気がすまないのである。

家庭内暴力において、もっとも多いのは息子が母親に暴力をふるうケースである。しかも、その理由や程度がまったく常軌を逸しているので、家庭内暴力の病理が明確にとらえられない初期の頃は、しばしば精神病と誤診されることがあった。つまり、それほどまでに、その行為は不可解なことが多いのである。母親のちょっとした行為とか言葉に突然怒って暴力をふるうのだが、それ以外のときは、まったく普通であり、判断力もしっかりしているのである。

青年期というのは、今までに建てたひとつの家を壊して新しい家を建てかえるのだ、と思うとよく解るときがある。子どものときに、子どもなりの家ができあがるのだが、それは仮小屋であって、それをベースとして仕事をなしつつ、結局はその仮小屋も壊してしまって、新しい家をつくらねばならない。仮小屋がしっかりしていないと新しい仕事をしてゆくのに差支えるのはもちろんだが、仮小屋に力を入れすぎて、まるで本屋《ほんおく》にでもできそうなのをつくっておくと、建てかえが大変である。家庭内暴力をふるう子どもの多くは、仮小屋をたてるときに、親が妙に張り切りすぎて、本屋まがいのものを建てさせたようなところがある。したがって、それを壊すのには相当な「暴力」が必要なのだ。つまり、子どもを育てるときに、親が「よい子」に育てようとしすぎて、大人の小ぢんまりした存在のような子どもをつくりあげていることが、家庭内暴力の例では多いのである。

家の建てかえの比喩を続けて用いると、この問題は次のようにいうこともできる。家の建てかえの際に、大きい家を建てようとする人は、基礎を深く掘らねばならない。したがって、基礎を深く掘りすぎることによって、問題が生じてくる可能性も大となってくる。つまり、以前に比べて、現代の子どもたちは基礎を深く掘らねばならぬので、なかなか大変なのである。これを心理的に言えば、現代の子どもたちは、より深いこころの問題にぶつかっている。たとえば、ある高校生が母親に対するとき、個人としての母親としてではなく、彼女の背後に存在する母性というもののもつ深淵に対しているのである。つまり、その高校生は自分の心の奥深くに存在する母なるものとの対決に迫られることになる。そこで、母親が何気なく部屋にはいってきても、それは外的には確かに何も大したことではないのだが、それは子どもにとって「侵入」――それも怪物か何かの――と受けとめられ、彼はそれと「戦う」ために暴力をふるうことになるのだ。実のところ、彼のなすべきことは、母なるものとの内的な戦いであるのに、彼はそれを外界に存在する母親へとぶつけてしまうのである。

もちろん、青年が真に大人となってゆくためには、そのような深い問題と自ら対決し、既に述べたように母殺しの象徴的実現を、あくまで自分の内界のこととしてやり抜かねばならない。それができないために、彼らは母親に対して暴力をふるうという馬鹿げたことをやっているのだが、われわれ大人としては、そこに生じている問題の次元の深さについて、よく知っておく必要がある。現代に生きる青年たちのこころの亀裂はかなり深く、精神病的な世界に達するほどのものとなっているのである。このことをわきまえずに、安易に家庭内暴力の事例に対応しようとしても、うまくゆかないことが多い。そして、家庭内暴力をふるわないにしろ、多くの現代青年は、この深い亀裂をどう癒してゆくかという課題を背負っていることを理解しなくてはならない。それは、「抑圧されているものを解放してやればよい」、といった単純な考え方によって対処できるようなものではないのである。

心身症

現代の青年のこころの亀裂は相当に深いものがあると述べたが、そのことに関連することとして、心身症が増加してきている事実をあげることができるだろう。心身症という言葉は例の日航機の事件以来、一般によく知られるようになったが、またそれだけに誤解されている点も多いようである。心身症とは日本心身医学会の医療対策委員会によると、「身体症状を主とするが、その診断や治療に、心理的因子についての配慮がとくに重要な病態」であるとされている。心身症は、喘息、消化器系のいろいろな潰瘍、アトピー性の皮膚炎、など多くのものがあるが、学者によって心身症を狭く考える人と、広く考える人があり、たとえば、既に述べた思春期拒食症などは、心身症の分類に入れる人と、入れない人とがある。このような細かい点はともかくとして、心身症が青年期においてかつてよりは増加してきているのである。最近では児童にまで胃潰瘍になるものが出てくる有様である。

心身症について、「心理的因子についての配慮がとくに重要な」という含みのある表現がなされ、「心理的因子が原因となっている」などと述べられていないことに注意しなくてはならない。心身症について、一般に「心の原因によって身体の病気が起こる」という短絡的な誤解が存在し、このことによって不要な混乱を起こしているように思う。たとえば、心身症の人に対して、「心がけが悪いからだ」とか、「意志が弱いから」などといったり、「何か悩みがないか」と詮索してみたり、「もっと気楽に生きたら」などと忠告したりする。これらの考えは、こころとからだとの結びつきに対して、あまりにも安易に考えすぎているといわねばならない。「悩みがないか」といわれて、すぐに言葉で表現できるような悩みから心身症が生じることは、あまりないだろうし、もしいえたとしても、その解決はちょっとした心の在りようなんかで変わりそうもないことであろう。「気楽に」などといわれても、そもそもそれほど簡単に、人間は「気楽に」生きられるものではないのだ。仕事を休んで温泉にでもつかっておればなどといっても、温泉につかっている間中、仕事はどうなるか、将来はどうすべきかなどと考えていたら、それは別に「気楽」ではないのである。

こころとからだのからみ合いは、それほど単純ではない。いったいどちらが原因とも結果ともいえぬことも多い。したがって、わざわざ「心理的因子についての配慮がとくに重要な」という含みのある表現がなされているのである。しかも、この「心理的因子」は、既に述べたように一般的な考えによって、簡単に類推したり、取り扱ったりできぬような類のものである。そして、実際には、心身症だからといって、なまじっか心理的なことを考えず、身体的な治療をすると、よくなってしまうことも多いのである。からだを癒す過程において、自然にこころも癒されることがあるのだ。

第三領域

こころとからだの問題の本質を深く考えてみるために、ここでひとつの児童文学作品を取りあげてみよう。ロビンソン作の『思い出のマーニー』(上下、岩波書店)の主人公、アンナは喘息に苦しんでおり、まわりの人々にとけこむことができない少女である。アンナは転地療養のために、ある海辺に住む老夫婦のもとにあずけられる。アンナは自由に海岸のあたりを散歩しているうちに、マーニーという少女に会い親しくなる。アンナは両親に早くから死に別れた孤児で貧しい子であるが、マーニーの方はお金持の家に育った子である。アンナはマーニーの「恵まれた」境遇をうらやましがりながらも、マーニーの優しさに惹かれて、親しくつき合ってゆく。マーニーとの暖かい接触によって、アンナはだんだんと癒されてゆくのだが、そのうちに、「恵まれた子」と思っていたマーニーが、実のところ、お金持の家に育ったということはあるにしろ、それほど暖かい両親の愛に恵まれてはいないことを知るようになる。

アンナはマーニーとますます親しくなるが、マーニーがアンナを棄てたと誤解し、強い怒りを感じる。しかし、苦しむマーニーの姿を見て、彼女を許してあげるとアンナは叫ぶのである。このようにして、アンナは激しい感情の嵐を体験しつつ、マーニーとの心の交流のなかで、だんだんと癒されてゆくのだが、ここで非常に大切なことは、マーニーが、実のところ、実在の人物ではなく、それはアンナの幻想体験だったということである。詳しいことは原作を読んでいただくとして、これを読みながら筆者が心を打たれたのは、そのような幻想の世界の住人こそが、アンナを癒すことができた――そして、この世に実在している誰もがアンナを癒せなかった――という事実であった。それでは、いったいマーニーという存在は何者であったのだろう。アンナのもとにうまく立ち現われ、最後には姿を消していったマーニーというのは、いったい、どこに住んでいるのだろう。

『思い出のマーニー』を読んで、筆者が感じたことは、人間存在というものを考えるとき、こころとからだという二つの領域のみではなく、その両者をあわせて全体性を形づくるものとしての第三領域の存在を仮定せざるをえないということであった。アンナはからだが悪いのでも、こころが病んでいるのでもない。彼女の第三領域との接触がうまくいってなかったために、いろいろと問題が生じていたのではなかろうか。そして、彼女の幻想のなかに立ち現われたマーニーこそ、その第三領域からの使者ではなかっただろうか。この第三領域について、筆者は今のところ、それほど詳しく確実に語ることはできないが、それが古来から、たましいと呼ばれてきたものではないかとは思っている。

自分でもそれほど確かではない、たましいのことについて、なぜわざわざここに言及するのか。それは現代において、子どもが大人になるときに、この問題を考えずにおくことはできないと感じるからである。既に示した未開社会におけるイニシエーション儀礼の場合のように、社会に属するすべての成員が、祖霊とか神とかいう超越者の存在を信じている場合は都合がいい。そのときはその超越者のはたらきによって、修練者の「実存的条件の根本的変革」が、集団的に生じることになる。しかし、現代においては、そのような集団的変革はもはや生じなくて、個々の人間が個々に大人になるより仕方なく、そのときに、それぞれの人間は自分なりに、自分のたましいの存在との接触を必要としているのである。己を超える存在の認識が、大人になることの基礎として必要なのである。

筆者はこのことによって、大人になるために何か特定の宗教を信じたり、宗派に属したりすることが必要だといっているのではない。時には、そのような形態をとることにもなろうが、大切なことは、自分のコントロールを超えた存在を認識すること、それとの関連において、自分という存在を考えてみることができることなのである。そのことは、自分の意志で完全にはコントロールできない自分のからだを、わがこととして引き受けることの背後に存在しているのである。

アンナとマーニーの交友は、まったく秘密の誰も知らない出来ごとであった。人間が自分のたましいとの接触をはかり、自分という存在の個人としての確立をはかろうとするとき、そこには何らかの秘密の存在を必要とする。こころとからだをつなぐものとしての性《セックス》が、しばしばたましいの問題と密接に関連するものとして、秘密のヴェールに包まれるのも、このためである。性はいやしむべきもの、汚れたものとして隠されているのではなく、極めて意味深く、尊重すべきものとして隠されているのである。思春期の子どもたちに、性に関する生理的知識を与え、それによって「すべてを明らかにする」ことが、性の問題を解決するというのは誤りである。確かに、性に関する生理学的な知識を与えることが必要なときもあろう。しかし、それで問題は解決したりはしない。既に述べたように、女性の場合は、自分の意志に関係なく、初潮という形で性の問題がやってくるのを、いかに受け容れるかがまず課題となるので、それに関する知識をもっていることが必要であろう。それに対して、男性の場合は、それと積極的に対決してゆく姿勢も必要なのである。青年は性の秘密を知ろうとして苦悩し、性に関する秘密をもって苦悩する。そのような苦悩を通じて、彼は、男と女、精神と身体、善と悪、などについて考えざるをえなくなるし、自分という存在と他者との関係についてもいろいろと考え直してみることであろう。深く考えれば考えるほど、性の秘密は永遠に解き難い謎を含んでいるのである。青年が大人となってゆくためには、これらの問題と自ら直面し鍛えられてゆくことが必要であり、生理的な事実を早く教えることによって、性のことが「わかった」と思わしめ、せっかくの鍛練の機会を奪う必要はないともいえるのである。

第四章　人とのつながり

子どもは子どもなりに人間関係をもっている。しかし、大人は大人としての人間関係をつくりあげてゆかねばならない。そしてまた、子どもが大人へと成長してゆくとき、その成長を促進したり、妨害したりするような人間関係の在り方が存在することも事実である。しかも、それはある時点までは成長促進的であった人間関係が、ある時点からはむしろ妨害的にはたらくということさえある。このように考えてくると、人間関係の難しさ、重要さがよく了解されるであろう。

1　孤独と連帯

青年期というのは、相当な程度の孤独と、相当な程度の連帯感と、その両方を味わう時期ではなかろうか。また、大人であるということは、孤独に耐えられることだ、ともいえるし、いろいろな人と共に連帯してゆけることだ、ということもできる。人間における孤独と連帯の問題も強いパラドックスを内包しているように思われる。

友人

青年期においてよき友人を得ることは大切なことである。友人との関係を通じて、青年は自分の個性の在り方を自覚すると共に、自分とは異なる生き方を理解し、評価することを学ぶのである。このことは、大人になるために必要な条件のひとつである。

子ども時代の友人関係は、近所に住んでいるからとか、教室で机が並んでいたからとか、偶然的な要素によることが大きいが、成長してくるに従って、自分の個性との関連において、自らの意志によって選ぶという要素が大きくなってくる。ともかく、自分という存在を認めてくれている、許容してくれている、友人がいるということは、人間を力づけてくれるものである。既に述べたように、大人となってゆくためには、両親からのある程度の分離が必要であるので、このような友人による支えは随分と有難いことと感じられる。

ところで、このような友人との連帯感は、ただそれだけに終るときは、本質的には母子一体感とよく似たものとして、むしろ、青年の成長を阻むものとして作用するときがある。たとえば、ある大学生Ａ君は大学に行くのが何となく馬鹿らしくなって、下宿にこもりがちになってしまった。それでもあまりにさびしいと思うときは、大学に出かけてゆくのだが、誰も相手にしてくれない。そんなときに、近くの食堂でふと隣り合った同年輩の若者と親しくなった。彼は高校を出てすぐ就職しているのだが、お互いに強い親しみを感じ、下宿を訪問し合ったり、一緒に食事をしたりする仲になった。Ａ君にとって、その友人が共にいてくれることは、何となく気分が落ちつくし、別にとりたてて話し合わなくともお互いに気持が通じ合うように感じられた。このような友情が一年あまりも続いたが、そのうちにＡ君は彼と一緒にいると、何となくいらいらするようになってきた。彼のどこが気に入らぬということもないのだが、ともかく、いらいらとしてくるのである。

このような現象が生じてきたのは、A君の友人関係が、もはやA君の成長を阻む方向に動きはじめているからである。確かに、この友人はA君の孤独感をやわらげてくれるという意味においては、それまでは意味をもっていたのだが、A君がそのような状況から一歩脱け出ようとするときに、何となく妨害的にはたらくように感じられてきたのである。このような気持がはたらいていたためか、二人はつまらないことで口論してしまい、しばらく顔を合わさなくなった。A君は腹が立って仕方がない。今まで自分はいろいろ無理をしてまで付き合ってやったのに――実のところ、相手も同じように感じているのを彼は知らないのだが――少しのことで立腹してしまうなど、まったく馬鹿げている。あんな人間と一生これから付き合うものかと思う。しかし、一方では、夕食を一人で食べたり、夜、一人で下宿にいると何となくさびしくて、ふと、彼が来ないかなと思っている自分に気づいて驚いてしまう。

そんなときの夜おそく、彼が突然やってきた。ともかく上れということで下宿に迎え入れると、彼が思いつめたようにして次のように話をした。彼は大学へなど行く価値がないと思い、高校卒業後に就職し、今まで立派にやってきた。しかし、自分の気づかないところで、大学生をうらやましく思ったりしていたのではないか。だから、A君と友人になり、困っているA君を慰めてやることによって、自分はやはり大学生よりはしっかりしているのだ、偉いのだと思うことに意味を見出していたのではないか、と反省したというのである。口論の種はささいなことだが、今まではいつも被保護者のような立場にあったA君が、少しの自己主張をしたことが原因であり、自分は、どこかでA君を対等の人間として見ていなかったのではないか、というのである。これを聞いてA君は、彼の率直さと、よく考えていることに感心してしまった。そのようにいわれてみると、A君にもいろいろ思いあたるところがあった。

影の共有

友人の率直な話を聞くと、A君も思いあたるところがあり、自分も率直にいってみた。考えてみると、A君たちが一番よく話が合ったのは、他の大学生たちがつまらない勉強をよくやっているなあとか、大学でスポーツばかり熱心にやって、なぜあれに意味があるのだろうとか、他の大学生たちの悪口をいうことであった。そのような点で二人は意気投合していたのだ。ところが、一年ほどたつうちに、A君も何となく大学へ出て勉強したくなってきた。しかし、それをいい出すのは友人に悪いと思ったり、今まで大学で勉強することを散々悪くいってきながら、いまさら自分が大学へ行くというのは、かっこうが悪いと感じたりして、いい出せなかったというのである。二人とも率直に話し合って、A君はこんなことをいうと二人の友情はこれで終りになるのではないかと思ったのに、二人ともかえって以前より親しい気持になってきて不思議に思った。

友人関係はいろいろな要素から成り立っている。関係の緊密さという点にのみ目を向けるとき、それは非常によい関係であるかのように見えるが、実のところお互いの成長を妨害している関係として、「影の共有」関係というのがある。人間は誰しも「影の部分」というべきものをもっている。自分にとっては受け容れ難い部分、生きていくことを拒否している部分、といっていい。今の例でいうと、A君もその友人も、大学で勉強するということは、共通の影の部分になっていた。したがって、二人とも大学生の悪口をいっているだけで意気投合することができたのである。われわれは自分の克服しなくてはならない影の部分に対して、それと直面する苦しさをまぎらわすために、影の部分を共有する人間関係をもち、自分の影の部分を不問にして、他人を笑いものにしたり、他人を攻撃したりして「固い友情」を誇っているときがある。そこで、その関係を「大人の友人関係」へと高めるためには、外にばかり向けていた批判の目を内に向け、A君とその友人が話し合ったように、お互いの影の部分を直視することが必要となってくる。このような話し合いを通じて、A君は大学に行くようになるし、友人は今までどおり仕事を続けながらも、自分は自分の道を歩き、他人は他人の道を歩くものとして、別に相手が大学に行っていようといまいと、それにこだわることなく友人関係を保つことができるようになるのである。

人間は誰しも影の部分をもっているし、弱くもあるから、どこかで影の共有的人間関係をもたないと苦しくて生きてゆけぬことも事実である。しかし、いつまでもそれに甘んじていてはならないのである。そのような関係が変えられてゆくときに、A君が体験したように、一時的に友人関係を切ってしまおうと思うほどの孤独が感じられ、次にそれをバネとして新しい連帯感が生まれてくるところが特徴的である。

恋　愛

子どもから大人になる過程において、ほとんどの人が恋愛を体験するといっていいだろう。といっても、その在り方には人によって実にさまざまのものがある。しかし、その本質は男性と女性という異なった存在が、何らかの意味における合一を目指しているといえるだろう。性の問題について既に述べたが、恋愛において、性欲ということが直接に意識されていない場合にしても、人間存在を根底から揺するようなエネルギーの流れが、そこにはたらいていることは認めねばならない。合一への意志の背後には、人間のより完全な、より全体的なものを求めようとする傾向がはたらいている。当人たちは相当に遊び半分の気持で恋愛をしているつもりでも、そこには何らかの意味で、欠けたものを相補おうとする傾向がはたらいている、といっても過言ではない。

男性も女性も、自分には無い何らかの点を相手に見出し、それに憧れ、それを手に入れようとするし、また、せっかくの相手の期待にも応えたいと願う。このために、多くの男女は、恋愛によって成長することが多い。両親とか教師とかの忠告や助言には、まったく耳をかさなかった青年が、恋人の一言によって態度をがらりと変えることは、よくあることである。恋愛の際に動くエネルギーは、普通の場合よりも次元が異なるのである。また、それだけに危険も大きく、恋愛が転落の機縁となることもある。しかし、はじめに述べたように、恋愛が異なる存在の合一を目ざすものであるとするならば、どうしてそこに転落の道が生じたりするのだろうか。

恋愛ということは、洋の東西を問わず多くの文学作品の主題として取りあげられ、未だに絶えることがないことから見ても、それがいかに画一的に論じられないものであるかが解るであろう。それは永遠に捉え難い要素を含んでいる。しかし、ここで大胆にごく大雑把ないい方をすると、恋愛によって両者が成長してゆくためには、何らかの意味でそこに相反する傾向が存在しなくてはならないといえる。相反するものの合一によってこそ、新しいものが生まれでてくるわけである。しかし、相反する傾向があまりに強すぎては、それは一体となるよりもむしろ離れるのが当然であり、合一へと向かってゆくためには、その過程を進ませる基盤として、両者に共通の要素がなければならぬはずである。簡単にいってしまうと、両者に共通の要素は関係の安定に役立つが、そこに発展性がなく、相反する要素は発展への可能性をもっているが、そこには離反の傾向が強い。このようなパラドックスのなかに恋愛関係が成立している。

結婚のための見合いの場合は、どうしても関係の安定性の方に注意が向けられるので、いろいろな点で男女の間の共通要素が強調されることが多い。これに対して、恋愛の場合は、どうしても発展の可能性に賭ける(あるいは、無意識的に賭けさせられる)ので、多くの相反する要素があり、本人たちの熱心さに対して、周囲はその関係の安定性に不安感を抱くことが多いようである。恋愛の場合は、それに多くの思いこみやひとりよがりが加わるので、せっかくの合一の意図は破れてしまい、破局を迎えることも多いのである。つまり、両者の間の相反する要素が強すぎて、合一へと至るまでに破壊作用が生じたり、心理的合一の道が程遠いのに、身体的な関係や、結婚という社会的な結合が先行しすぎて、そのギャップが埋められぬために破局を迎えてしまったりするのである。

恋愛には思いこみやひとりよがりがよく生じる。それは自分の心の奥底に可能性や欲求として潜在していることが、あまりにも強いために、相手がそれをもっているものと錯覚しがちになるためである。たとえば、やさしさということを強く求めている男性は、相手の女性のほんの少しの親切に対しても、深いやさしさを感じてしまうだろう。そして、彼の彼女に対するやさしさを求める気持があまりにも強くなりすぎて、彼女が彼を拒否するようになり、失恋という事態が生じることになる。このようなときに、相手の女性に裏切られたとか、自分の思いこみが悪かったとか堂々めぐりの後悔をくり返すのではなく、なぜ、それほどのやさしさを自分は期待したのか、そのようなやさしさは、自分の可能性として自分のなかにあるものを開発してゆくべきではなかったか、と考えてみることである。単純に他人を非難せず、生じてきたすべての事象を「わがこと」として引き受ける力をもつことこそ、大人であるための条件であるといえるであろう。

2　日本人として

対人関係の問題を考えてゆく上において、日本人の対人関係の在り方の特徴を知っておくことがまず大切である。この点をぬきにして、一般論的に、あるいは西洋人をモデルとして、個人と家や社会の関連を考えても、それは実状とかけ離れたものとなるのであろう。われわれはごく最近まで西洋近代の文化をモデルとし、それとほとんど変らぬ生き方をしているとさえ思っていたが、国際交流がはげしくなってきて、外国人との接触が増え、外国の事情がよく解ってくるにつれて、日本人の生き方は多くの点で西洋人と異なっていることが明らかになってきた。そのために、最近では日本人論が盛んとなり、ほとんどの読者の方がその点についてある程度知っておられることであろう。その点について、ここに詳しく述べることはできないが、「大人になる」ことを考える上で無視することのできない問題であるので、ここに簡単に触れておくことにする。今まで述べてきた「大人になる」ことは、ある程度、一般的に通用することを述べてきたのであるが、厳密にいえば、大人といっても、日本的大人なのか西洋的大人なのか、という問いが成立するほど、この問題は難しいことなのである。

日本人の自我

大人になるといえば、「自我の確立」ということを条件のひとつとして、誰しも考えるであろうが、実のところ、「自我」ということが西洋人と日本人では異なっていると筆者は考えている。まず、ひとつの例をあげてみよう。筆者がスイスに留学中のことだが、ある小学校一年生の子が成績不良というので、幼稚園へ落第させられたことを知り、驚いていると、幼稚園の先生が、日本には落第がないのかと聞かれる。小学校では落第がないというと、その先生が驚いた顔をして、「日本ではそんな不親切な教育をしていいのか」といわれる。このときに筆者にとって印象的だったのは、落第させることを「親切」と考えているという事実であった。つまり、成績の悪い子はその子に適切な級に落第させるのが親切だというのが西洋流であり、たとえ成績が悪くとも進級させてやるのが親切だというのが日本流ではなかろうか。このような考え方の差が生じてくるのは、その考えの主体となる自我の在り方が異なっているからであると考えられる。

西洋人の自我は他と切り離して、あくまで個として確立しており、それが自分の存在を他に対して主張してゆくところに特徴がある。それに対して、日本人の自我は、あくまで他とつながっており、自分を主張するよりも他に対する配慮を基盤として存在しているところがある。先の例でいえば、ある子どもが一年生に入学してくると、その子の成績がどうであれ、その子の気持を配慮して、みんな一緒になって進級してゆくようなことをよしとしなくてはならない。それに対して、西洋では成績が悪ければ落第し、落第が嫌なら進級できるよう自己主張せよ、つまり、自ら努力せよ、ということを教えるのである。日本人であれば、何もいわなくとも相手の気持を「察する」ことのできる人間になることが、大人になることといえるし、西洋人であれば、自分のことは自分で自己主張できることが、大人になることといえるだろう。このような混乱は、西洋と日本の交流が盛んになるに従ってよく生じている。たとえば、欧米に長く滞在した日本人が帰国して、何のためらいもなく自己主張すると、「いばっている」とか「勝手者だ」などと非難されるというような事実として、そのことが示されている。また逆に、長い間日本にいたアメリカ人が、帰米すると、自己主張をしないので、そんなことではアメリカでは生きていけないと友人に忠告されたと聞いたこともある。

日本人はその自我をつくりあげてゆくときに、西洋人とは異なり、はっきりと自分を他に対して屹立しうる形でつくりあげるのではなく、むしろ、自分を他の存在のなかに隠し、他を受け容れつつ、なおかつ、自分の存在をなくしてしまわない、という複雑な過程を経て来なくてはならない。しかし、その間において、他に対する配慮があまりにも優先すると、常に「他の人はどう考えているのか」、「他の人に笑われないようにしなければ」ということが強くなりすぎて、西洋人からいわせれば「自我が無い」というようなことになってしまいかねないのである。

ここで、筆者は西洋流の自我と日本流の自我と比較して、どちらがすぐれているとか、どのようになるべきであると主張するつもりはない。戦争に負けた頃は、西洋流の考えが強く、日本人の自我を「他人志向的」だなどと批判する傾向がよくみられ、最近になって日本の経済的成功が高く評価されるようになると、ある種の日本人論のように、日本人の在り方の弾力性がよいこととされたりしたが、実のところ、両者の在り方は一長一短であり、軽々しく判断を下すべきことではない、と筆者は考えている。

子育ての在り方

日本と西洋と、そのどちらがいいか解らないと述べたが、一般的傾向として、日本人が西洋の影響を受けて、西洋化されつつあることは事実である。しかし、それがどの程度、どのようになされているかについての自覚がないときは、大きい混乱をもたらすようである。

ひとつの例をあげて考えてみよう。ある若い女性が母親に付きそわれて筆者のところに相談にみえた。二年間にわたる恋愛の末に結婚したのだが、夫の両親があまりに理不尽であり、夫の理解も少ないので実家に逃げ帰ってきたのだが、これからいったいどうしたものだろうという相談であった。彼女の夫の両親に対する怒りはいろいろとあった。たとえば、母親が夫の好きな料理をつくって訪ねてくるということがあった。夫は妻の気持も知らないで、「やっぱりお母さんの料理は一番おいしい」などといいながら喜んで食べ、自分のつくったものを少ししか食べなかった。しゃくにさわったが辛抱していたら、その後、夫が母親に長電話した後で、母親に対して先日の料理の礼をいうために電話に出ろという。あまりにも自分の気持を無視していると思って、「出る必要ないでしょ」というと、夫は親をないがしろにすると怒り出した。あるいは、夫と一緒に両親の家に招かれたとき、両親と話していてもそれほど面白くもないし、夫と二人で、以前の夫の部屋にゆき長々と話をしていた。すると、父親がもっと親の気持も考えろと文句をいった。すると、夫はすぐに両親の部屋へ行ってしまった。

このようなことを考えると、夫は両親や家に縛られていて、まったく自立できていないと思う。夫と自分が楽しそうに二人で話をしていたら、もし自分の子がかわいいと思うのなら、夫が楽しく時間をすごしていることを喜ぶべきなのに、それに対して文句をいうのは身勝手だと思う。母親にしても、いかに料理自慢であれ、それをもってきて、まるで妻の自分の料理下手にあてつけるようなことをすべきではない。……などなどと不満はいくらでも続き、付きそってきた母親も、まことにもっともだとうなずかれるのである。

このような話は日本中に満ちているといっていいことだろう。この女性のいうことは半面は正しいのだが、全面的に正しいとはいい難い。夫が両親から自立していないと非難するのなら、少しのことで実家に逃げ帰り、母親に付きそわれて相談に来る自分は、両親から自立しているといえるだろうか。夫が楽しく自分とすごしていることを、子どもがかわいいと思うかぎり、親は無条件に喜ぶべきだという考えが正しいのなら、もし、彼女が夫を愛しているのなら、夫が母親の料理を喜んで食べているのに対して、妻はそれを無条件に喜ぶべきだということになるだろう。どちらもまったく五分五分なのである。

昔の「嫁」なら泣く泣く辛抱したことであろう。辛抱せずに自己主張するようになることは、西洋流になったということである。しかし、彼女がここで本当に「西洋流」であるなら、泣いて実家に帰ったりはしなかったであろう。自分の考えを夫に告げ、それに対して、夫の方も自分の考えを妻に告げることになるだろう。その上において、いったいどうするのかを二人で力を合わせて考え抜いてゆくだろう。ここで注意すべきことは、われわれは他人を非難するときは知的機能に頼りやすいので、「頭」に覚えこんでいる西洋流の考えを使いやすい――たとえば夫が「自立」できていないなどと批判する――が、いざ「生きる」となると、それまでの「体」にしみついていることが出やすいので、日本流に行動してしまうことになるということである。これを「子育て」という点からいえば、われわれは子どもを育てるときの基本姿勢としては、知らず知らずに日本流にやっていながら、知的には西洋流にやっていることを反省すべきではなかろうか。そして、この女性の両親のように、自分の育て方について反省するのではなく、娘の一方的な論理にそうだそうだと同調してしまうのである。この娘さんも、成績が悪かったら一年生から幼稚園へ落第させるような「親切な」教育を受けていたら、これほど甘い考えに頼って、自己主張することはなかったであろう。

「子育て」といえば、赤ちゃんのときから日本と西洋では育て方が異なっている。そのことを知らずに、小さいときは日本流に育てておいて、大人になってから急に西洋流にしようとしても無理があるというものであろう。欧米では、母親が忙しくしている間に、父親が小さい子にお話をしてやったり、本を読んでやったりして寝かしつけることを見聞きしたが、こんな実態を知らず、子どもを「自立」させるために、日本人が西洋の真似をしているつもりで、小さい子を両親がともにほうっておいて、正常な発達を歪ませてしまうような例もあった。これもまったく困ったことである。異文化を取り入れることは、なかなか簡単にはできないことなのである。

これからどうなる

それでは、われわれ日本人としてはどうすればいいのだろうか。既に述べたように、日本人が西洋化されてゆく傾向が、現代においても強いことは事実である。われわれは簡単に後へはもどれない。いまさら、イニシエーションを行なっていた未開社会にもどれるはずもないし、明治はよかったなどといっても、明治にもどれるはずはない。それに、それぞれの社会、それぞれの時代において、それ相応に良い面もあれば悪い面もあるのも事実である。われわれがある程度モデルとしてきた西洋社会においても、むしろ、その行きづまりが見えつつある状態である。

われわれにとって今もっとも大切なことは、従うべきモデルが無いことを、はっきりと認識することではなかろうか。モデルが明確に存在するとき、ある程度ハウ・ツー式のことがいえるはずである。現在、「大人になること」について、これほど語ることが難しく、ハウ・ツー式のことが述べにくいのも、結局はモデルが無いからである。昔からの日本流も駄目だし、西洋流も駄目なのである。そうすると、いったい「大人になる」とは、どのようになることか、モデルが無ければ判定のしようもないじゃないか、といわれそうだ。この点に関しては、モデルが無いことを認識し、モデルの無いところで自分なりの生き方を探ってゆこうとし、それに対して責任を負える人が大人である、といえるのではなかろうか。大人になるという決められた目標があり、そこに到達するというよりは、自分なりの道をまさぐって苦闘する過程そのものが、大人になることなのである。

このように「大人になること」を考えると、既に第一章に述べたような「つまずきの意味」が余計はっきりとするであろう。自分なりの進むべき道は、つまずきを通じてこそ知ることができるとさえ、いうことができる。たとえば、家庭内暴力の場合を取りあげてみよう。この点については既に第三章において取りあげたが、この問題を「日本人」の問題として考えてみよう。家庭内暴力の子どものひとつのタイプとして、親に対する要求がだんだんとエスカレートしてくるのがある。はじめは、単に、食事に連れて行け、と要求していたのが、だんだんと高級のホテルに行くことに変り、それもホテルで食事をしても、後になって、あれはまずかったとか、もっと他のホテルへ行くべきだったと文句をいう。あるいは、父親がもっとも忙しいときに、一緒に食事に行こうなどという。つまり、だんだんと要求は実現不可能なことへと変化してゆき、今は駄目だからこの次にとか、少しは辛抱しなさいなどと親がいったときに、暴力をふるってしまう。その後は、まったく同様のことの繰り返しとなる。なかには、なぜ俺を生んだのか、と両親を責めたてて殴る子どももいる。

これだけの話を聞いていると、子どもがまったく不当なことをしているように見える。しかし、その底流として存在しているのは、子どもが何かを要求したときに、親が自分の判断と責任において、はっきりと「ノー」といわなかったという問題なのである。「自分の判断と責任において」ということは簡単である。しかし、このことは日本の男性にとって極めて難しいことである。われわれ日本の男性は、既に述べた日本的自我の特性に従って、何かを決定するときに自分の判断に頼るよりは、「他の人々はどう考えてるかな」と他を配慮する癖がついてしまっている。あるいは、少しくらい無理な要求でも、もし自分が妥協できるならば妥協して、あまり波風のたたないようにしたいと思う。ところが、子どもたちは、それが気に入らないのである。子どもは、西洋流の父を無意識的に望んでいるのである。

子どもたちが、この点についてあまりにも無意識だということもあって、解決はそれほど簡単ではない。しかし、ここで強調したいことは、一見理不尽に見える家庭内暴力というつまずきにしても、そこには「大人になる」ための大切なきっかけが存在しているということである。しかも、その「大人」の問題は深刻で、従来からの日本的大人では不十分であり、西洋的な面も必要であることを示しているのだ。家庭内暴力において、父親が弱いから強くならねばならない。したがって昔の頑固おやじの復活が望ましいなどと考える人があるが、事態はそんなに簡単ではない。日本の昔流の頑固おやじは、西洋流の観点から見れば、腕白小僧くらいにしか見えないのではなかろうか。そして、繰り返しになるようだが、家庭内暴力の子どもにしても純粋の西洋流の父を望んでいるわけではない。そのような要素の必要性を示してはいるものの、彼らも日本人であり、日本流にも育ってきているので、日本的な要素が必要なことも当然である。だからこそ、われわれは、家庭内暴力の子どもに対して父親はこのようにすべきだなどと、ハウ・ツー式の解答を与えることはできないのである。ただ、われわれとしては彼らの行為にも、大人に対する正当な問いかけがあり、彼らもいったいどのような大人になるべきかと、彼らなりの探索をこころみていることを忘れてはならないのである。

3 家と社会

日本人としての問題を論じたので、これとの関連において、家や社会と個人との関係について考えてみることにしよう。子どもは大人になるときに、家や社会のことを必ず考えねばならない。ともかく社会の成員としての役割を果たさなければ大人といえないのだから、これは当然のことである。

家のしがらみ

本書の一番はじめに、家出をした高校生の例をあげたが、子どもが自立してゆこうとするとき、いかによい家庭に育っても、家を自立を妨げるしがらみのように感じることは事実である。しかし、本当の意味で、家から自立してゆくことは、日本人にとってなかなか難しいことである。

ある若い女性が恋愛をし、結婚をしようと思ったが、父親がどうしても許してくれない。とうとう自殺を企図したが、未遂に終り、筆者のもとに相談に来られた。彼女の話によると、彼女の恋人はなかなか素晴らしい人間なのだが、何かにつけて父親と反対なのだという。父親は堅実なサラリーマンで、こつこつと着実に人生を歩んでいく方であるのに、恋人はむしろ腹の太いタイプで、今は一応サラリーマンだが、近い将来は自営業をやりたいと大胆な計画をもっている。父親は煙草は吸わないし、酒も少ししか飲まないが、彼の方は酒も煙草もやるという。彼の話を聞いていると、彼女としてはまったく頼もしい感じがするのだが、彼を一度家に連れてくると、父親はあんないい加減な人間は駄目だときめつけてしまったのである。もう少し話を聞いてみると、彼女は実は父親が大好きであったし、父親も彼女を随分と可愛がってくれたという。父親のような人と結婚して、自分も堅実な家庭を築きたいなどと思っていたのに、同じ職場の彼に対して、だんだんと惹かれるようになったのだという。

彼女の語るところによると、彼女としては、父親の気持がむしろよく解るというのである。父親としても自分の娘が堅い男性と結婚し、自分も安心して見ていられる家庭を築くものと期待していたであろう。それに彼女が連れてきた恋人は、そもそも酒や煙草が好きだというだけで、父親から見れば失格であろう。父親が自分に今までしてくれたことを思い出すと、こんな恋人と結婚したいということは、まったく父に対して申訳なく思う。しかし、かといって自分は結婚をあきらめることができない、というのである。そこで、私は彼女に対して、彼女がそこまで父親の気持が解り、すまないと思うのだったら、父親に対して本当に心からすまないといったことがあるかを尋ねてみた。答は否であった。私は随分と冷たいいい方だと思いながらも、次のようにいった。「あなたにとって、父親に本当にあやまるよりも、死ぬことの方が容易だったのですか。」

家から、あるいは、親から離れようとするとき、ある程度の無理をしなくては、なかなか成就しないときがある。彼女の場合は、自分でも自覚しているとおり、父親との結びつきが強かったためもあろう。父親と正反対の人物を選んでくることによって、父親からの分離を果たそうとした――といっても、これはある程度無意識のうちに行われることが多いのだが。彼女は自分の心の底から生じてくるこのような力に対して、従わざるをえないと感じると共に、それが父親にとってどれほど悲しいことであるかを知っていた。しかし、彼女はそのことをはっきりと親にいえなかった。ここに、彼女の強い甘えがある。自立しようとする者は、親に対しても人間と人間としての務めを果たさねばならない。すまないと感じるかぎり、すまないというのが人間の務めではないだろうか。

彼女が筆者に対しては、父親にすまないと繰り返しいったように、彼女も他人に対してなら、あやまるべきときはあやまることのできた人であろう。しかし、家族に対しては、するべきことをしなくても許されるという甘えがあり、そこを克服するよりは、まだ死を選ぶ方が容易なのであったろう。(もちろん、筆者との話し合いの後で、彼女は父親に正面からあやまり、事態は好転したのだったが。)家から自立しようとするものは、家族に対して正面から話し合う覚悟をもたねばならない。このことをせずに、ただ家から飛び出るだけでは、既に述べたように、孤立にはなっても、自立にはならないのである。

家から飛び出ても、本来的には家との結びつきが切れない形として、疑似家族の問題がある。一番典型的な場合が、家出をしてやくざに仲間入りしているような例である。やくざ仲間というのは、強力な日本的家族集団である。そのしがらみは普通の家よりはるかに強いものである。こんな場合は、その青年は自分の家から離れただけで、心理的な面からいえば、ますます「家」に取りこまれていったといわねばならない。つまり、やくざ仲間というのが、疑似家族を形成しているのである。既に日本人の自我特性を論じた際に述べたように、日本人は西洋流の自立が下手であり、家族的な人間関係によって結ばれていてこそ安心するところが強い。したがって、自分では家から自立したつもりでいても、疑似家族のなかに安住していることが多いものである。そのようなまやかしに頼るよりも、むしろ、家のしがらみを避けることなく、それを生きていることの方が大人であるというべきかも知れない。ともかく、家のしがらみを避けていては、大人にはなれないのである。

社会とのつながり

大人になることは、社会の成員となることである。その社会のもつ規範を取り入れ、また、その社会を維持してゆくことに貢献しなくてはならない。しかしながら、われわれは未開社会のように、社会を不変の決定されたシステムであるとは考えず、それが進歩してゆくものと考えている。したがって、社会の成員になるということは、既成の枠のなかに自分を入れこんでゆくこととはかぎらず、枠そのものの変化の過程に自ら参画してゆくことだということができる。社会の成員になるということは、既成の鋳型のなかに自分を流し込むことではないのである。

青年期は家の建てかえをするようなものであると述べた。青年期とは、自分自身の変化と社会の変化ということが、微妙にからまる時期である。目をもっぱら外に向けて、社会への奉仕とか変革とかに熱中しているうちに、内的にも変化が生じて立派な大人になる人や、目をもっぱら内に向けて、自分の内的な世界の変革に力を注いでいる人も、知らぬまに社会人として通用する大人になっていることもある。内的、外的と言っても、これらは思いの外にからみあっていて、どちらか一方のことに真剣にかかわるかぎり、他の一方のことが関係せざるをえなくなってくるものである。ただ、その人の個性によって、どちらか一方が得意である、ということは生じてくる。青年期においては、ともかく強い変動が内的に生じているので、何か新しいもの、何か変化するものを求める傾向が強くなるのは当然である。青年期の初期においては、それは極端な場合、たとえ事態が悪くなろうとも、何らかの変化であれば歓迎したいというほどのものになる。「大人たち」の好きな安定ということが、もっとも我慢ならないのである。このような強い変革願望を、社会というある程度できあがっているシステムのなかに、どのようにもちこむか、ということが青年期の課題なのである。それは単純な場合には、少し変った服装をしてみるということに表わされるであろうし、強力な理論武装をもって社会に変革を要求するという、強い異議申立てとして表わされることもあろう。

一応できあがったものとして存在している社会と、何らかの意味でそこに変革をもたらそうとする青年の力と、それらの烈しいぶつかり合いのなかで、青年は鍛えられて大人になってゆくのである。大人たちは、青年の変革への強い意志に対して、それが時に途方もない形をとって表わされるにしろ、深い理解をもつと同時に、青年の前に強い壁となって立ちはだかり、それをはねのける強さをもたねばならない。そのようにして鍛えることによってこそ、青年は社会の成員として育ってくるのである。青年の内なる衝動を社会へ受け容れられる形において示す窓口として、どのような職業を選ぶかという問題が生じてくる。

職業の選択

人間は職業をもち、その収入によって自分および自分の家族を養うことによって、大人になることの条件のひとつを満たすことになる。その際に、どのような職業を選ぶかということは大きい問題である。現在においては、われわれはどのような職業でも好きな職業を選ぶことができる。封建時代のように身分が固定した時代のことを考えると、われわれはかつてない自由を享受していることになる。しかしながら、人間にとって伝統とか血のつながりなどということも、思いの外に大切なことのようである。

先にあげた菓子職人の父子の例では(一七八頁)、息子は、いったんは父の意志に反したようでありながら、やがて父の職業について理解を示すようになった。父親の職業、あるいは、祖先伝来の仕事などというものは、思いの外の影響力をもっているものである。あるいは、父親とまったく異なった職業についているようでも、父親が職業人としてもっている気質や態度などを、そのまま新しい職業のなかに形を変えて引きついでいるようなこともある。現在は何をしても自由であるし、せっかく他の可能性をもちながら、自分の父親や先祖の仕事に縛られるのは馬鹿げていると思われるが、やはり、伝統的に引きついできたものの価値についても考慮することは必要である。そして、たとえ、父親とまったく異なった仕事についたとしても、父親の継承者として何を継承しているのだろう、などと考えてみることは、自分の職業の質に幅をもたせることになるだろう。人間はそれほど簡単には、自分の育ってきた土壌から切り離されないものなのである。

職業の選択や配偶者の選択においては、思いがけない偶然性が伴うときがある。職業や配偶者は、その人にとっての人生の一大事であるのに、偶然によって決めるなど、まったく馬鹿げているように思われるが、実際には、その結果が上々であることも少なくないのである。友人の見合いについて行って、その相手に気にいられて幸福な結婚をした人、買物に行った店の主人から仕事を手伝わないかといわれ、それから、だんだんと成功していった人、などなど考え出すといくらでもいるものである。これとは逆に、大きくなったら「××」になるといい、ひたすらそれに向けて努力して来ながら、実際には不成功に終っている人もある。このことは、人生の不思議さといってしまえばそれまでだが、職業や配偶者の選択のような、あまりにも重大なことになると、人間の意志や思考のみに頼っていては、あまりよい結果をもたらさないことを示しているのかも知れない。絶対にこれをやり抜くとか、どう考えてもこれが一番よいとか、あまりにも生真面目な態度をもつときは、野球における打者の「肩に力がはいっている」状態や、投手が「考えすぎると、かえって打たれる」状態に似てくるのであろう。深い必然性をもったものほど、人間の目には一見偶然に見えるといってもよく、そのような偶然を生かしてゆく心の余裕をもつことが、職業選択の場合にも必要であろう。もっとも、偶然を生かすことと、偶然に振り回されることは、似て非なるものであることは、いうまでもないことである。一所懸命に行為してゆくにしろ、どこかに偶然がはいりこんでくるゆとりを残しておくことは、大人であるための条件のひとつといっていいだろう。

4 援助者の役割

今まで述べてきたなかで、子どもが大人になるときの援助者となる大人の役割については、いろいろと明らかにしてきた。特に、実例をあげた話のなかでの、援助者の動きによって、重要な点はよく感じとっていただいたことと思う。ここではそれらをまとめて簡単に述べることにしたい。

見守ること

青年たちの成長を援助するものとして、それを「見守る」ことはもっとも大切なことといっていいだろう。確かに、適当な忠告や助言を与えたりすることは大切である。しかし、忠告や助言を与えてくれる人は、あんがいいるものだし、忠告や助言によって立ち直れたり、成長したりする人は、なかなか立派な人で、そのような人は、援助者をあまり必要としない人といってもいいだろう。成長することはなかなか苦しい道であり、長期間を要することである。そのときに、その過程を見守ってくれる人があることは、随分と心強いことなのである。

筆者は心理療法家として、多くのつまずきを経験した人が立ち直ってゆくのを援助することをしてきた。筆者の仕事の中核は、実のところ、「見守る」ことにあると思っている。多くの人が、づまずきから立ち直る「よい方法」を筆者が教えてくれると思ったり、何か助言を与えてくれるものと期待して、筆者のもとにやって来られる。しかし、今まで何度も繰り返し述べてきたように、ある個人が本当に成長することは、「その人なりの」道を自ら見出し、つくりあげてゆくことであり、他人がかるがるしく教えたりできるものではないのだ。したがって、その間、その人が苦しい道を進んでゆくのを見守ること以上に、することはないのである。といっても、このことがどれほど難しく、苦しいことだと解っていただけるだろうか。

見守るということをもう少し詳しくいいかえてみると、その人にできるだけの自由を許し、常に期待を失わずに傍にい続けることだといえるだろう。例をあげて考えてみよう。たとえば、失恋で悲しんでいる青年が、もう死んだ方がましだという。死ぬ場所を探すために旅に出たいなどといい出したとき、われわれは彼に「自由を許して」いいのだろうか。もし彼が本当に自殺したりすると、取り返しのつかないことになる。あるいは、ある青年が職業につくが些細なことから上司とけんかをして辞職してくる。こんなことを数回も繰り返して、もう一度就職したいというときに、われわれは「期待を失わず」にいることができるだろうか。一般にいって、援助を必要とする人は、期待がもちにくかったり、自由を許したくないと感じられるような人である。それに対して、期待を失わず、自由を許すことにこそ意味があるのである。

期待をもち続けるためには、人間の可能性を信頼することを学ばねばならない。ほとんどの人が「あいつは駄目だ」とか、「期待をしても無駄だ」というとき、それはその人の目に見える状況のみから判断している。しかし、人間には潜在力があり可能性がある。そして、それは期待を失わずに見てくれている人との人間関係を土台として開発されてくるのである。このようなことは、口先だけでいっても駄目で、実際に体験しないことには、なかなか解らないであろう。しかし、他の誰からも見放された人に対して、期待をもち続け、それによってその人がだんだんと成長し変化してくることを体験すると、それはその後の強い支えとなるものである。

期待をもち続けるためには、われわれはものごとをよく見ていないと駄目である。以前にも上司とけんかして辞職し、今回もまた同じことをやってきた、だから、もう望みはない。というように簡単に判断を下すのではなく、以前は上司と争って自分の正当性ばかり主張していたが、今回はやや口ごもりながら話をしたり、自分の方にも少し非のあることを認めていた、などというようによく見ていないと駄目である。「ちっとも変化しない、よくならない」と嘆く人が多いが、世の中に「同じ事」など起こるはずはないのである。同じ事の繰り返しなどという前に、何か変ったことはなかったかとよく考えてみる必要がある。少しでもよい変化があれば、それに期待をよせてゆくのである。

自由を許すこともなかなか大変である。自殺の自由まで許すことができないのは当然だ。しかし、自殺したいという話を、とめずにそのまま聞いていると、自分からやはり自殺を思いとどまって頑張ってみますという人もある。だから、あわててとめる必要はないので、こちらの限界まではぎりぎりのところまで、相手についてゆくべきである。こんなときは、援助者の方の許容量と、青年の心の底にある破壊力とのぎりぎりのところでの勝負といった感じがするものである。難しい人を相手にしていると自分の器量の小ささを痛感させられるが、頑張って続けているうちに鍛えられて、こちらの器量も少しずつ大きくなってゆくものである。

第三章に紹介した『思い出のマーニー』においても、薄幸な少女アンナがだんだんと癒されてゆくためには、アンナをあずかってくれた老人夫婦のペグさんたちが、アンナを見守り、アンナの自由をできるかぎり許してくれたことが大きく役立っている。ペグ夫妻の見守りのなかで、アンナを癒してくれるマーニーという少女が、アンナのたましいの国から出現してくる。アンナを癒したのはあくまでアンナ自身のたましいのはたらきであり、それを促進するものとして、ペグさんたちの見守りが必要だったのである。

対決

可能性を信頼するとか、本人のたましいのはたらきによって自ら癒されるとかいえば、いいことずくめに聞こえるが、この過程には大きい危険性が伴うことを指摘しておかねばならない。たとえば、登校拒否症の青年を、ずっと期待をもって見守っていると、だんだん元気になってくるのはいいが、「家出したい」などといい出すときがある。家出という行為の背後に自立の意志が存在していることは感じとられるにしても、実際に家出をしてしまうと、そこに危険なことが生じる率も随分と高いのである。それでは、家出をやめさせるかというと、簡単にそれをとめてしまったのでは、せっかくの自立の意志をも摘みとってしまうことになる。援助者としては、いったいどうしたらいいのか切羽つまってしまう。このようなぎりぎりのところに追い込まれ、援助者が苦悩するからこそ、相手の成長を助けられるので、自ら苦しまずに相手の役に立とうとするのは虫がよすぎるのである。

「見守る」ことは大変なことなのである。

ある大学生が勉強はもちろん、何もする気がしないという訴えをもって、カウンセラーのところに相談に来た。

たびたびやってきて話をしているうちに、彼の父親がどれほど冷たい人であるかという不満を述べるようになった。大学生の息子である彼とほとんど話をしない、何をしていても無関心で、お金をやっておけばいいだろうと思っているというのである。カウンセラーも彼の気持がよく解り、大変なことと思っているうちに、あるとき、彼がカウンセラーに対して、何とか自分の家まできて父親に対して説得してほしいと要求した。これに対して、カウンセラーは、それはできないと拒否した。彼はそこで大変に腹を立て、カウンセラーなどといっても冷たいものだ、解ったようなことをいいながら、いざというと何もしてくれない、と強く非難した。これに対して、カウンセラーは断固として反対し、彼は立腹したまま退室した。しかし、その後で彼は父親に向かって、その冷たい態度を正面から批判し、これに対して父親は驚き怒りながら、とうとうお互いが本音で話し合うことになり、両者の関係が好転するきっかけとなった。

このような「対決」が必要なときが、ときどきある。ここでカウンセラーのとった態度は、絶対に正しいとはいえない。時には、カウンセラーといっても父親に会いに行った方がいいときもある。しかし、相手に対して真剣に対応しているもののみが、その場で感じとれる「これだ」という答が存在する。この場合のカウンセラーは、自分の内心からの呼びかけに従って、断固として父親に会うことを拒否したのである。そして、この大学生がカウンセラーに対してあびせかけた非難は、いみじくもそのまま父親に対して通用するものであり、彼はここでの対決をステップとして、父親と対決することができたのである。こんな場合における一番馬鹿げた答は、「君の気持はよく解る。しかし……」と何かもっともらしい理屈をつけて断ることである。この答では、正しすぎて相手は黙って引き下るより仕方がないのである。援助者の方が「よい子」になってしまうと、相手は何もできない。「断固反対」というように、カウンセラーがそこに自分の存在を賭けてこそ、相手も何らかの反応ができるのである。第三章の例において(一八七頁)、「あなたのしていることは理屈抜きで悪い」と筆者がいったのも、まったく同様のことである。

家庭内暴力をふるう息子に対して、どうしたらいいのか悩んでいた父親があった。家庭内暴力の息子を立ち直らせた父親があるというので体験談を聞くと、その人はついに裸になって息子と取っ組み合いをやり、それが契機となって息子がよくなっていったという。そこで、自分もやってみようと思い、裸になって息子にかかっていといったものの、息子にさんざんにやられて死にそうになって逃げ出してしまい、かえって息子にますます馬鹿にされて困ったという。これは同じようなことをやりながらも、一方は切羽つまったところから自然に生み出されたものであり、他方は他人に聞いた方法によりかかろうとしている点で、まったく異なっている。前者は真の意味で対決になっているが、後者は対決の姿勢をまったく欠いているのである。対決というのは、自分と相手との間のみならず、自分の心のなかで厳しく行われていないと本ものではないのである。子どもたちは、本ものと偽ものとを直観的に的確に判断する能力をもっている。

裏切り

他人を援助しようとしている人で、いわゆる裏切りを体験しない人は、まず無いであろう。もっとも典型的な例としては、次のようなのがある。高校生で窃盗や家出を繰り返す生徒があった。家庭も不幸であり、彼に同情した担任教師が彼を自分の下宿で一緒に住まわせることにした。すると、彼の素行は見違えるようによくなってきた。他の教師からもよくやったとほめられて担任教師も鼻高々でいたところ、その生徒が担任教師の月給を盗んで家出をしてしまったのである。このような例に接してどう思われるだろうか。だから非行少年には気が許せない、と思われるだろうか。

このようなことは、実はよく起ることである。この場合にもいろいろなことが考えられる。まず考えられることは、担任の先生がいい気になっていなかったかということである。自分が下宿させて指導しているのでよくなったと自慢の種にされていることが感じられたとき、この生徒はどう思うだろうか。先生は自分に対する愛ではなく、ただ自分を利用するためにやっていただけではないのか。それなら、自分はしっぺ返しをしてやろう、と思っても不思議ではない。

あるいはこんなことも考えられる。彼は不幸な家庭に育って、父や母に何度も裏切られたことだろう。今度こそうまくゆくと思ったときに、親に裏切られ続けてきたので、彼はその悲しみや苦しみを、自分のことを親身に思ってくれているらしい担任教師に対して、実際に体験することによって解ってもらおうとしたのではないだろうか。「先生、腹が立ったでしょう。人間というものが嫌になったでしょう。そのことを僕は何度も何度も経験してきたのです」と、彼は伝えたかったのではないだろうか。

あるいはこんなことも考えられる。担任の先生があまりにも熱心なので、彼もそれに応えて、よい子になろうとした。しかし、考えてみると人間が変化してゆくのには、それ相応の期間がいるものだ。彼は先生のペースに合わせて頑張りすぎたので、この辺で息切れがしたのかも知れない。彼は「先生、少し焦りすぎです。もう少しぼちぼちやりましょう」といいたがっているのかも知れない。

ここに思いついたことを書いてみたが、この三つともすべてが正しいかも知れないし、三つとも間違っていて、他にあるかも知れない。大切なことは、青年の行為をすぐに「裏切り」などと断定せず、その行為によって彼は何を伝えようとしたのか、というように、コミュニケーションの手段として考えてみることである。それによって、次にどうすればよいかということが解り、また、期待をもって彼に会うことができるのである。一度は姿を消しても、われわれが期待を失わずに待っているかぎり、彼は必ずわれわれの前にやってくるということができる。

考えてみると、一回や二回の親切で人間が立ち直るのなら、話が簡単すぎるというものである。何度も同じようなことが繰り返されつつ変ってゆくのが当然であろう。それを「裏切り」などと考えるのは、援助者の傲慢というものであろう。

第五章　大人と子ども

今まで述べてきたことによって、大人になるとはどういうことか、なぜそれが現在においては難しいのか、ということの大体のアウトラインが解ったことと思う。本章は全体のまとめとして、もう一度、大人とは何かを問いつつ、現在に大人として生きることの意味を考えてみたい。

1　大人とは何か

未開社会においては、大人と子どもが判然と区別されており、そこにはイニシエーションという制度化された儀式があり、それによって子どもは大人になることができた。既に述べたように、近代社会になって、われわれは人間の個性や自由を尊重し、社会の進歩を目指すようになって、必然的にイニシエーション儀礼を廃止してしまうことになった。そこで、大人になることは、個々人の仕事としてまかされることになり、それだけにそこに困難が生じることになったのである。したがって、子どもと大人の境界はあいまいとなり、そもそも大人ということを明確に定義することさえ難しい状態になってきた。この点についての筆者の考えは、既に述べてきたが、ここではそれらをまとめる形でもう一度考えてみることにしよう。

さまざまの次元で

大人になるということは、生理的、社会的、心理的な次元において、それぞれ考えることができる。生理的には身体が成熟し、生殖機能を営めるようになったとき、大人になったといえるわけである。あるいは、法律的に自分の行為に対して責任を負えるという観点から、法的には二十歳で大人になると決められている。このような観点からすれば、生理的・法律的には立派に「大人になる」ことができた人が、社会的・心理的な面から見ると大人にならないままでいることが多く、このギャップのために現代人の苦しみが存在すると考えられる。

社会的な意味での大人といっても、たとえ、職業をもち自分で自分の生計を営んでいるとしても、それは社会的に大人といえるかどうかという点では問題があるかも知れない。つまり、われわれの社会を維持し発展せしめてゆく上において、どれだけ貢献しているのか、という点から見れば、まだまだ不十分ということになることもあろう。その点、社会が複雑になると共に、大人として社会に負う義務がかえって不明確になってきて、別に何ら社会のことなど考えなくとも、一応は社会人として通用できるのが近代人の特徴であるといえる。むしろ、未開社会の方が個々人のその社会に対して果たすべき義務は明確なものであるといえる。

このような社会に対する怠慢さが許容されることと、一方ではコンピューターの導入などによる管理体制の発達のため、われわれは一方ではかつてない自由を得ているようでありながら、他方では、ほとんど自由をもっていないという状況に追いこまれつつあるともいえる。このような点で、社会的次元における大人になることの意義をもっと考え直す必要があると思われる。

心理的次元のことについては、今まで詳しく述べてきた。それによっても心理的な自立ということが極めて難しいことが明らかになったであろう。ただここで、自立ということを依存ということのまったくの対立概念として捉えないことが大切である。自立は孤立ではないといういい方をしてきたが、そのような観点からすると、適切な依存ができる人こそ自立している、という逆説的ないい方さえできるのである。青年期には直線的に自立を求めようとして、いわば依存による自立の裏打ちとでもいうべきことを忘れることが多いので、その点によく注意しなくてはならない。

大人になるためには、何らかのことを断念しなくてはならぬときがある。単純なあきらめは個人の成長を阻むものとなるだけだが、人間という存在は、自分の限界を知る必要があるときがある。これは真に残念なことだが致し方ない。単純なあきらめと、大人になるための断念との差は、後者の場合、深い自己肯定感によって支えられている、ということであろう。自分としては、ここが限界だからここまでで断念しようとか、二つのことは両立させ難いのでこちらをとろうとか、どうしても成就し難い恋を断念するとか、もちろんそのときは苦しみや悲しみに包まれるだけのときもあろう。しかし、それによって大人になってゆく人は、そこに深い自己肯定感が生じてくることを感じるであろう。

この点については、青年を援助、指導する人がよく知っていなければならないことである。人間はすべてのことができるはずがなく、何かができない、ここが限界だと解るときがある。そのときに、そのことのみによって人を評価するのではなく、勉強ができないとか、どうも人とうまく話せないとか、いろいろの欠点があろうとも、そんなことは人間本来のもつ尊厳性にかかわりのないことを、指導する立場にある人が、はっきりと腹の底に据えて知っていることが大切である。そのような人との人間関係を通じて、青年は自分の無能力を認識しつつも、自己嫌悪に陥ることなく、立派に大人になってゆけるのである。

日本人と西洋人との比較について述べたが、日本の標準では大人であっても、西洋の標準では大人になっていないこともある(この逆もいえることだが)、などと考えてみるのも興味深い。これからは国際化がますますはげしくなるので、このような観点から、大人になることを考えてみる必要は、ますます強くなるであろう。ただし、既に述べたように、このような点にまで話を拡大してくると、モデル無しの状態となり、大人になることの問題は極めて難しい問題となってくるのである。したがって、それは極めてやり甲斐のある仕事だということもできるのであるが。

世界観

大人であるということは、その人が自分自身のよりどころとする世界観をもっている、ということである。一人前の人間として、自分なりの見方によって、世界を観ることができる。あるいは、自分という存在を、この世のなかにうまく入れこんでいる、あるいは位置づけているといってもよい。もう少し深く考えると、自分という存在は、いったいどこから来て、どこへ行くのか、という問題にも突きあたってくる。家庭内暴力の子どもが、両親に向かって、「どうして俺を生んだのか」と怒鳴りつけるとき、それは無茶苦茶なことをいっているようだが、いったい人間はどこから来てどこへ行くのかという根源的な問いを、両親に向かって発しているとも考えられるのである。衣食住に関して十分に与えさえすれば、それで親の役割は終ったと思っているのか、自分が生きてゆくのに必要な世界観の形成という点において、親は今まで何をしてくれたのか、と子どもたちは鋭く問いかけているのである。

仏教的世界観や儒教的世界観、あるいは民族信仰などにもとづく世界観を、ひとつの社会に属する人がすべて共有しているとき、この点についてはあまり問題はなかった。これらの世界観は、人々と世界の関係について述べてくれるものであった。しかし、近代になって自然科学が盛んとなるにつれて、自然科学的な知識は、これらの宗教的世界観が与えてくれる考えに一致しないところが多く、人々の心はだんだんと宗教的世界観から離れていった。しかし、実のところ、自然科学は強力なものであるが、人間がどこから来てどこへ行くのか、私はなぜこの世に存在しているのか、などという根源的な問いには答えてくれないのである。

自然科学が宗教的世界観を破壊する一方で、何らかのイデオロギーを支えとする世界観が成立してきた。イデオロギーにもとづく世界観は論理的によく整っていて、説得力があり、多くの若者の心を惹きつけてきた。しかし、一九七〇年頃から、世界の状勢に照らしてみて、イデオロギーにもとづくユートピア建設がどれほどまやかしものであるかが、だんだんと一般に解ってきたように思われる。イデオロギーに頼るときは、理論的にすっきりと何が善で何が悪かを判定できるので、若者たちの間に魅力があったのは当然である。しかし、それは理論的な見事さを、現実を無視することによって得ているようなところがあった。この点に現代の青年たちは気づきはじめたのである。

大人になることが難しい現代の特性は、この点にもあると思われる。何らかの宗教やイデオロギーが画一的な世界観を与えているときは、その線に沿って、大人になることができるし、どうすることが大人であるかも比較的明確にいえるだろう。しかし、それも駄目、これも駄目となると、青年はいったい何に頼ればいいのか、まさにしらけざるをえないであろう。このような点で、現代の青年は大人になることが実に難しいという事実を、われわれ大人はよく了解していなければならない。

ひとつのイデオロギーを絶対化することが難しいとすれば、どうすればいいのか。その答は間接的にではあるが、日本と西洋の問題を論じた際に述べておいた(二一七頁)。現代は、ひとつのイデオロギーに頼って単層的な世界観をもつのではなく、もっと重層的でダイナミックな世界観をもたねばならない。まさに「観」というにふさわしい、全体を見渡したヴィジョンをもたねばならないのである。それはひとつの規準に照らして、何が善であり何が悪であるかを判定するのではなく、一見悪と見えるものさえ包みこんで、全体的な世界を構築するような「観」を見出してゆかねばならないのである。このような大変なことであるので、筆者としては、むしろ、世界観を明確にもつことによって大人になるというよりは、既成のモデルに頼らずに、自分なりの世界観を築こうと決定し、その過程を進み続けつつあることによって、大人になると考えるべきだと思うのである。

男性と女性

大人になることは、それぞれ男性としての大人、女性としての大人になるわけである。男に生まれるか、女に生まれるかは人間の宿命であり、人間は自分の性を受け容れて大人にならねばならない。しかしながら、男である、女であるということはどういうことかについて、現在では混乱と疑問が渦巻いていることを指摘しておかねばならない。この点に関しても、現在の青年たちは、大人になることの難しさを経験する。つまり、自分が男として大人になる、女として大人になるとはどういうことかについて、明確なモデルを欠いているからである。

男性と女性の問題について正面から論じるなら、一冊の書物でも足りないくらいであろう。したがってここでは、現在のわが国の青年たちが直面しているであろう課題について、少しだけ触れることにとどめておきたい。

男女の相違は、生理的に明確であり、人間存在の基盤において両者に差があることは事実である。ところが、そのような生理的な差の上に立てられた、いわゆる男らしさ、女らしさという概念は多分に文化的、社会的な影響を受けている。したがって、前者の場合のセックスに対して、後者における要素をジェンダーと言って区別し、その点についてあらたに考察しようとする態度が、最近では随分と強くなってきた。不当に存在するジェンダーの差違にまどわされずに、自分の生を生きたいと考える人が出てきたのである。昔からあるステレオタイプな男らしさ、女らしさという概念にとらわれずに生きようとする人たちが、最近になって急に増えてきたということができる。

人間は心理的に見る場合、男性も相当に女性的な面をもっているし、女性も相当に男性的な面をもっているものと思われる。いってみれば潜在的には両者とも変らぬ可能性をもっているといってよい。しかし、古来から、男らしいといわれてきた性格や生き方を男の方が身につけ、女らしいといわれてきた性格や生き方を女が身につけてきたということは、この両者をあわせて生きることが極めて困難なことを示しているのであろう。創造的な生き方のひとつとして、両性具有的な生き方が思い浮かぶのであるが、これもなかなか困難なことであろう。ここでも、われわれはモデル無しの状況にぶつかっていると考えねばならない。

自分の心の奥底にある「内なる異性」の存在に気づくのは、現在では、男性よりも女性の方に多いであろう。一応、男性優位の社会ができているので、その社会の下積みになりたくないと思うとき、女性は自分の内部の男性的要素を開発せざるを得ない。現在、多くの女性が大学生となっているのを見ても、そのことは明らかである。その際、自分の本来の性まで、そのことによって乗っ取られてしまわないように注意しなくてはならない。乗っ取りの現象は、これに限らず他でも生じて、なかなか強い効果を発揮するが、一般にあまり長続きするものではない。乗っ取りが終ったときには、実に苦しい状態に陥ることになる。

男性優位の社会といっても、既に述べたように、日本においては自己主張的よりは他を配慮する生き方が尊ばれるところがある。子どもたちが暴力をふるいたくなるほどに、日本の男性たちは、なるべく自分の意見をおさえつつ他と協調してゆくような態度を身につけさせられている。女性の方はその育ってくる過程において、このような日本的態度を学ばされることが少ないので、若い女性は職場などにおいて他を考慮せず自己主張することがある。他の男性たちは、それはある意味においては正しいことだと知りつつも、日本的な全体的平衡の維持という観点からは支持できないので、それを無視してしまうことになる。このような点に気づかない女性は、自分が正しいことを主張しているのに、女だから軽視されているのだと思いこんで、ますます強力に自己主張を繰り返すので、そのために周囲の抵抗は一層強くなる。このような悪循環が繰り返されることが多い。

今までいろいろと述べてきたが、わが国の男性の場合は、まだ既成の枠組に沿って大人になることも相当可能であるが、女性の場合は、既に述べてきたようなことを考慮しなくてはならないので、大人になる課題は大きいといえそうである。単純に既成の枠に沿って大人になることは気持がおさまらないし、さりとて、新しいタイプを打ち出してゆこうにも、そこには単純にモデルは存在しないわけである。男には「他に対する配慮」という意味での広義の母性性を身につけさせ、女性はともかく忍従するという狭義の母性性をおしつけて、そのような形で「大人になる」のが、日本の往時の方式であった。その点を大いに反省し、個人を育てる教育をしているつもりなのだが、男の方はあんがい旧来の方式を守っているのに対して、女性の忍従の方は――少なくとも知的なレベルでは――棄てられたものの、女性は自分の主張を他に及ぼしてゆくために身につけるべき訓練の方はあまり受けていないので、日本の母性的な男性集団のなかで、突出した形で男性的主張をなすことになり、全体から浮いてくるのである。男性たちがその女性に反対するのは、女性蔑視という心性からではなく、男性的主張を受けいれられないからなのである。このようなことを考えると、現代の日本社会で、女性が大人になることは、どういうことかと考えさせられるのである。

もっとも大人になることはさまざまな次元においていえるので、生理的な面に目を向けるとき、女性は既に述べたように、そのイニシエーションが個人的に、自然の力によって生じるわけだから、その点では、男性よりも大人になることが容易ともいえるのである。しかし、真に現代人として大人になることを考えるとき、女性はなかなか安易な道を歩むことができない。またそれだけに生き甲斐があるともいえるのだが。

2 創造する人

創造性ということが、最近では特に高く評価されるようである。せっかく、この世に生まれてきたのだから、何か新しいことを創り出したい。大人になるということも、何かそのような新しい何ものかを、人間の世界にもたらそうとすることだと言えるかも知れない。しかし、「創造する」といっても発明や発見をしたりとか、偉大な芸術作品をつくり出すことのみをいっているのではない。現代人にとってモデルは無いといったが、モデルの無いところで、自分なりの生き方を探ることは、すなわち、創造ではないだろうか。つまり、われわれの人生そのものが、ひとつの創造過程である、というわけである。

イマジネーション

創造するためにはイマジネーションが必要である。あれかこれかと心に想い描くことによって、われわれは新しくできあがってくるものの可能性を探ることができる。しかし、それは単なる願望充足の空想であっては駄目である。創造につながるイマジネーションと、すぐに消えさってしまう空想の差は、そこに費される心的エネルギー量の差によって示される。前者の場合は、相当な心的エネルギーを必要とするのである。もっとも、この両者は判然とは区別し難く、後者のはかない空想が前者の方へと創造的に高められてゆくときもある。

青年期は特にイマジネーションに満ちている時期である。しかも、モデルが無い時代なのだから、自分のイマジネーションをはたらかすのには、まったくおあつらえむきの時代といえる。しかし、実際には、青年のイマジネーションは、むしろ貧困であるというべきではなかろうか。イマジネーションの涸渇が多くの青年を「しらけ」に追いやっている。これはいったいどうしてだろうか。

青年のイマジネーションを涸渇させる、ひとつの原因として物質的な豊かさがあげられるのではなかろうか。親が子どもに与える玩具を見ると、それがよく解るだろう。現在の玩具は極めて精巧に、高価にできている。親は子どもに対する愛情の深さを、与える玩具の値段によって測られるような錯覚に陥っているので、どうしても高価なものを与えてしまう。精巧な玩具はなるほどよくできているが、子どものイマジネーションのはいる余地が少なくできている。ラジコンはラジコンにしか使用できない。しかし、物の無い時代においては、棒切れがいろいろなものに変ることができた。刀にもなれば魔法の杖にもなる。それは子どものイマジネーションと共に、姿を変えることができた。また、子どもたちは少ない玩具で楽しく遊ぶための創意工夫を必要としたのである。

親の与える高価な玩具の多さは、一種の公害のようなものである。子どものこころの内部に自然に存在しているイマジネーションの宝庫をそれは汚染してゆくのである。玩具だけではなく、外部から与えられる情報量の多さも、イマジネーションのはたらきを鈍くさせるのに役立っているように思う。それに、子どもたちは何と多くのおきまりの知識を覚えねばならないことか。子どもは外から与えられ、外からつめこまれるものが多すぎて、彼の内からの情報としてのイマジネーションをキャッチする力を失ってしまうのである。このことを、物質的に豊かな時代に生きる親たちは、よく心得ておかねばならない。

大人のなかの子ども

イマジネーションは創造の源泉であるが、それは子どもっぽいこととして価値をおかない人もある。しかしその「子どもっぽいこと」こそが創造の源泉となるのである。ここで、大人と子どもを対比してもう一度考え直してみると、子どもの不安定さに対して、大人の安定性をあまりにも強調するとき、その安定は停滞にもつながるといえるだろう。つまり、毎日毎日きまりきったことを繰り返すだけになってしまって、それを大人と考えるならば、それはまったくつまらないことになってしまう。大人をそのようにとらえる人は、「大人にはなりたくない」と考えることもあろう。確かに、大人と子どもをそのように単純に分類してしまえば、大人になりたくない子どもがあっても当然である。

しかしながら、今まで述べてきたように、創造過程を歩むものとしての大人を考えるときは、事態はそれほど単純ではない。真の大人というものは、そのなかに子どもっぽさを残している人だ、というふうにはいえないだろうか。ここにいう子どもとは、世の中のことをすべてきまりきったこととは考えずに、あらゆることに疑問をもち、イマジネーションをはたらかせる存在だということである。コップを見ても、それはコップだということですませてしまわないで、そのコップはひょっとして話をするのではないかとか、もしもコップが空を飛んだらとか、考えてみることのできる大人こそ、本当の大人ではなかろうか。大人になっても、自分のこころの中に住んでいる子どもを、殺さずに生かしておくのである。

このようにいっても、大人のこころのなかの子どもの生かし方は、なかなか難しいのではなかろうか。内界の子どもの力が強すぎて、何を見てもイマジネーションばかりはたらかせていたのでは、大人としての義務を遂行できないであろう。といって、子どもの力を弱めてしまうと、すべてのことがきまりきったことになって、創造性がなくなってしまう。

青年期は子どもと大人の境界にあって、早く大人になりたいという気持と、いつまでも子どもでいたいという気持のジレンマに苦しんでいる時期である。そのときに、大人になることは、子ども性をまったく放棄することではなく、むしろ、子どもをうまく大人のなかに残してゆくことが、真の大人になる道であることを教えてやると、随分と気が楽になるのではなかろうか。そして、このことはいつまでも子どものままでいることと、同じではないのは当然のことである。

創造的退行という言葉がある。退行というのは、人間のこころの状態が子どもの頃に帰るような状態になり、まったくの無為になったり、馬鹿げた空想をしたりするようなことをいう。退行がひどいときは、幼児的な心性までが出てきて、病的な様相を示すことになる。したがって、退行ということは、最初は病的な状態とばかり考えられ、いろいろな精神障害の説明のために用いられたりしていた。ところが、極めて創造的な人々の様子をよく観察すると、創造活動が活潑になるときに、退行現象が生じることが解ってきたのである。もちろん、それまでには意識的な探索活動が大いに行われるのであるが、それに疲れた頃にこのような退行が生じ、そのときに普通では思いつけなかったようなあらたな発見の萌芽が生じるのである。それを確実に有用な創造にするためには、再び意識的な活動が必要となってくるのだが、何しろ、もっとも根本的な着想は退行時に生じているのだから、そのような現象を称して創造的退行というようになったのである。

創造的退行の現象は、今までのいい方によると、大人が自分の内なる子どもと接触をはかり、子どもとの対話のなかにヒントをつかみ、それを再び大人の知恵によって現実化してゆくことといえそうである。このように、大人のなかの子どもは実に貴重な存在であるにもかかわらず、現在の教育においては、子どもたちを早く大人にしようと焦りすぎていないかを反省すべきである。子どもからイマジネーションや遊びを取りあげ、大人の知識をできるだけ早く、たくさん、子どもに押しつけようとしてはいないだろうか。そのことによって、かえってわれわれは、本当の大人をつくるのに失敗しているのである。

3　個性の発見

創造的な人生を生きることは、いいかえると、自分の個性を見出してゆくことであろう。個性を見出すことは、いうはやすく行うは難いことである。特に、わが国のように常に周囲に対して配慮を払わねばならぬところでは、自分の個性を見失いがちになる。大人になることを、既成のシステムのなかへの適合と考え過ぎると、失敗してしまうわけである。

好きなこと

ある高校生がスポーツ用具の窃盗でつかまって、そのために両親に連れられてカウンセラーのところへ来た。窃盗は初めてのことであるし、反省の色も濃いので大した事件にもならず、すぐに許してもらったのであるが、両親としては心配だったのでカウンセラーのところに来談したのであった。特に、そのスポーツ用品が比較的大きいもので、窃盗と言ってもすぐ店の人に見つかるものであり、みすみす捕えられるためにやったのかと思われるようなところがあり、気が変になったのではないかと両親は心配されたのである。

話し合いをしてすぐ解ったことは、両親ともに音楽家であり、親戚にも音楽関係の職業についている人が多いということであった。本人もある楽器を演奏し、相当に上手であった。しかし、彼の他のきょうだいに比べると、彼は見劣りがして、プロとして立つのにはやや不足という感じであった。彼の盗んだものがスポーツ用品であったので、それにヒントを得て聞いてみると、彼はそのスポーツが好きなのだが、音楽に比べるとスポーツなどは非文化的であり、それをやりたいとは両親になかなかいえなかったというのである。

ひとつの家族はそれなりに「家族文化」とでもいうべきものをもっており、それに従って、その家族なりの価値観をもっている。この家でいえば、音楽ということが絶対的な価値をもち、スポーツなどは価値の無いものと、なんとなく決められてしまっていたのである。これとは逆に、スポーツが高い評価を受けている「家族文化」の家もあるだろう。ところで、この高校生はこのような家に生まれたのだが、それほどの高い音楽的素質をもっていなかった。しかし、家の文化に何となく従って音楽をやり、それ相応のところまではやっていたのである。ただ、彼のこころの奥底では、それに対して「否」というものがあり、家では低い評価を得ているスポーツ用品を盗みとることによって、家の文化の在り方に対して批判ののろしをあげたわけである。

彼はその後は両親と話し合って音楽をやめた。趣味として好きなスポーツをしたが、別にそれのプロになったわけではない。しかし、自分の進むべき学部を見つけ、その道へと進んでいったのである。ともかく、好きなスポーツをすることによって、無理に音楽をすることによっておさえられていた彼のこころのはたらきが活性化され、より自分に適切な方向を見出せたものと考えられる。

外からの情報や押しつけによって、人間のもつ内からの情報がおさえられていると述べたが、何かを「好き」と感じるとは、内からの情報の最たるものである。ともかく、好きなことはできるかぎりやるべきである。それがすぐに自分の道につながることはないにしても、先の例が示すように、そこから個性への道が拓かれてくることが多い。

筆者はカウンセラーとして青年期の人に会ったとき、何か好きなことはありませんか、とたずねることが多い。それはどのようなことであれ、その人の好きなことのなかには、内界からの情報が含まれているからである。誰でも好きなことの話には熱中する。その話をこちらも一所懸命に聞いていると、そのことを通じて人間関係も深まるし、どのような可能性が存在しているかが解ってくるのである。将棋が好きだなどという人があると、実際に将棋を指すこともある。気の弱い人が将棋においては、だんだんと攻撃性を発揮してきて、こちらも負けずにやり返しているうちに、その人が他の場面においても強さを発揮するようになって、問題が解決されたりする。カウンセリングといっても、いつも話し合いばかりしている必要はないのである。

ところが、好きなことは何かと聞くと、「単車で無茶苦茶に走りまわること」とか、「パチンコ」とか、なかには「けんか」などと答える青年がある。そんなときでも、なぜそれが好きか、どこが好きなのかを真剣に聞く。なかには冷やかし半分にこのような答をする人もあるが、こちらがあまりに真剣に聞くので、すぐ降参してしまうようである。ところで、単車の暴走が好きだなどという青年には、こちらも困るのだが、あまりにも無茶をしてもらったら困るという気持と、その青年にとってはそれしか楽しみがないのが解る気持と、その両者の間に自分の身をおいて、こちらが分解してしまうか、そのような過程から相手が何か建設的な方向を生み出すかに賭けてゆくのが、われわれカウンセラーの役割なのである。

対極のなかで

暴走族は駄目だということ。暴走族にならざるを得ない若者の気持が解ること。そのどちらか一方に加担することは容易である。確かに暴走族はけしからぬことは事実であるし、また一方からいえば、単車で走りまわるより仕方のない若者たちの状況もよく解るというものである。そのとき、そのなかに身をおいていることは大変である。青年は私に若者の気持が解るなどというのなら、われわれと一緒に走ってみませんかと圧力をかけてくる。青年の母親は、「先生は息子の非行に加担するのですか」と責めたててくるだろう。その両者に誠実に会い、両者に責めたてられつつ、なお頑張り抜いていると、解決は思いがけない方法で訪れてくる。そして、そこにこそ、その青年の個性とか、カウンセラーの個性とか、あるいは、その母親の個性とかがうまく顕現してくるのである。個性などというものは、考えこんでいて見つけ出せるものではない。自分の人格の分解しそうなぎりぎりのところに身をおいてこそ、自ら浮かびあがってくるものなのである。

暴走族など「悪」であることが明らかであるのに、なぜそんなことをするのか。それは現在の青年たちが数限りのない対極性のなかで、それをいかに生きるかに苦闘しており、それによってこそ個性的な大人になりうること、そして、暴走の一件はそれらの多くの対極性の代表として目の前に出てきているものであることを知っているからである。今まで述べてきたことを、この際思い出していただくなら、自立と依存、日本と西洋、男性と女性、孤独と連帯、などなど多くの対極性に目を向けてきたことに気づかれるであろう。そのときに、どちらか一方を善とすることは可能であり、そのときは単純明快な人生観や理論ができあがるであろう。そして、その理論に頼って「大人になる」ことは可能であり、そのような大人もたくさんいることは事実である。

現在の青年たちが大人になることに難しさを感じるのは、そのような単層的な人生観や、イデオロギーに絶対的に頼るようなことができなくなっているからである。古来から絶対視されてきたものが、絶対ではないことを、彼らはあまりにも多く知りすぎたのである。このような限りない相対化のなかで、青年が「しらけ」を感じずに生きてゆくためには、対極性のなかに身を投げ出して、そこに生きることを学ばねばならないし、われわれ大人がまずそれをやり抜いて行かねばならないのである。

人生のなかに存在する多くの対極に対して、安易に善悪の判断を下すことなく、そのなかに敢えて身を置き、その結果に責任を負うことを決意するとき、その人は大人になっているといっていいだろう。それらの対極はハンマーと鉄床のようにわれわれを鍛え、その苦しみのなかから個性というものをたたき出してくれるのである。

Ⅲ

新しい親子関係の探索

問題児

いつ頃からかは解らないが、「問題児」という用語が教育現場で使われるようになった。この言葉の当否はしばらくおくとして、ともかく問題をもった子どものことであるという考え方をするならば、私は、そのいわゆる問題児たちとよく会っているし、あるいは、そのような子どもと会っている人たちと研究したり、その人たちを指導したりすることが多い。

それは、たとえば、夜尿、つめかみ、チック、吃音、などという神経症的な問題の場合もあるし、盗み、暴行、放火などの反社会的な行動の場合もある。われわれは、このような子どもたちに会う一方、その両親にも会って、その問題が解消される方向を見出してゆくのである。このような過程は随分と長くかかることもあり、時には一人の子どもに三年間も会い続けるようなこともある。

ところで、このような子どもを連れて、われわれのところに相談に訪れる両親のなかには、自分の「育て方の失敗」ということを、意識的、無意識的に悔んでいる人が多い。もちろん、そのようなことが表面に表わされる仕方はいろいろある。たとえば、ある自殺未遂をした高校生の父親は、私に会うや否や、自分の家の子どもの育て方が、いかに問題のないものであったかを示そうとして一所懸命であった。両親ともいかに子どもを大切にしたか、どんなときでも子どもを叱るようなことは一度もなかった——叱らないことがよい親の条件であると、この父親は信じていたようであるが——などと、つぎつぎと話し続けるのである。それを聞きながら、私は、この父親が両親の育て方が悪いのだという非難を「心理学者」からあびせられるのを、どこかで予期し怖れながら、何とかそれに抗弁しようと努めているのだと感じさせられたのである。

子どもが悪いのは両親の育て方が悪いのだ、ということは全く間違いというのでもないが、一般の人が信じるほどの真理でもなさそうである。もっとも、この「真理」は確かに何時でも正しいように思えるものである。たとえば、ある子どもが問題をおこして、両親があわてふためいて学校にかけつけて来たとき、ある教師は、あのように父親までが子どものことで必死になりすぎる点が問題だ、父親はもう少しおちついて構えていて、母親に子どものことをまかすべきではないかと、父親の態度を非難した。ところが、この先生は他の子どもが問題をおこしたとき、母親だけが学校にやってくると、父親の無責任さを問題の原因であるときめつけたりしているのである。つまり、子どもが悪いのは親が悪いという真理は、非常に立証しやすいものなのである。

この点を素朴に信じ切って、無用の反省を強いられている親も多い。子どもがチックになったとき、「自分の育て方が悪かったと思い、夜も眠られませんでした」と、目をはらして相談に来た母親があった。確かに反省し始めると、自分の子どもに対してとってきたいろいろな態度が悪かったと思えるのであった。しかし、自分と同じようなことをしている母親は多いのに、そこの子どもたちは別にチックにも何にもなっていないのは不思議なことであった。それに、子どもを叱ったのが悪かったと反省してみたところで、子どもを叱らずにいることなど実際可能なことであろうか。

親子関係

　ここで、実際の例をあげて、もう少しくわしく考えてみよう。最近になって著しく増加してきた問題に、不登校というのがある。本人は学校へ行きたいと思っているのだが、どうしても学校へ行くことができない。しかも、確かな理由が見つからないのである。このような問題は最近の十年ほどの間に、全国にひろがり、高校生や大学生にまで及ぶことになってきた。今、不登校全般について、ここに論じるつもりはないし、次に示す例がもちろん不登校のすべてに通じるものではない。しかし、このような例を通して、親子関係の問題を考えてみることができるであろう。

　中学三年生の男子Aが、突然、学校へ行かなくなったとき、両親はまったく納得できない気持にとらわれた。どう考えてみても、彼等の育て方に「悪いところ」を見出せなかったからである。はじめは学校の教師や同級生に問題があるのではないか、と思ったが、そんなことはなかった。といって、自分たちの育て方について考えてみても、他に比べると余程、子どもを育てる努力を多く払ってきたと思われるのであった。子どもを理想的に育てるためには、数が多くない方がよいと思い、子どもを一人に制限した。経済的にそれ程豊かではないので、子どもの養育に十分なことができなくなるのをおそれ、一人に制限したのである。子どもができるまでは共稼ぎであったが、子どもを育てる上で母親が家に居ることが大切と考えたので、母親は勤めをやめたのであった。

　困った両親は、親子関係についての本を読んだり、学校の教師に相談したりした。すべて子どもの問題は親の愛情不足から生じると述べてある本もあったし、また、両親の態度が過保護に過ぎると忠告する人もあった。これらのことは無理に反省すれば当っているようにも思われたが、自分たちよりも愛情不足、あるいは過保護と思われる家の子どもが、元気に登校しているのを見ると、そうとばかり考えておれなかった。結局、教師の忠告に従って、登校したくてもできないAの気持を「理解し」、無理に行かそうとしないということを守っているのであるが、Aはなかなか登校しそうにない。両親にとっては、はれものにさわるような気持で接しているのだが解決しない。とうとう思い切って、専門のカウンセラーを訪ねることになった。

個人として

カウンセラーは母親の話をよく聞いてくれた。しかし母親の予期に反して、両親の育て方を非難もせず、忠告も与えなかった。ただ、続けて一週間に一度来るようにということであった。母親にとってそれは不思議な経験であった。一週に一度の話し合いのなかで、なかなか解決法を示さぬカウンセラーに腹立たしさを覚えながら、それでも続けて行かざるを得ない力のようなものを感じるのであった。いろいろ反省したことを話してみると、カウンセラーは真剣に聞いてくれたが、同意をするわけでもなかった。そのうちに、父親が業を煮やし始めた。カウンセラーに何の解決法を教えられるわけもないのに、いそいそと嬉しそうに出かけて行く妻子をみていると、得体の知れぬ敵意のようなものが湧いてくるのだ。ついに、そんなに役立たないカウンセラーのところへ行くのを止めよと言ったとき、どうしても続けるという妻の言葉は案外に強かった。その強さのなかに、彼は自分の今まで知らなかった妻の一面を感じたように思った。

父親の苛立ちは、しかしおさまるものではなかった。そのためもあって、息子のすることなすことが父親の気持を苛立たせるのであった。父親はついにたまりかねて、Aに、ごろごろしてばかりいずに勉強でもしてはどうか、学校へも行かずに何をしていると怒鳴ってしまった。すると、おとなしいはずのAが、父親に向かって、自分は怠けているのではない、行きたいのに行けないのだ。この苦しみが父親に解るかと言い、「お父さんだって、帰ってからゴロゴロしてテレビばかり見ているではないか」と言ったのである。父親の怒りは倍加した。Ａを応接間に連れて行き、自分が会社でどんなに苦労をしているかということを話した。声の大きさに驚いてやってきた母親も、その話を聞いていた。

ここに父親の言った内容まで書く必要はないだろう。しかし、このような家族のぶつかりこそ、カウンセラーの期待していたものであり、実のところ、この衝突事件の翌日に、Ａは登校したのである。Ａの両親にとっては何だか不可解の感じはあったが、反面、彼等の親子関係のみならず夫婦間にも何らかの変化が生じたということも感じられるのであった。これに対して、今まで聞き役ばかりであったカウンセラーは、納得のいくような説明をしてくれたのであったが、それを要約してみると、次のように言えるだろう。

子どもの教育のために、むしろ熱心すぎたとさえ思われる両親に育てられて、Ａは中学三年までは何の問題もなく成長してきた。しかし、思春期というのは、どんな人間にとっても大きい荒れを経験するときである。Ａの心の奥に自然と生じてきた荒れは——それは必要なことであるが——「よい親」の居る家のなかでは、どのように表出していいのか解らない。そして、よき父、よき母を見ているうちに、それは自分の内界の荒れに照らしてみるとき、つくりものであるような気がしてきたのである。父として母としてではなく、個人として、生きた人間として両親がどのように生きているのかが知りたいのであるが、そのようなことは解らない。聞こうとしてもどうしていいのか解らない。このような苦しみのなかで不登校が始まるのであるが、これは言ってみれば、両親の「生の反応」を引き出そうとする子どもの努力とさえ言えるものである。これに対して、「理解して怒らずに」いようとする両親の態度は、子どもの期待をまったく裏切るものであった。

ところが、カウンセラーの努力――まさに何もしないという努力――によって、父親は自らの個人としての生の姿を子どもの前に露呈することになった。そして、これこそ、子どもの一番見たかったものであった。

この話を聞いて、「子どもは叱る方がいいのだ」という結論を出す人があれば、それは単純にすぎる。叱る方がよい、理解する方がよい、などと考えて、「よい方法」によって子どもを育てようとするとき、親は「よい方法」によって武装し、自らの人格を子どもにさらけ出すことを防衛しているのである。

意識化の努力

今まで述べてきたことを、もう少し一般化して考えてみよう。ここで大切なことは、私が例示したようなことを何も考えたり、したりしなくても、普通に育っていく子どもはたくさんいるということである。

旧来の親子関係のときには、不登校などほとんどなかったのである。父親は頑固で、母親は多忙で子どものことなど余り構っておれない時代にも、子どもは思春期を乗りこえ、成人していったのである。これは、ひとつの文化が安定しているときは、子どもを育てることもそれほど難しくないことを示している。子どもが、その家や社会の文化をそのまま受け継ぐとき、両親はその文化に規定された、父の役割や母の役割を守っていさえすれば、それほど特別の努力をしなくとも、子どもはその文化に守られて成人してゆくのである。

日本の伝統や文化は現代においては著しく変りつつある。核家族化がすすみ、家族の数は減少し、母親の労力は昔に比べると問題外に少なくなっている。このような変化に対応して、親子関係を改変すべきことが指摘され、これを簡単に言うならば、子どものよき理解者としての両親像ということが叫ばれるようになった。父親は子どもとコーヒーを飲みながら「対話」をしたり、日曜日ごとに家族で遊びに出かけたりして、努力を重ねたのである。しかし、これも考えてみると、昔の親子関係とは余り変りないかも知れない。「よい方法」と考えられる役割を両親は遂行することによって、お互いが何となく守られた空間の中で生活する。それは言わば「理解」のふりをしているのであって、生の個人を理解する姿ではない。ここで望まれるのは、われわれ日本人のお得意の何となく解る方法ではなく、はっきりと言語化し、意識化して把握することなのである。ゴロゴロしている父親に対して、子どもはそれを言葉で言ってみて、父親の明確な答を要求する。このような親子関係は、確かに新しいものなのである。このような意識化の努力は、親にとって相当なエネルギーのいることである。

このように考えてくると、この不登校のAは、別に悪い子どもでもなく、その親も悪いのではない。古い関係のまま維持してゆくのなら、この家に問題は生じなかったはずである。Aは、この親子関係のなかに新しいものを確立しようとして、不登校になったと言うと、それは言いすぎであろうか。もちろん、Aが意図的にしたのではないという意味において、このような言い方は正しくはないだろう。しかし、Aの症状を、この家に新しい親子関係を確立するためのはたらきとして見ることは、意義のあることである。

このような観点に立つと、子どもの多くの問題や症状は、過去をふりかえって両親のどこに悪い点があったかと考えるよりは、どのような新しい変革を求めているのかと、未来志向的に見る方が解りやすく、建設的なことが多いのである。成人が取り組むべき「問題」を提出しているという意味において、彼等を「問題児」と呼ぶのなら、それはまさに当を得た名前と言わねばならない。もっとも、教師や親は、子どもに「問題」を出したときは、子どもが解くことを要求するが、子どもが出した「問題」に対しては、答えねばならないとは思ってもみないようである。

子どもに物事をおしつける大人と、物解りのいい大人という次元、あるいはこれと似た次元としての、甘い大人ときびしい大人、このような比較によって、どちらが「よい」大人かなどと考えることは、そろそろ止めにしてもいいのではないだろうか。実に多くの大人が、子どもに対して「物わかりの良さ」を示そうとする余り、自分自身を見失ってしまい、そのためにこそ、子どもたちに馬鹿にされたり、軽べつされたりしてきたように思う。さりとて、これに対する反省として、単に「きびしい」大人がいいというのも早計にすぎる。子どもに対して、一個の生きた人間として対するということは、現代の日本では未だ至難というべきことかもしれない。現代の日本の人間関係は、まだまだ旧来の日本人的人間関係を土台としており、その変革は今まで述べてきたように、家庭における親子関係の変革を通じてこそ徐々に行われるのではないかと思われる。この脅威に対抗するために、多くの男性が、社会や制度の改革という「偉大な」仕事に熱中し、家族の問題などという「小事」にかかわっておれぬと考えても、あながち無理ないことであろう。ともあれ、両親に連れられてくる「問題児」たちをみると、私は逆に、子どもが新しい親子関係を探索するべく、両親たちを連れて来ているようにさえ感じるのである。

家庭教育の現代的意義

家庭内暴力

最近は教育問題について考えさせられることが多い。新聞紙上には、教室内で自殺した小学生とか、中学生の殺人事件とか、ショッキングなニュースが見られるが、これらの個々の現象をどうみるかということも大切なことながら、これらをより根本的な、わが国における教育問題のあらわれとして、ひろい観点から考察してみることも必要と思われる。現代のわが国が教育についての根本的な問題に直面していることは、多くの人に感じとられている。従って、教育論議は極めて盛んであり、多くの雑誌が特集を出し、出版物も多い。しかしながら、多数の人々が教育の制度や、学校の在り方などについて論じ、家庭の教育については、いわゆるハウ・ツー式のものにまかせてしまって、正面から論じることが少ないように思われる。学者あるいは評論家は「天下国家」のことを論じても、家庭のことは「女・子ども」のことであるとする考えは未だに強いのではなかろうか。

ところで、筆者が敢えてここに家庭の教育を論じようとするのは、現代のわが国における教育の根本問題のひとつが家庭における人間関係の中に露呈されていると思うからである。筆者は心理療法家として、家庭における悩みについての相談を受けることが多いのであるが、最近に特に感じることは、来談される人の中に、一般からは教育の「専門家」と思われている人が多くあるということである。これらの方とお会いして思うのは、これはいわゆる「紺屋の白袴」的な問題ではなく、わが国における現在の家庭の問題がいかに深刻であるかを反映しているということである。これらの人々は家庭教育に不熱心なのではなく、両親ともに教育に熱心な人が多いのである。よく言われるように、子どもが悪いのは親が悪いなどという図式は、この人たちには適用し難いことが多い。

自分の子どもがはっきりと「問題児」というのではなくとも、子どもの教育の問題に心を悩ませている両親は多いのではなかろうか。はたして、子どもを塾に通わせるのはいいことであろうか。あるいは、子どもをどのような学校にすすませるべきであるか。これらのことを端緒として夫婦の争いが生じることさえある。あるいは、来談したある会社の社長が、自分は会社の従業員二百名をあごで使える自信があるが、自分の息子に用事を言いつけることが出来ない、と嘆かれたように、子どもに対する権威を失ってしまった親も多いのである。このようなことをあげてゆくと、多くの親が同一の悩みをもっていることを認めるのではないだろうか。しかも、その人たちは社会においては判断力もすぐれ、有能な人として活躍し、信頼されているのである。

家庭内における親子関係を考えさせる現象として、子どもたちの家庭内暴力の増加があげられる。それまでは、親も他人も極めてよい子と思っていた子が親に対して暴力をふるいはじめる。これは男子のみではなく女子の場合もあり、女子でも力が強いので母親を骨折させたりする。親のほうも耐えかねて、一一〇番することさえある。このような子どもの特徴は、家庭外の人に対してはむしろ礼儀正しいと言うべきで、家庭内での子どもの暴力を親が学校に訴えても、担任の教師は「あんないい子が」と言うので信じられないことも多い。

このような話を聞くと、両親の教育態度が悪いのだろうと思う人もあろうが、実のところ、一般的な規準に照らす限り、それほど大きい欠点を見出すことができない。子どもが暴力をふるいはじめてからも、ときには怒らずに黙って耐え抜こうとしたり、あるいは逆に、親も裸になって子どもと取り組んだりして、涙ぐましい努力を払っている親もある。しかし、問題は簡単に片づかないのである。

このような問題に対して、「父親不在」ということが最近では強調されはじめた。そして、「明治の父」の強かったことを想起し、単純に「昔はよかった」という感情と結びついて、明治の父の復権を説く人さえある。これに対して、父権の重要性の強調が、復古調や右傾化と結びつく可能性があると危惧する人もある。確かに、現在の日本の家庭において、父性の欠如が大きい問題となっているが、それから直ちに明治時代への復古に結びつけるのは早計にすぎると思われる。その前に、われわれは家族とは何か、日本人にとって家族とは何を意味したかについて、よく考えてみることが必要と思われる。

家族の形態と構造

家族の問題を考える上において、それは文化の差によってさまざまの形をとるので、古くから、家族をいろいろに分類することが行われてきた。たとえば、居住形態によって、父居制、母居制、新居制などに分類したり、権威の所在によって、父権的、母権的などに分類したりする。あるいは、家族構成によって、核家族、複合家族などに分ける。ところで、わが国においては、戦後になって、以前の複合家族で父親による権威主義だった家族の在り方が、核家族で民主主義的な在り方を理想として変化してきたものと言うことができる。経済の急激な成長によって、核家族化が思いの外に促進され、理想的な家族の在り方に近づいてきたと思われていた最近において、既に述べたように、家族の問題が次々と生じてきた。そこで、結論を急ぐ人々は、昔の大家族がよかったとか、「明治の父」は立派であったとか、復古調の家庭教育論を述べるようになったのである。

ここで、われわれが考慮しなければならないのは、戦前の日本において、父権的複合家族という形態をとっていた家族は、いかなる構造に支えられていたか、ということである。ここに、支えとして取りあげた「構造」とは、明確には人々に意識されてはいないものの、漠然としたものとして人々の心に共通的に存在し、それを踏まえてこそ、家族が家族としての存在を安定させているような、潜在的な心の構造を指している。

日本の「家」のしがらみの強さは、個人の成長を妨げるものとして作用する。このことを強く自覚する人が、家あるいは家族に対して反撥を感じるのは理解できるが、そこで、家のもつ父権的な権威に対抗しなくてはならないと考えるのは、実状に合わないように思われる。ここで、家族の中で父と母とどちらが権力をもっているか、という観点ではなく、父性と母性との根元的な在り方に基づいて、父性的原理と母性的原理のどちらが日本の家において優勢であるかを考えてみよう。この点については今まで他にしばしば論じてきたので[1]、ここにあまり繰り返したくないが、筆者の主張は、日本の家が強力な母性原理によって支えられている、ということである。母性の原理とは、端的に言えば、すべてのものを平等に包含することで、そこでは個性ということを犠牲にしても、全体の平衡状態の維持に努力が払われるのである。これに対して、父性原理は善悪や、能力の有無などの分割にきびしい規範をもち、それに基づいて個々人を区別し鍛えてゆく機能が強い。教育場面における二つの原理の差は、日本においては小学校ではすべての人を進級させてゆくのに対して、ヨーロッパでは落第やとび級が多いことに如実に示されている。

日本における母性原理は社会全般に強く作用しているものであるが、ここに強調したいのは、そのような社会一般の原理が強く家庭内に浸透しているという事実である。すなわち、個々の家庭はその家なりの強い規範をもつのではなく、両親は子どもに対して「人様に笑われないような」、つまり、社会一般の通念に合う人になるように教育をほどこすのである。日本の家庭を西洋のそれと比較して、外圧に対する防衛機能の弱さを特徴とすることは、作田啓一氏がつとに指摘している。(2)作田氏は、「西欧の近代資本主義社会形成のにない手となったブルジョワの家族は、近代的自我のポジティヴな養成機関であった」と述べ、西洋では家族が密室化され、外圧に抗して親たちは子どもの自我の形成のための教育をほどこした点を強調している。これに対して、わが国では「家族こそ外社会の要求へのコンフォーミティを育成する重要な機関」なのであり、家庭は社会の動きとまったく連動しているのである。

このように考えると、日本の家は西洋と異なり、社会に従属して存在し、それらは共に母性原理によって支えられている、という構造を有していることが解る。そのような家における父親は、戦前には「強い」父と思われていたが、実のところ母性原理の推進者としての強さをもつものであり、家と社会とを通じてはたらく母性原理に守られて、父権を行使していたものである。従って、父親はそれ自身として、父性的な強さはもっていなかったと言うべきである。これに対して、西洋の家においては、父親は父性原理に支えられ、社会に対しても独自の規範をもって抗するだけの強さをもち、それによって家族に接していたと思われる。この際、父親たちがその背後にキリスト教における父なる神という像をもっていることの強みも、忘れてはならないことであろう。

西洋においては、このような家庭内の教育によって子どもたちは近代的自我の形成を成しとげ、従って、親から自立して核家族を作りあげることが可能となるのである。つまり、核家族という形態は父性原理に基づく構造に支えられて維持されている。この点が明確に把握されていないときに、わが国においては、近代的自我の形成を志した若者たちは、西洋の図式を単純に借り受けて、家庭内における父という権力に抗して、それをなし遂げようとした。そして結局のところは、彼らは作田氏も指摘するように「家出」をこころみることによって、父への反逆を成立させようとしたのである。ところが、実のところ、彼らの自我形成をはばんでいたものは父権とか家などではなく、既に述べたように家庭内に容易に浸透してくる、日本社会全般にはたらいている母性そのものであったのである。従って、これら「家出人」による自我確立のこころみは本質的には不成功に終ってしまったのも当然のことであろう。

家族構造の亀裂

既に述べたような考慮を抜きにして、日本人は全体として西欧化を目指し、核家族という形態を選ぶ方向へと伸びてきた。しかも、日本の経済の急激な発展と、建築技術の著しい発達とによって、日本の家族形態の変更が急テンポでなされることになった。これによって、日本人は相当西欧化してきたと思っているが、実のところ、日本人の根本的な心性のほうは、それほど急激に変化していないのである。高山に登る人は、だんだんと自分の体の条件を高山に適するようにして、頂上へと登ってゆくという。ヘリコプターなどによって急激に人間を高山に運ぶならば、その人はたちまちにして高山病になってしまうであろう。現代の日本の家族に生じている多くの病的現象は一種の高山病のようなものである。あるいは、家族形態の変化があまりに急すぎて、家族を支える構造が変化しないために、両者の間に生じた間隙に作られた病態であるとも言うことができる。

日本人が核家族を好むことの最も大きい理由は、日本的人間関係のしがらみから逃れたいことであると思われる。確かに、このようなしがらみは個性の伸長を妨げるものである。夫婦二世代が同居しているところでは、別居が可能となったとき、若い夫婦は自分たちの「自由」を喜ぶであろう。しかし、筆者は次のような相談を受けたことがある。夫婦二世代が同居していて、若い夫婦は自分たちの子どもの教育に対して、老人たちが何やかやと口出ししてくるのを嫌い、とうとう別居することになった。別居の自由を喜んでいるうちに子どもに心理的問題が生じて、筆者のところに来談されたのである。両親に会って筆者がすぐに感じたことは、二人ながら、父として、母として生きてゆくにはあまりに成熟していないということであった。ここに言う成熟はもちろん知能の発達とは関係のないことである。この両親とも大学を卒業しているし知的に優秀な人であった。しかし、彼らは子どもに対して、父である、母である、ということについてほとんど訓練を受けてきていないのである。

日本の昔の在り方は、西洋と異なって子どもに対して父性的な厳しい訓練は行われない。しかし、結婚した夫婦も大家族の中に包含され(別居していても、心理的には同様である)、日本的「しがらみ」という母性的訓練を経て、徐々に一人前になってゆくのである。そして、ここに大家族という表現をしたが、既に述べたように、日本の家と社会は互いに浸透性が強いので、いわば日本という大きい大家族の中で鍛えられてゆくと言っていいと思われる。ところで、核家族化がすすむにつれて、現在は日本人の人間関係そのもの、つまり、隣近所のつき合いも変化しつつある。「近代人」であろうとする人は、隣近所とのしがらみも出来る限り絶とうとする。かくて、日本の近代人は西欧人の想像のできない奇妙な孤立状態におかれるのである。そして、その孤立した家において、若い両親の父性も母性も不十分であるとすれば、子どもが問題を起こすのも当然と考えられる。

ここで、西洋の家族について実状をみてみよう。筆者はアメリカにもヨーロッパにもしばらく在住したが、そのときに強く感じたことは、彼らの親族づき合いのほうが日本人よりはるかに頻度が高いということであった。当時、若かった筆者は、家族からの自立↔家族との関係の減少、といった単純な図式を心に描いていたので、このことを理解するのに苦しんだことを覚えている。日本の親族づきあいの頻度が欧米に比べて著しく少ないという事実は、調査によっても裏づけられているが、このことは今までの論に沿って考えるならば、次のように言うことができるであろう。西洋のように父性原理によって個人が鍛えられ自我形成が行われた後では、親族づき合いによって個性がおびやかされることも少ないし、また、父性的な自我確立に伴う孤独感（これは日本人には共感し難いものだが）を癒すためにも、勢い交際の頻度を高めたくなってゆくであろう。

日本人の親族づき合いの頻度が低いからといって、関係が薄いなどと言えるはずがない。西洋人と日本人では「関係」の質が異なっているのである。母性的一体感を基礎にもつ限り、会ったり話し合ったりする頻度などは問題外なのである。ところで、このような日本的関係を自我の確立を妨げるものとして嫌い、そこから逃れでたものの、さりとて西洋人のような親族関係を成立させることのできない人は、どうなるであろうか。というよりは、親族とのつき合いの頻度をへらすことこそ自立であるという誤った図式によって行動している人、というほうが妥当であろう。このような日本的孤立家族に問題が多く発生する。先に述べた事例はこのような家の典型であったが、話し合いを続けているうちに、若い夫婦は老人夫婦のもつ良さを受け容れ、以前よりも両者の交流が頻繁になる間に、子どもの問題は解消していったのである。この子どもは若い両親の人間関係の改善のために、まさに問題提起をこころみたものと言うことができる。

このような例によって、筆者は、昔はよかったと主張する気は毛頭ない。むしろ、経済や科学技術の発展によって、家族形態に急激な変化がもたらされ、そのことによって基本構造のほうに亀裂が生じてしまった。この亀裂をどのように癒すかは、昔にかえることによってなされるはずがなく、日本人全体の相当な意識変革によってこそ可能ではないかと思っているのである。現在の日本において生じている多くの家庭内の問題を、そのような意識変革ののろしとみることが必要ではないかと思われる。

教育の原点としての家庭

変革ののろしという表現を敢えてしたが、実のところ、子どもたちは意識してのろしをかかげているわけではない。彼らはただ無意識的な力によって突き動かされているのである。人間が無意識の力によって動かされるときは、並はずれの強さをもつものである。家庭内暴力の話をよそごととして聞いている人は、そんな家は過保護だろうとか、父親がしっかりすればいいのだとか、簡単に考えるであろうが、実際に事が生じたときは、そんなに簡単に事が運ばないのである。それぞれの両親は何か「いい方法」はないかと苦心する。中には、ものの本に書いてあった方法にそのまま従って、息子と裸になって取っ組み合いをこころみた父親もあった。結果は父親が骨折し、息子の荒れは倍加されるというだけであった。このような涙ぐましい努力も失敗に終り、これらの人は筆者のもとに来談され、何か「いい方法」がないかと尋ねられるのである。そこには、専門家の言うことであれば、どんなことでも子どもにしてやろうとする熱気のようなものさえ感じられる。しかし、専門家として、明確に言えることは、そのような名案は存在しないということである。

現在は子育てのための単純なハウ・ツーをもたぬときである。文化が比較的安定しているときは、親たちはある程度子育てのハウ・ツーをもつことができる。しかし、既に述べてきたように、文化の根本的な変革が強いられているときには、簡単な子育ての方式など存在しないのである。われわれはその根本となる原理において、母性原理にも父性原理にも依れない状況におかれている。このため、現在の家庭内の人間関係は極めて実存的な状況に追いつめられているのである。家庭は憩いの場であると言われる。しかし、それは、家庭を支える基本構造が完全に共有されていて(それに関しては無意識なことが多いのであるが)、その支えの中で、各人は家族外の人には見せない自分の影の部分を見せても存在をおびやかされない状態にあるときに、真なのである。ところが、子どもたちは今や、日本の家庭を支えてきた基本構造の亀裂の中に落ちこんでもがいており、この子どもたちと対決を強いられる親は、自分の存在の根のぎりぎりのところに肉薄されることになる。

現在の日本の家庭のこのような実存的な教育の場から逃避している親は多い。もちろん、常に逃避の行動はそれなりに合理化され、美化されている。このような親の一人が筆者に述べられたことは極めて印象的であった。すなわち、自分は自分の家庭を棄てて、家の他に憩いの場としての疑似家庭を作ろうとしていたと言うのである。この人がどのようなことをされていたかは述べる必要がないであろう。ともかく、家庭外にできる集団は主義や主張や、趣味などを同じくするものである。しかも、そこで主張される主義や、尊ばれる趣味などは常に正しく、立派なことである。その正しさや立派さを免罪符として、そこに何らかのことを共有する母性集団が成立するのである。これらの人の中には、このように家族から自立して、自分の個性を生かして生きていると思いこんでいる人もいるが、むしろ底流に動いているものは、母性原理そのものなのである。本人がどのように錯覚しようとも、慧眼な子どもたちがそれを見逃すはずはない。子どもたちは何らかの方法を通じて、両親に実存的な対決を迫ってくるのである。

先に、このような両親から相談を受けたとき、われわれ専門家としては「いい方法」をもたないと述べた。方法をもたずにどうして相談可能かと思われようが、むしろ、われわれのいい方法は無いという確信に支えられ、親たちは他人に頼ることをやめ、自らもっとも個性的な方法を見出してゆくのであり、そのときにこそ問題は解決してゆくのである。このような過程の苦しさに耐えかねて、多くの人は他に頼ろうとし、果ては、他を恨み非難することが多い。既に述べたように家の外に疑似家庭集団を作っていたと反省した親の言葉や、これらの親の動きを見ていると、われわれは家庭内の最も根本的な教育の問題から逃れるために、その他の教育問題を論じたり、嘆いたりしていることが多いのではないかとさえ考えられる。もちろん、経済や科学技術の変革によって、家の根本構造に変革がもたらされようとしている事実からみても解るとおり、家のこと、個人のこと、社会の在り方は常に相互関連しており、どれかひとつが最も大切であるとは言い難いものである。しかしながら、教育についてわれわれが論じようとする場合に、はじめに述べたように家庭のことが小事として忘れられがちになるので、ここに敢えて取りあげたのである。

天下国家のこととしての教育制度などの改革に取り組むのと同様の熱意をもって、家庭のことにあたる必要性を筆者としては痛感している。日本人の意識革命は家庭内から生じてくるのではないか、おそらく、革命の原動力となるのは「女・子ども」たちであろう、と考えられるのである。

注

（1）河合隼雄『母性社会日本の病理』中央公論社、一九七六年。〔主に本著作集第十巻所収〕

（2）作田啓一『恥の文化再考』筑摩書房、一九六七年。

家族の気象学

「ロークの雨がオスキルの旱魃をひきおこすことになるかもしれぬ。そして、東海域におだやかな天気をもたらせば、それと気づかず、西海域に嵐と破壊を呼ぶことにもなりかねないのだ。」

——『ゲド戦記Ⅰ』より(1)——

1　家族と気象

「家族の気象学」とは素晴らしい思いつきである。これは執筆者が自画自賛しているようだが、実はそうではなく、このような発想は神戸大学精神科の中井久夫教授によるものである。中井久夫教授は筆者が尊敬している心理療法家である。一九八二年に出版された『精神科治療の覚書(2)』のなかに次のような言葉がある。

気象学的思考は対人的な場も含めて、治療的大局観を教えるところが多いと思う。

ちなみにサイバネティックスの創始者ウィーナーは科学を分けて、枚挙しうる孤立した物体の相互作用を扱う天文学型の科学と、そのような「実体」を欠きトポロジー的概念が主役を演じる気象学型の科学としている。

これには少し説明が必要であろう。筆者も中井教授と同じく心理療法を行なっているが、そうするとどうしても「家族」の問題にゆき当る。子どもが窃盗をする。会ってみると小遣がないので盗んだといい、お父さんがお酒ばかり飲んで家が貧しいのだ、などということがわかってくる。これは「父親の酒癖をやめさせねばならない」と思って説得しても、父親はまったく変らない。子どもの窃盗もおさまらない。「あの子の問題は父親が悪いから仕方がない」ということになってケリ。などということばかりしていたのでは、心理療法はほとんど成功しないであろう。

ここで引用した言葉を思い出すと、「治療的大局観」という言葉があるのに気づく。酒飲みの父親をすぐ「悪者」にしてしまうのなどは、大局観とは言えない。家族全体、家族を取り巻く状況などを「大局的」に見てこそ、何かの方策がでてくるのではなかろうか。

次にウィーナーの考えである。父が酒を飲むことが原因で、子どもが窃盗をするという結果が生じると決めつけるのは、「孤立した物体の相互作用」を扱う考え方である。それではウィーナーの言う気象学型として、「実体」を欠きトポロジー的概念が主役を演じる」などという考えで、家族のことがわかるのか。家族は、父、母、息子、娘などという「実体」によって構成されているではないか、と言われそうだが、それについては次のように考える。確かに、家族には父と息子とか、母と娘とか、孤立した人と人との関係として見られる部分もあるが、「大局的」に見るときには、「実体」的ではないが一種のトポロジー的概念として、「家族クライメート」のようなことを考えてみた方がいいときがある、と思うのである。

短絡的に家族のなかの「誰が悪い」などという発想で問題が解決するのは、非常に簡単な場合である。われわれ心理療法家がかかわるようなのには、そのような例は少ない。そこで、「家族クライメート」のような大局観をもって、「ボチボチ行こか」と思うくらいでちょうどいいのである。父も母も子どもも、誰も悪くはないが、「気象」が悪いので家族に問題が起こることがある。そんなときに、家族のなかの誰が悪いなどといって喧嘩しているよりは、じっと身を寄せあって気象の回復を待つ方が余程いいときがある。こんなときに大喧嘩をしてしまうと、それによって二次災害が生じて取り返しがつかなくなったりする。

ここに述べたことは、気象を一種の比喩として家族の問題の考え方を示したのであるが、このように何かのイメージに頼って考えてみる方が問題の捉え方がよくわかるときがある。「心」というわけのわからないものを相手にしているので、心理療法をしている者は、いろいろな比喩や類比で考えてみたり、イメージを思い浮かべたりする。そのとき論理的・合理的に考えてゆくと、一見しっかりと考えているようだが、かえって「心の現実」から離れてしまうのである。先程、原因→結果という考えがあまり有効でないことを示したことを思い出していただきたい。

家族のことを考えるときに、父親が酒をやめたらとか、母親がもう少しガミガミ言わなくなったらとか、子どもがもう少し熱心に勉強したらとか、の考えは「正しい」かも知れないが有効でなかったり、時にはそれによって新しい問題が生じてきたりする。

ある父親が「私は決心して子どもの自由を許し、一切怒ったり干渉したりしません」と言った。一か月後にも未だそのとおりに頑張っておりますと言われるので、「その分だけ、奥さんにきつく当っていませんか」と言うと頭をかきながら肯定されたことがある。

冒頭にあげた言葉はル＝グウィン作『ゲド戦記』というファンタジーのなかに、魔法使いが登場し、彼らは「魔法」で気象を変えることができるのだが、長老が若い見習いを戒めて言った言葉である。つまり、全体としての均衡が大切で、それを忘れて局地的によいことをしたと思っていても、それは他のところに迷惑を及ぼしていることが多いので気をつけろ、ということである。なかなか心すべき言葉である。

もっとも、比喩はあくまで比喩でそれですべてを説明しようとしたり、それを説明の「根拠」にしようとしたりすると駄目である。それによって得た知見は他の事実によって確認される必要があるし、不適当と感じたときはそれをすぐに棄てないと駄目である。家族というものは、ウィーナーの言葉を借りると、天文学的にも気象学的にも見られるし、そのどちらもが有効なことを忘れてはならない。

2　家族クライメート

「英語の "Climate" はギリシャ語の "Κλιμειν(傾き)" に由来すると言われており、まさに緯度帯の太陽からの入力の差を意味していることにほかならない(3)」とは、気候学の本からの引用だが、家族もそれぞれがそれに固有の「傾き」つまり傾向をもっている。全体として明るい家族、暗い家族、冷たい感じの家、じめじめとしている家、そのようなイメージをもつことが多い。その家にはいるだけで、そんな感じが伝わってくる。

家族のクライメートを考えるとき、家屋《イエ》の在り方がそれを既に象徴しているように思われるときがある。従って、小説家は家族のことを書くときに、その住まいを丹念に描写することによって、小説全体のクライメートをうまく表現している。このことは西川祐子が既に適切に論じている(4)ので、それを参照されたい。その見事な例として漱石の『門』の主人公の住む家の描写をあげてみる。

茶の間の襖《ふすま》を開けると、すぐ座敷である。南が玄関で塞《ふさ》がれてゐるので、突き当りの障子が、日向《ひなた》から急に這入《はい》つて来た眸《ひとみ》には、うそ寒く映つた。其所《そこ》を開けると、廂《ひさし》に逼《せま》る様な勾配《こうばい》の崖が、縁鼻《えんばな》から聳えてゐるので、朝の内は当つて然るべき筈の日も容易に影を落さない。崖には草が生えてゐる。下からして一側《ひとかは》も石で畳んでないから、何時《いつ》壊《くづ》れるか分らない虞《おそれ》があるのだけれども、不思議にまだ壊《くづ》れたことがないさうで、その為か家主《やぬし》も長い間昔の儘にして放つてある。

これを読むと、ここに住んでいる主人公の性格のみならず、『門』という小説に展開される筋まで読みとれるほどの感じを受ける。

このようなこともあって、われわれのところに相談に来られる人に、時によっては、住まいの平面図を書いて貰って説明して貰うことがある。その間に、その方の家族クライメートがわかってきて参考になるのである。あるいは、自分が子どもだった頃の「家」の思い出など語って貰うと、日が当るとか当らないとか、壁の色、便所の位置、など思いつくままに話されるなかで、その人の家庭のクライメートが感じとられることもある。

家族の気象学と言うと、やはり家族の「天気図」を誰でも考えるのではなかろうか。高気圧や低気圧の配置、雲の位置、等温線など心のなかで書きこんでみると面白いのではなかろうか。このような天気図を書く上で、心しておかねばならぬのは、地表と高層とではそれが随分と異なるということである。この重層構造をうまくつかんでおかないと気象の把握はまったく間違ってしまう。天気予報官は、この二重の構造をよく考えて予報を出すのだが、まったく同じように見える地表の天気図の場合でも、高層の状況によって、予報が相当に異なるものになるような例に接すると、家族の気象学の場合も同じだなと思うのである。

たとえば、夫は文字どおり十年一日のごとく真面目に働いている。浮気はもちろん、帰途に寄り道さえしない。六時十五分になると、ちゃんと帰ってくる。彼は脇目もせず妻子のためにはたらいている。彼の描く家族の天気図では、さしずめ彼は「高気圧」のようなもので、いつも家族に「よい天気」を楽しませてあげるために努力してきた、ということになるだろう。

ところが、彼が四十歳をこえた頃、妻がどうしても離婚したいと言う。彼と一緒に暮らしてゆくことに耐えられないのだ。夫はまったく驚いてしまう。高気圧の中心に颱風が生じてきたようなものであるが、このようにして自分は妻子のためにつくして来たし、何の悪いこともしていない。それに離婚したいとは何事か、ということになる。ところが、妻の言い分は、そのような彼だからこそ耐え難いのだと言う。彼のそのような何の「悪い」こともない態度によって、妻は人間としての自由を奪われ、束縛されているように感じるのである。何か楽しいこと面白いことをしようとしても、「なぜそんな無駄なことを」という彼の顔に接すると、興味がしぼんでしまう。それに、いつもきまった時間に帰ってくるのにも耐えられない。六時十五分になると、彼の足音がきこえてくる。それを聞くと、妻は「自分が囚人で、看守が見廻りにやってくる」ように感じてしまう、というのである。

彼女が離婚しようとしているのを知ったとき、他の人々の反応は真二つに割れてしまった。家族の天気図の地表の図のみを見ている人は、「あんな立派な御主人はいないのじゃない」とか、「離婚なんて、もったいない」などと言ったし、「高層天気図」の方をも見ている人は、「わかるわ、その気持」と同情したり、賛成したりしてくれたのである。

ところで、夫の気持はどうであろう。次の日も「平常どおり」の天気と思っていたところ、急に温度が低下し、霜の害で作物が全部やられてしまったような心境であろう。天気の予報官として、高層に寒気団が北から張り出してきていることに気づかず、地表の天気図だけを頼りに、「平常どおり」とのんびりしていて大失敗をした、と考えるとよくわかるような気がする。

既に述べたようにアナロジーはあくまでアナロジーであって事実ではない。この夫を、「高層気象」に気づかなかった予報官と言うイメージで語り、それはそれで納得のいくものではあったが、果たしてそれだけでいいのだろうか。この夫に対して前述のようなイメージを提供すると、彼は「なるほどよくわかりました」と答え、以後、高層の寒気団に注意しようと思い、妻の気分を寒気に見たて、それを伺おうとして、小心翼々と暮らすことになるかもしれない。

家族の天気図というアナロジーを続けるとするならば、彼は予報官の役を時にする必要もあるだろうが、実はその天気図のもととなる「気象そのもの」なのである。つまり、家族の一員として、彼はその現象のなかに生きているのである。このような考えを推しすすめると、実は、彼自身が高層に存在する寒気団そのものであり、その被害を受けているのが妻である、という認識もでてくるのではなかろうか。ここまで考えてきてはじめて、彼は自分の生き方を根本から見直そうとする姿勢ができてくるであろう。自分の家族の天気図を考えたい人は、自分がその気象現象の一部であることを忘れないようにして欲しい。そのことを忘れて、「予報官」になっても、当るはずはないのである。

家族のクライメートを見る方法として、「家族画」を描いて貰う、という技法がある。他の家族がみんな炬燵にはいっているのに、自分だけ離れて一人で何かしている画を描く子がいる。あるいは、家族が一列に前面に並んで手をつないでいるのに、父親だけが右上の隅に小さく描かれることもある。まさに家族の「天気図」のようなものである。しかし、天気図が重層的であったように「家族画」も重層的な把握ができないものであろうか。

おそらく、このような考えに基づいてであろう、前述の中井久夫教授はおよそ三十年ほど以前のことだが、「怪獣家族画」の試みをされた。家族を怪獣になぞらえて描いて貰うのである。すると――筆者も見せて貰ったことがあるが――実に興味深い画ができあがってくる。誰が見ても立派で慎ましやかに見える母親が、子ども怪獣の足に嚙みついている大怪獣として描かれたりするのである。これはなかなかよいアイデアと思われるが、この試みは間もなく棄てられてしまう。それはなぜか。それはあまりに患者に対して侵襲性が強すぎると、中井教授が判断したからであり、筆者もそれは賛成である。

侵襲性が強いとは、そのような行為が患者をあまりにも脅かし、混乱させてしまうということである。このあたりも、家族の天気図のアナロジーがそう単純には使用できぬことを示している。つまり、患者は自分のおかれている状況について、今まで気づかなかったことに急に気づかされるときは、それが「正しい」ことであれ、大変な危険に陥ることがある。天気図については、正しく詳しく知れば知るほどよいが、自分がその気象の一部となっているような、人間関係の図になってくると、「知る」ことについて慎重な配慮が必要となってくるのである。

3　異常気象

一般に晴天の日は「よい天気」という。しかし、「よい天気」ばかり続くと旱魃になってよくないわけである。「よい天気」でない日があってこそ、全体としてよい天気になるのだが、これも家族の気象学に当てはまるだろう。家族クライメートがよいということは、適当に雨や曇の日があり、時には風も強く吹くということである。こんなことは当然のことなのだが、「幸福な家庭」というのは雨風のない家だなどと決めこんで、自分の家は不幸だと思っている人もある。それに気候というものは季節で考えると、春夏秋冬があるから面白いのである。もっとも、常夏の国もあるので一概には言えないが、だいたいは季節の変化があると考えていいだろう。そのような変化があってこそ、全体として、よい気候なのである。

変化があって当然とは言うものの、やはり異常気候というものはある。急に温度が変ったり、大雨が降ったりする。家族にも異常気象はある。家族の事故、病気、死亡などということもある。あるいは、親類が何のかのと言ってくることもある。家族だけだとうまくゆくはずなのに、うるさい親類が脅かしてくる。遠いところから颱風が襲ってきたり、寒気がはいりこんで来るようなものである。最近では単身赴任などということもあるが、これは「天気図」で表現するとどうなるのだろう。いろいろな異常気象になぞらえて家族のことを考えてみるのも一興であろう。

天気に即した言い方で、「雨降って地固まる」という表現がある。これは家族にもぴったりと当てはまるようだ。われわれ心理療法家はそのような例に接することが多い。ある高校生が家出をした。模範生のように思われていたし、家庭内にも何の問題もない家なので、両親はまったく驚き混乱してしまった。親類に立ち寄ったところをうまくつかまえて貰い、すぐに会いに行ったが、「お前らには会いたくない」と、これまでに見たこともない顔つき、ものの言い方で拒絶されてしまう。両親は大変なショックでカウンセラーのところに相談に行った。

この相談を通じてだんだん明らかになってきたことは、両親が子どもを大切にし、理解を示して育てて来たとは言うものの、それを子どもの側からすれば「うまくコントロールされて、目に見えない糸で縛られていた」ということになる。そのように言われると、両親も思い当るところがあって、親子の話し合い(といっても相当激しいところもあるのは当然だが)を通じて、子どもの自立を適当に許すような親子関係へと変化していった。この際は、子どもの「家出」ということによって、「雨降って地固まる」ことが生じたのである。

「家出」によって、このようにすべてがうまくゆくか、というとそうとは限らない。「雨降って地崩れる」ことが生じるのは、御存知のとおりである。ある少年は家出をしてしまって、なかなか帰って来ない、と思っていたら暴力団にはいっていた、などということもある。この場合は、雨降って……などというものではなく颱風によって家屋が倒壊したようなものである。というよりは、ここにはそもそも「家」がはじめからあったのかどうか、とさえ考えねばならないのである。

「家出」にも二種類あって、先にあげた例のように、家をよりよくするため、つまり「地固まる」ための「雨降り」のようなのが第一種。もっとも、これも対応を失敗すると、なかなか地固めができず、地崩れにまでつながることもある。第二種は、そもそも「家」がないので、自分の「家」を求めて「家出」をする類である。家族がバラバラで家をつくっていないのである。そんなときは、暴力団などという「家」を見つけることになる。決して満足ではないが、全員の結束があるだけでも家らしい感じがするのである。こんな場合になると、家族の天気図の読みは非常に難しくなる。ここではその方法について論じるのが趣旨ではないので省略するが、この際、われわれ治療者自身が天気図の単なる「読み手」ではなく、天気図の内容として、気象の一部を構成しているという自覚を明確にもつ必要がある、ということだけ指摘しておきたい。

日本には颱風というものがある。毎年それはやってくる。しかし、颱風が日本の上に一日以上とどまるということはない。このことはわれわれに何となく楽観的な気分を与えてくれるところがある。どんなにひどくとも、一日じっとしていると、後は晴れてくれる、という感じである。もっとも、最近は迷走したり逆走したりする颱風があるから、絶対的なことは言えないけれど。じたばたせずに、じっと辛抱してやり過す方法も、時には有効なのである。

颱風のイメージで言えば、颱風の目のような人が居られるのも事実である。その人の周囲には暴風雨が起こっているのだが、御本人はあくまで静かで涼しい目をしておられる。このことに気づかない人は、あそこの家族は父親(母親)は静かでいい人なのに、どうして家族は無茶苦茶をするのだろう、などと言ったりする。このような家の天気図を変えるためには、颱風の目の人に、颱風の恐ろしさをまず体験して貰わねばならないことが多いのだが、これはなかなか難しいことである。

気候学には、エル・ニーニョ現象というのがある。エクアドルからペルー北部では、ちょうどクリスマスの頃に赤道の方から暖流が流れてきて、海水温が一時的に上昇する。このときバナナやココナツの収穫が行われ、暖流と共に日頃見かけない高級魚が回遊してきたり、ということが多いので、エル・ニーニョ(スペイン語で、「神の子」の意)と名づけて、感謝の気持を表わしていた。ところが、このエル・ニーニョが続きすぎて六月頃まで高水温が続くと、六月頃のアンチョビー(カタクチイワシ)漁が大打撃を受けてしまうのである。「本来の天の恵みに対して感謝の気持で命名をされたものが、いつの間にか異常気象を引き起こす元凶となってしまったものである」(6)のだが、エル・ニーニョ現象によるアンチョビー漁の大打撃はわが国にまで影響を与えるので、この名は一般に割と知られるようになった。

家族の気象学にもエル・ニーニョ現象が起こる。最近一番よく聞くのは、思いがけない地価の高騰によるものである。それも上がり方があまりに大きいため、しなくてもよい遺産相続の争いなどが生じてくるのである。「家は兄さんが継ぐか」などと納得していたのだが、その土地が急に億単位の値段になってしまうと、弟たち、それにそのお嫁さんたちも黙っておれない。相続税も高くなっている。その土地を売り払うと、その場所でしていた商売が続けられない。財産が急に増えて嬉しいことのようだが、それは争いの元凶になってくるのである。

きょうだいのなかで、誰かに目立ったことが生じるときも、エル・ニーニョ現象を引き起こすことがある。音楽とかスポーツとか華やかに他人の注目を浴びることに、きょうだいのなかの一人だけが浮きあがるだけではなく、両親までもそれに溺れてしまって、他の子どもたちのことを忘れたりすると、エル・ニーニョ現象が起ることはまちがいない。その子は家族に災をもたらす「神の子」となる。

4　家族の都市化気候

エル・ニーニョ現象は一時的なものである。しかし、もっと永続的な変化が起ることもある。そのひとつで今後大きい問題となるのが「都市化気候」である。あまりに多くの人間が一か所に集まり、しかも現在では冷暖房の装置を多く使ったりするので、都市に特有の気候変化が生じてくる。これにはいろいろなことがあるが、素人にもわかりやすいことは、温度の上昇と大気汚染とである。

温度の上昇ということで、先にあげた地価の高騰を連想される方もあろう。筆者が連想するのは、物が豊かになったことである。家族内に溢れる物が豊かになった。これは有難いことではあるが、また難しいことでもある。確かに、あまりにも物がなく貧しいときは生きてゆくのが大変であるが、豊かになったからと言って手放しで喜べないところが、人間の生き方の難しいところである。

昔は物がないのにわれわれは頑張って生き甲斐を見出してきた。それに対して、今の若い者はまったく贅沢になってしまいダラダラ生きているのは怪しからんと嘆く老人は多いが、そのような社会をつくって来たのは誰ですか、と訊きたくなってくる。物が豊かになることが幸福だと思い込んで頑張ってきたのが、われわれ年長者の世代ではなかろうか。そのように努力してきたからには、物が豊かになったときの生き方を考え出すのこそ当然で、ただ嘆いてみても仕方のないことである。都市化気候を解消するために、なるべく他人が田舎に住めばよいと主張して、自分だけ都会に住みたがっていては、何の解決にもならないのである。

都市に多くの人が生活することを続けてゆくのだったら、それなりの「工夫」が必要になってくる。やたらに冷暖房を使用せず、適温を保つようにする。時には郊外に出かけて行って自然に接する機会をつくる。などといろいろと考えているわけである。それでは、物の豊かさに対してどうすればいいのか。ともかく、子どもに物さえたくさん与えておけば幸福だという考えを棄てることが第一である。冷暖房の設備を整えて、使用しすぎたために地下の水位が低下してゆくのと同様に、物の豊かさに比例して、家族の支えとなって流れているはずの底流がだんだん貧困になるようなことが起こっていないかを、よく反省してみる必要がありそうである。地下の水位などというものは、目に見えないものだけに、つい忘れがちになるのである。

家庭サービスで家族を連れて、ドライブに行きレストランにはいる。子どもは平気で高いものを注文する。そのうちに、ホテルの食堂に行きたいなどという。高級志向はとどまるところがない。しかし、子どもはほんとうに、「高い」ものが食べたいのだろうか。子どもが一番欲しがっているのは、家族がほんとうに共に居ることではないだろうか。家庭「サービス」をするという考え自体が、そもそも狂っていないだろうか。家族と共に楽しむというのではなく、父親は「サービス」を行いつつ、心の方は「仕事」や他のところにあるとしたら、子どもが「もの足らない」と思って当然ではないだろうか。この「もの足らない」気持を子どもたちはうまく表現できず、結局は高い「もの」が欲しい、ということを言うようになっているのである。

多くの「もの」を享受するためには、それに見合うだけの「こころ」を使わねばならないのである。従って、物が豊かな時代の家族関係は物が少ないときよりも、はるかに心のエネルギーを使わねばならないことを、よく覚悟しておく必要がある。

温暖化現象のひとつとして、長寿化をあげることができる。人間は以前より長生きをするようになったのは有難いことである。しかし、老人たちと共に「家族」として共に生きるにはどうするのか、という大きい問題が生じてきた。

老人の「長寿」と言ってもそれは自然に生じてきたことではない。都市化気候と同じで、人工的につくられてきた面が強い。そこであちこちに無理が生じてきて、これまでの気象学の知識では対応できないことが生じてくる。老人性不変性低気圧などというのが生じるかもしれない。そうなると、低気圧を排除して、どこかに「収容」しようなどという発想さえ起こってくる。

このような考えの背後には、晴の「よい天気」ばかり続いて欲しいと思ったり、最適温度のことだけを気にして、温度を唯一の価値規準にするような、短絡的な発想があるように思われる。そのような発想が家庭内にひろがるのこそ、「大気汚染」と言えないだろうか。大気汚染の問題は、局地的に考えることは出来ず、時には地球的規模で考えねばならないことである。家族の気象学もこのあたりのことに及んで来ると、家族ということをこえて、相当な広範囲にわたる天気図のなかで、大局的に見てゆかねばならぬのである。

家族に及んでくる大気汚染はいろいろとあるが、そのなかのひとつは、既に述べたように、人間の価値を計量可能な一元的尺度で規定しようとする考えであろう。収入の額によって人間の価値をきめる。共通一次(今は新テストという名になっているが)の点数によって人間の価値をきめる。このような考え方の「便利」なことは、それによって誰もが一様に順序づけられることである。例外を許さずに順番がつくので便利であり、日本人はこの考えが好きであるが、これは個性を殺す最高の方法である。このような方法によらず、成員の一人一人が固有の価値を主張し、認められるというのが「家族」というものではなかろうか。そして、そのような家族がたくさんできてくることが、大気汚染を解消してゆくことにつながると思われるのである。

大気汚染の次の現象は、人間が人間を「操作」し切るという発想であろう。人間は実に多くのものを操作して、便利な生活をするようになった。それがあまりうまくゆくので、よく「研究」し、適切な「技術」を考え出すと何でも操作できると考え、人間を操作しようと考え出すようになった。もちろん、たくさんの人間集団を「もの」に見たてて、操作することはある程度可能である。個人に対しても、ある程度そうであろう。

しかし、それを個々の人間にまで及ぼしてきて、すべてについて「科学的育児法」や、「老人対策」などを家庭でまでやられるとたまったものではない。家庭のなかでは、一人一人が「生きる」ことが面白いのである。それは、気象が自然に生じるように、一人一人の心から自然に生まれてくることを大切にし、それらのからみ合いのなかから全体としての構図ができあがってくるのである。天気図を作製する予報官は天気を「操作」して天気をつくっているわけではない。自然というもののよさを、もう一度味わい直す意味で、家族というものは意味をもっているように思われる。

注

(1) ル゠グウィン、清水真砂子訳『影との戦い　ゲド戦記I』岩波書店、一九七六年。
(2) 中井久夫『精神科治療の覚書』日本評論社、一九八二年。
(3) 水越允治／山下脩二『気候学入門』古今書院、一九八五年。
(4) 西川祐子「借家の文学史」、『シリーズ変貌する家族3　システムとしての家族』岩波書店、一九九一年、所収。

（5）立平良三『天気情報の見方』岩波書店、一九八七年。
（6）水越允治／山下脩二、前掲注（3）書。

性教育とその難しさ

エイズの恐怖

エイズというまったく新しい病気の出現が、人々を恐怖に陥れている。先日もタクシーに乗っていて、インドネシヤに出張すると言うと、運転手さんが親切にも、「東南アジアに行かれるのなら、エイズにかからんように気をおつけやしゃ」と言う。神妙に聞いていると、「生水など飲まないようにして……」と言われたので、このタクシー会社では社員に対する「性教育」が行われていないことがわかったが、ともかく、外国に行くときは、エイズという恐ろしい病気に注意せよ、というのは日本中に相当ひろまっていると考えていいだろう。

病気と言っても、エイズはこれまでの「病気」という概念を打ち破るほどのものだ、と言っていいだろう。生物にとって極めて大切な免疫の中枢を侵される。そして、それを治療する方法はおそらく簡単には見つからないだろう。となると、近代医学の力によって、相当多くの病気を駆逐できて、おかげで平均寿命が画期的に伸びたなどと喜んでいたのに、まるでそれを嘲笑するかのようなもので、人間がこれに対する恐怖心を強くするのも当然である。

病気は治せないとすると、その感染を防ぐことが大切になる。そして、感染経路が性関係によることが多いとなると、そこに焦点づけられてくるのも当然の成りゆきである。そこでエイズ感染防止のための方法を「周知徹底」すべきだ、という論議が起こってくる。マス・メディアのいろいろな箇所に「コンドーム」という言葉が認められるようになったし、前述したタクシーの運転手さんのような場合があっては困るので、エイズ感染防止を主とする性教育を学校でももっと徹底して行うべきである、と主張されるようにもなった。

これは一昔前なら「不健全」な性関係をもってはならないとか、社会の良風を保つための方策などということが、もっとやかましく言われたかも知れない。かつて、淋病や梅毒が流行したときは、そのような「防衛策」が声高く叫ばれたものである。しかし、エイズの場合は、その危険性の質がまったく異なるので、それほど悠長に構えておれないところがある。それに現代において「淳風美俗」を説いてもあまり効果があがらないことは、よほど教育好きの人でも認めるところであろう。そんなわけで、にわかに「性教育」の必要性が論じられるようになった。もちろん、そのような動きに呼応して、ひともうけしようとする向きもあろうが、その点については本論では触れないことにする。

エイズは確かに大さわぎに値する病気である。日本人にはまだそのほんとうの恐ろしさが理解されていないようにも思われる。ここはそれを論ずる場ではないので省略するが、免疫学の権威、多田富雄の語るところなどに接すると、まったく慄然とさせられる。本論の展開にも関係するので、多田のエイズに関するエッセイの最後の「エイズの意味」というところを引用しておく。

「エイズの意味。エイズは社会的にも科学的にもかつて当面したことのない新しい局面を開いた。しかしその最大の副作用は、現代の科学研究機構の恥部を暴きたて、科学への希望を打ち砕いてしまったことである。それは性のモラルの病いではなく、科学者のモラルの病いを発症させ、生命科学内部の「自己」を危うくした。」(多それはいいだろうか。ここにわざわざ多田の文を引用したのは、もちろん多田の論とはコンテキストは異なるが、性急な「性教育」が危険な副作用を起こし、それによって、「教育者のモラルの病いを発症させ」たり、人間の「自己」を危うくしたりするものではないか、と恐れるからである。なぜ、そのように考えるのか。それを明らかにするためには、人間の「性」について考えてみる必要があるだろう。

田富雄『免疫の意味論』青土社）

このように恐ろしいエイズを防ぐためには「性教育」を急がねばならない、と主張される。しかし、果たして

性とは何か

今さら性とは何かでもあるまい、という人もあるだろう。性についてなら現代の中学生でも相当なことを知っている。むしろ、大人よりも中・高校生の方が詳しい知識をもっている、と言えるかも知れない。あるいは、性について知りたければ、本屋にゆけば性に関する情報を提供してくれる書物などいくらでもある。昔は「伏字」などということがあったが、今はそんなことはまずない。それに写真や図解などもいくらでもある。言いたててゆくと切りがないだろう。

しかし、筆者が大学で講義をしたり、若い人に講演をしたりするときに、ときに「性」の問題に触れて話をすると、聴衆が注意を集中するのを感じることがある。ときには「あんな話ははじめてでした」とお礼を言いに来る人もある。そのようなときに筆者が思うのは、青年たちが性の生理についてはよく知っていても、性の心理について知らないのではないか。あるいは、性について一般的に知っているとしても、自分自身にとってそれが何を意味するのか、についてはわからないのではないか、ということである。

実のところ、「性」はほんとうにわかることがないのではないかとさえ思われる。だからこそ、それをめぐって多くの文学作品が生まれてきたし、今後も終ることはないだろう。あるいは「性」のこととなると、つい身体的なことに限定して話すことにして、心理学者も教育学者も敬遠してしまうことになるのであろう。このような点を子どもたちはよく知っている。だからこそ、彼らは大人どもを脅かす武器として、「性」ということをよく用いるのである。

たとえば、五、六歳の子どもがどこかで猥せつな言葉を覚えてきて、家庭内で急に喋り出すとか、中学生が新任の教師が現れるときに、黒板に性的な落書をしておくとか、そのような行為はどこでもよく認められる。このようなとき、子どもは大人の微妙な心の揺れを感じとるのだ。いつもは、教える者と教えられる者、安定した者と不安定な者、というようにほとんど絶対的と思われるような区別を感じさせられる、大人と子どもとの関係のなかで、大人が後で大いに怒り出すにしろ、ふと見せてしまう不安定さが、子どもにとってはたまらなく嬉しいのである。「それみろ、それほど威張ってばかりも居れないだろう」と言いたくなるような瞬間がある。

それを少し肯定的な意味合いでとらえるなら、大人の「生《なま》の姿」が見られる機会を与えようとしている、と言ってもいいだろう。大人は知識や制度などで自分をがっしりと守っていて、子どもに対応している。ところが「性」のことをつきつけられると、大人も時に裸の姿を見せる。そこに意味があるのだ。

このようなことを知らずに、教師や親が、その子どもを「性的関心が強い」とか「いやらしい子」というふうに判断してしまうと、まちがいを犯すことになる。大人が自分の感覚で考えるような「性」に対することよりは、むしろ、子どもたちの本当の意図は別のところにあるのを知るべきである。それによって子どもたちは、大人が自分と対等の地平に立ってくれること、裸の姿を見せてくれることを要求しているのである。

性は「からだ」と「こころ」をつなぐものであるが、それはいろいろな意味で「つなぐ」機能をもっている。男と女をつなぐことは誰にも了解されるだろう。それは、死と生とをつなぐものである。二人の合体によって新しい生命が生まれてくるという意味で、それは「生」の極致でもあるが、「自己」が合体のなかに消滅する方に注目するならば、それは限りなく死に接近する経験でもあり得る。男女の結合のいわば最高の形のようにして、心中が描かれたりするところにも、その意味が示されている。

性はまたパラドックスに満ちている。キリスト教や仏教などにおいては、それは低い価値を与えられているのに対して、地母神を崇拝するような宗教では、それは最高の価値が与えられ、聖娼などという制度も存在している。あるいは、ロマンチック・ラブはもともと性的関係のないことを前提とするものであったが、だんだんとロマンチック・ラブの到達する点として、男女の身体の結合を考えるようにもなってきた。これらを見ると、性は人間にとって、最高のものとしても、最低のものとしても体験されることなのである。

そのような「性」をどのように受けとめるかに、その人の成熟の様相が示されると言ってもよく、従って、それは個々人によって相当に異なるものとなると考えられる。そこにその人の個性が認められるのである。性は一般論的に論じるのが極めて難しいことである。このことをわれわれはよく認識している必要がある。

関係性の喪失

性を一般的に論じるのが難しいなどというと、その身体的側面のみを重視している人に笑われるかも知れない。男性性器と女性性器の結合について、一般的に記述することは、難しいことではない。そのような「客観的」、「科学的」な知識をもつことは必要であるとして、そのような知識はどのような意味をもつかについての反省もまた必要である。科学技術をこれほどまでに可能にした重要な前提は、観察する主体を観察される現象から明確に分離し、自と他の明確な切断を行うことである。そこで発見する法則がその観察者と関係のないものなので、そこに「普遍性」が認められる。つまり、誰がどこにおいても適用できる法則が見出されるのである。従って、科学技術によって生み出されたいろいろな機械や方法はどこでも誰にも利用できるし、マニュアルに従って正しくやれば、誰でも望ましい結果が得られる。このような方法があまりにも成功を収めたので、人間はこれで何でもできるという思いあがりをしたのではなかろうか。人間の能力が爆発的に拡大されたと喜んでいるうちに、多くの人間が「関係性の喪失」に悩まねばならなくなった。

たとえば、自分の子どもを「よい子」に育てようとして、家庭教師をつけ、親の言うとおり、先生の言うとおりに従う素直な子を育ててきて喜んでいると、その子が中学生くらいになると家庭内暴力をふるう子になったりする。親は子どもを育てるのにどれほどのお金を使い、どれほどの努力をしてきたかを強調して、それにもかかわらずこのようになったのは子どもが「悪い」からだと言う。しかし、親のした努力は子どもを自分のものとしてあつかい、それをどのように上手にうまく操作するかという点にあって、人間と人間が生きた感情で接するという点は大いに欠けるところがあったことに全然気がつかないのである。子どもが暴力をふるってまで親に訴えようとしているのは、生命あるもの同士の触れ合いの必要性なのである。この際、その必要性の高さと、相手の感受性の弱さのために、「触れ合い」が拡大され「なぐり合い」にならざるを得ないのも了解される。

関係性の喪失を癒そうとして、多くの人が「関係」を求めて性に関心をもつのも当然と言っていいだろう。従って、現代は性に関するビジネスは盛況を極めている。ただ、残念ながら、ビジネスの常として、それは「割切って」なされるので、関係性を求める行為が、結局は「切断」を体験することになってしまい、孤独感は余計に強くなるのみである。関係性の回復は、それほど手軽にできるものではない。

思春期や青年期前期の子どもたちが、ときに不特定多数の異性と性交渉をもったり、極めて性的に無秩序な行動をすることがあるが、それらは性的な欲求が強いというよりは、関係性の喪失の重い状態にあると考えた方が妥当なことが多い。その証拠に、彼らが関係性を取り戻すことができる人間を見出したとき、それまでの性的行動がうそのように消失してしまうことがある。大人たちは、そのような若者に対して、不純であるとか不健全であるとか注意をしたり説教をしたりする前に、彼らにとって心の安まるような人間関係がどこにあるのかを考える方が、はるかに意味のあることが多い。

もちろん、性が関係性の回復としての意味をもつ場合がある。そのときの性の体験は、まさに「つなぐもの」としての機能を果たすものとして、こころとからだをつなぎ、生と死をつなぐような類のものとして感じられるものでなくてはならない。それは、個人の実存のかかった行為であるだけに、単純にハウ・ツー式に語ったり、その内容を言語で記述したりすることは極めて難しいものとなるであろうし、個別的な色彩の強いもので、簡単に一般化することも難しいであろう。

性教育のあり方

以上に述べてきたことから考えて、性教育ということが非常に難しい課題であることが認識されたであろう。いったい誰が自信をもって、性について「教える」ことができるのか、と言いたいほどである。

しかし、エイズの脅威は最初にも少し触れたように実に強烈である。前述した多田富雄の本によると、一九九〇年秋、「ニューヨークのダウンタウンを歩いていた二十歳から四十歳までの、いわゆる生殖年齢層の男性百人を無作為に選んで血液中のエイズ抗体を調べてみたら、三十八人が陽性だった」という。
「日本では水際での防疫にある程度成功し」ていると言っても、「日本に特徴的だった血液製剤による感染が無くなったのに対して、異性間の性行為による感染が増加して」きている。安閑としてはいられないのだ。

それではどうすればいいのか。エイズの人類に対する破壊力の強さを考えると、われわれはある程度の非常手段をとっても、その防衛を考えねばならないだろう。そこで、エイズの感染を防ぐのに必要な方法や知識を学校で教えるとする。しかし、その場合、それはあくまで非常手段であり、それはすなわち「性教育」とは言えないことを、われわれはよく認識していなくてはならない。

性交の事実について客観的に教えることによって「性教育」が行われるのではない。それはあくまで性教育の一部であり、相当な配慮をさえ必要とする。たとえば、女性の生理についてかつては何の知識もなく、初潮のときに「病気」と思って悩んだなどという人があったが、今は学校で養護教員の先生などが生理のことを教えるので、そのような不幸は回避されるようになった。ところが、そのような「事実」を知っていることと、それを「自分のこと」としてどう受けとめるかは異なるのである。

筆者のところに相談に訪れる女性で、初潮の体験のショックについて話す人は多い。彼女たちはその「事実」については、学校で学んでよく知っている。しかし、それをわがこととして受けとめる体験を共に感じる人間関係が欠けているのである。母や姉や先輩などが自らの体験したことを、いずれは自分と同じ道を歩むことになる人間に対して、共感しながら語ることと、「科学的事実」を伝達するのとは明らかに異なっている。人間は機械ではない。適切に油を注入しておくと円滑に動くような存在ではないのだ。心の交流を土台にして語られることは、力をもっている。

このようなことがわからない人は、最近は「学校でやってくれる」というので安心してしまう。一人の子どもが自分の存在を賭けて悩んでいるとき、その周囲にいる大人たちが「安心して」しまっていていいのだろうか。事実としての初潮は知っていても、関係性の稀薄なかでのその体験が、強いショックとなって、あとあとまでも尾を引いている例を筆者はよく知っている。

このことは、子どもたちの悩みを少なくするのがよい、と言っているのではない。適切な悩みは人間を鍛える。早くに性の事実を教えてしまい、子どもの方は「ああ、わかった」と考えて悩まなかったら、実に面白くない人間になることだろう。性について悩み苦しむことによって人間は成長してゆく。ただ、そのような成長の過程の土台となる人間関係があるかどうかが問題なのであり、悩むことそれ自体はむしろ歓迎すべきである。そもそも、他人の悩みを少なくするとか、無くするとか意図することなど、人間の尊厳に対する侵害と言っていいのではなかろうか。

実のところ、本質的な人間関係さえあれば、別に取りたてて「性教育」などということをする必要もないし、エイズも別に怖くないのである。しかし、現代社会の現状を見ていると、そのような理想論のみを言っていてもはじまらぬし、エイズの破壊力を思うと、その予防策として事実を教えることも許容すべきかとも思うが、そのような「教育」を一括して形式的に行うこと自体が、先に引用した多田の言葉に則して言うなら、「教育者のモラルの病いを発症させ、人間の「自己」を危うくする」ほどのものである、という自覚が必要なのである。

人間の存在の身体的中枢に関する免疫に対して、エイズが破壊力をもつように、その防衛策を誤ると、その防衛策が人間の存在の精神的中枢を破壊することになる、という点で、エイズの恐ろしさは測りしれないと言わねばならない。性のことを一括的に誰もが同じように「わかった」と思うようなことを、他人まかせにして、世の親たちが安心してしまったら、子どもたちは自分の「個」をつくりあげてゆく足場を破壊されたことになってしまう。

人間の歴史を見ると、人間個人は弱いので、集団をうまく形成し、集団の強さによって個々の人間の弱さをカバーしてきたとも言える。しかし、そこには大きい矛盾をかかえている。つまり、集団の力におぶさると便利なこともあるが、そのために個人の自由がきかなくなるところがある。王様の軍隊によって身の危険を守ってもらうのは有難いが、王様の命令には服従しなくてはならない。このような矛盾を克服しようとして、人間はできる限り、特定の個人の支配を受けないようにして、各個人の自由を最大限にしようとして、何度も制度を変革して努力を続けてきた。わずらわしいことは国に、自分は好きなことを、というのが現代の人間の偽らざる気持であろう。しかし、わずらわしい「性教育」を国にあずけることが、個々の人間の尊厳をおびやかすことにならないかを真剣に考える必要があるだろう。

個としての性教育

エイズという怪物を相手にしていることを考える限り、ある程度の一括的な「性教育」、「エイズ防止策」を許容せざるを得ないかも知れない。しかし、これまで述べてきたように、それは両刃の剣のようなものなので、あくまで、本来的な個としての「性教育」が必要であることを、教師も親も認識しておくべきである。

誰がほんとうに自信をもって「性」について教育できるのか、という問いを既に記しておいた。このとき、他でもしばしば強調していることであるが、教育には「教」と「育」の両面があり、性教育についても、「育」の面が重要になることを考えると、この答は得られると思う。「性」について教えることなど出来ないにしても、「性」について自らの力で個別的な解答を考え出してゆくような人間を「育てる」こと、もっと言うならば、そのような人が「育つ」土壌を提供することはできる。それが性教育の本質ではなかろうか。「性教育」は人間教育である。人が自らの力で育ってゆく過程のなかで、性ということが重い役割をもってくるのである。

嬉しいことに、そのような人間教育のなかの性教育をしている現場の先生もおられるのだ。筆者は最近、現場の先生で教育の実践においてユニークな試みをしておられる方に、お話を聞く連載を雑誌『飛ぶ教室』(楡出版)で行なっているが、その四十六号で、京都市のある中学校の壬生博幸先生との対談のなかで、性教育のことに触れた話題が出てきている。先生は「国語たより」という教科通信を授業の初めに毎時間、生徒に配るというユニークなことをしておられる。その「国語たより」の柱のひとつに、「性」ということがある。つまり、広い人間教育のなかに「性」が重要なこととして位置づけられているのであって、壬生先生が「性教育」の専門家を自認してなどいないところがいい。

生徒たちは、授業についての感想文をどんどん書き、先生はそのなかで皆に読んで欲しいのを選んで「国語たより」に掲載する。その方針は、「ぼくの場合、作文の書き方とか原稿用紙の使い方というようなことからは入らないわけですね。そうではなく、子どもたちと私との信頼関係を耕すということを何よりも大事にしてやってきました。どんなものでもすべて一度は受け入れる。紙上では絶対に説教はしない。」(傍点、引用者)

そうするとどんな文章を生徒が書いてくるだろうか。「ある生徒が「いちばんすてきな初体験のために」というのを書いてくれた。「私はエイズにかかるくらいなら万年処女のほうがいい」という書き出しから始まる作文なんですが、「性」というものを、何のてらいもなく、まぶしいくらいまっすぐに受けとめ、「セックスってのは、要するに子孫繁栄のためにするものだから、軽はずみにするもんじゃない」てなことを書いてきた。この子は、二年生のときは性に対する関心がめちゃくちゃに強くて、授業中でも平気で「先生、セックスって気持いい?」

と聞いてきたり、「私、早く経験したいわ」ととんでもないことを言ったりした子なんです。その子が、性交の問題とか、妊娠の問題とか、中絶の問題とかの意識をくぐり抜けることで、それまでは、子どもの側に軸足をおいて生きてきた自分が母親になり得る性の女性なんだというふうに、気持の上で軸足を移動していく転換点みたいなものがあったんじゃないかなって。それがわずか一年くらいの間に非常にドラスティックに変わっていくすごさを経験しました。ぼくにとっては非常にうれしかったし、ありがたかったし、けなげだなって思って……」

長い引用をしたが、これは筆者が既に述べてきたことを例証してくれているのではないだろうか。中学二年生の女生徒が授業中に性に関して先生に直接的に問いかけてくる。これに対して、先生は「説教」をしたのではない。説教をやめて教師と生徒との信頼感をつくりあげるように努力した。すると、その子は自分で悩み、自分で考えてひとつの答を引き出してきた。それを見て先生は「ありがたい」と思い「けなげだ」と感心している。ここで、教師は生徒に対して上から教える人としてではなく、同一の地平に立って共に生きる人としての姿勢を示している。

ちなみにこの教科通信は「てとてと」という名前をもっている。「手と手と」つなぎ合うというところから出ている。そしてこの「てとてと」は、壬生先生と生徒だけではなく、家庭でも、学校内でも校長先生をはじめとして読まれていると言う。「手と手と」との「つながり」はどんどんひろがってゆく。「性」が「つなぐ」力をもつこと。それは、「関係性の回復」という意味をもつと述べたことがここに示されている。

このような「性教育」が学校で行われるのならば、筆者は学校で「性教育」をすることに、まったく賛成である。ここでは「性」を通じて、一人の人間の個性が輝いているのである。

解　題

■家族関係を考える

家族ということは現在における重要で困難な課題である。外から見ると幸福そうに見える人でも、実は家族のことでは苦しんでいる、という人はあんがい多い。家族の問題に悩む多くの人の相談を受けているうちに、それを単純に問題を家族内の人間関係のみに限定し、いったいその原因は何か、つまり誰が悪いのか、という考え方をすることの不毛さを痛感するようになった。

家族のことを考えるためには、人間存在の深層を深く探究することが必要だし、家族を取り巻く社会や文化のことも考える必要がある。これらのことをすべて視野に入れて、あらためて家族とは何かについて考え直してみることが、現代の課題である。それは、現代という時代が社会の急激な変化のなかにあり、異文化との深い接触が行われつつあるためである。

このような認識を欠いているために、せっかくの意義深い課題に取り組む機会を与えられていながら、無暗に「私が悪かった」とか「××が悪い」とか思い込んで苦労している人が多すぎる。こんなことを感じていたときだったので、出版社より依頼を受けたときは非常に時宜を得た企画と思い、比較的なめらかに書いていったと思う。そのために平易で読みやすいものになったが、内容的には、家族ということについて、前記のような点を考慮して突込んで考えてみたと思っている。

家族のことというと「私事」として軽く見がちになる。しかも、その「軽い」はずのことが心に「重く」のしかかってきて不甲斐なく思っていた人が、この本を読んで、自分のかかえこんでいる問題の意義や重要性を認識して、「助かった」と言って下さることがよくあった。家族のことは今後ますます重要なことになる、と私は考えている。

■大人になることのむずかしさ

これを編集者より題を示されたときに、いい題だと思った。現代人にとっての課題をうまく言い当てている。しかし、正面切って考え出すと難しい問題で、「大人とは何か」について大分考えさせられた。現代におけるイニシエーション喪失の問題は重要なことなので、早くからそれを指摘し賛同してもらうことが多かったが、それが短絡的にイニシエーション復活の考えに直結したりするので、集団的なイニシエーション儀礼が、近代になってなぜ喪失したか、などと少し詳しく論議を展開した。

この書物は「大人になることのむずかしさ」を体験しつつある当事者に対するよりは、むしろ、そのような人に接しなくてはならぬ大人を対象として書いた。青年たちのせっかくの意味ある体験(「つまずき」と思われることが多い)に対して、無理解な態度によって、それによる心の傷をますます深くするような「大人」たちに、もう少し事態を理解して欲しいと思うことが多いからである。もっとも「理解」ということも少し流行になって、解ったような顔をする大人が増えたことも、もっと残念と言っていいことではある。

本巻に収録した二冊の書物はそれぞれ一九八〇年、一九八三年に書かれたが、出版当時よりも後になってからよく読まれるようになったとも言うべきで、今も多くの人に読まれている。それらに取りあげた内容が、その後ますます人々の関心を呼ぶものになっていることを示していると思われる。

■新しい親子関係の探索

前二著よりも相当に先立って一九七四年に発表した。ここに示したような考えがだんだんとまとめられて、前者のような書物になっていったのだが、これを発表した当時は、まさに「新しい親子関係」を示唆するものとして受けとめられたと思う。

いわゆる「問題児」たちは、教師や親に対して「問題」を提出しているのであり、それを解こうとする姿勢が必要であることを指摘した。

■家庭教育の現代的意義

当時に大きい問題としてジャーナリズムを賑わしていた家庭内暴力を例としてとりあげ、家庭教育の現代における意義について述べた。日本と西洋における家族の受けとめ方について差があることなどを示し、現代の日本の家庭の問題には、文化的な意義が見出せるものであると考え、その重要性を指摘している。最後に日本人の意識革命の原動力となるのは、「女・子ども」たちであろうと述べたが、その後の日本の状況は、だんだんとそのようになってきているように思われる。

■家族の気象学

これは本文中にも記しているように、神戸大学精神科の中井久夫教授のヒントによって書かれたものである。家族のことを考えるとき、孤立した物体の相互作用を扱う「天文学」型に対して、トポロジー的概念が主役となる「気象学」型の科学が、大局観を得るのに役立つという発想に基づいて書かれている。まだ試論の域を出ず、気象現象をアナロジーとして家族関係のことを論じているが、「家族の気象学」は、今後もっと洗練し発展させてゆくべきであると考える。

■性教育とその難しさ

比較的新しく一九九三年に発表したものである。エイズの脅威が高まるにつれ、「性教育」の必要性が叫ばれ、行われるようになったが、その本質についてもう少し考えてみる必要があるという、『世界』の編集者の意図に応えて書いた。性教育というと、どうしても生理的事実を教えることで事足れる、と考える人が多いので、それがいかに困難な課題であるかを認識して欲しいと思って、これを書いた。これは学校で性教育を担当する養護教員の方々にもよく読まれているようで、嬉しく思っている。

初出一覧

序説　家族と個人　書下し。

I

家族関係を考える　一九八〇年九月、講談社刊。

II

大人になることのむずかしさ　一九八三年九月、岩波書店刊。

III

新しい親子関係の探索　『図書』一九七四年七月、岩波書店。『新しい教育と文化の探究』一九七八年十一月、創元社刊に所収。

家庭教育の現代的意義　『理想』一九七九年一月、理想社。『中空構造日本の深層』一九八二年一月、中央公論社刊に所収。

家族の気象学　『シリーズ変貌する家族5　家族の解体と再生』一九九一年十二月、岩波書店刊。

性教育とその難しさ　『世界』一九九三年七月、岩波書店。

■岩波オンデマンドブックス■

河合隼雄著作集 14
流動する家族関係

1994年11月10日 第1刷発行
1999年1月6日 第2刷発行
2015年11月10日 オンデマンド版発行

著 者 河合隼雄《かわいはやお》

発行者 岡本 厚

発行所 株式会社 岩波書店
〒101-8002 東京都千代田区一ツ橋2-5-5
電話案内 03-5210-4000
http://www.iwanami.co.jp/

印刷／製本・法令印刷

ISBN 978-4-00-730323-4 Printed in Japan